北大版对外汉语教材·旅游汉语系列

实用综合旅游汉语
Practical Chinese for Tourism

自然景观篇
Natural Sights

主编　张美霞

编著（以姓氏笔画为序）

　　　沈灿淑　张美霞　莫　莉

图书在版编目(CIP)数据

实用综合旅游汉语.自然景观篇/张美霞主编.—北京：北京大学出版社，2006.8
(北大版对外汉语教材·旅游汉语系列)
ISBN 978-7-301-09591-1

Ⅰ.实… Ⅱ.张… Ⅲ.汉语–对外汉语教学–教材 Ⅳ.H195.4

中国版本图书馆 CIP 数据核字(2005)第 114952 号

书　　　名：	实用综合旅游汉语·自然景观篇
著作责任者：	张美霞　主编
责 任 编 辑：	沈　岚
标 准 书 号：	ISBN 978-7-301-09591-1/H·1547
出 版 发 行：	北京大学出版社
地　　　址：	北京市海淀区成府路 205 号　100871
网　　　址：	http://www.pup.cn
电　　　话：	邮购部 62752015　发行部 62750672　编辑部 62752028　出版部 62754962
电 子 邮 箱：	zpup@pup.pku.edu.cn
印　刷　者：	北京虎彩文化传播有限公司
经　销　者：	新华书店
	787 毫米×1092 毫米　16 开本　18 印张　彩插 16 页　440 千字
	2006 年 8 月第 1 版　2020 年 7 月第 4 次印刷
定　　　价：	55.00 元(附一张 CD)

未经许可，不得以任何方式复制或抄袭本书之部分或全部内容。
版权所有，侵权必究　举报电话：010-62752024
　　　　　　　　　　　电子邮箱：fd@pup.pku.edu.cn

目 录

前　　言 ……………………………………………………………… 1

第 一 课　中国风景名山 …………………………………………… 1

第 二 课　中国五岳 ………………………………………………… 15

第 三 课　中国佛教名山 …………………………………………… 30

第 四 课　中国道教名山 …………………………………………… 44

第 五 课　中国奇特的地貌景观 …………………………………… 57

第 六 课　中国喀斯特地貌景观 …………………………………… 71

第 七 课　中国江河景观 …………………………………………… 84

第 八 课　中国峡谷景观 …………………………………………… 98

第 九 课　中国湖泊景观 …………………………………………… 111

第 十 课　中国瀑布景观 …………………………………………… 125

第十一课　中国泉水景观 …………………………………………… 138

第十二课	中国海岸景观	151
第十三课	中国岛屿景观	164
第十四课	中国生物景观	177
第十五课	中国气象气候景观	190

听力参考文本 …………………………………………………… 203

说话参考文本 …………………………………………………… 234

总词汇表 ………………………………………………………… 252

参考答案（客观题） …………………………………………… 268

参考文献 ………………………………………………………… 278

前　言

随着国民经济持续稳定的发展,中国已成为世界上旅游发展速度最快的国家之一,已进入世界十大旅游接待国的行列;同时中国人出境游的范围和规模也在不断扩大。中国旅游业的发展吸引了大量外国游客,也影响了相当数量的外国留学生的职业选择。从事与中国或中国人有关的旅游工作成为不少留学生学习汉语的动力和职业目标。为适应这种需要,我们编写了这套具有旅游专业倾向的《实用综合旅游汉语》。

《实用综合旅游汉语》是以接受过约一年半以上正规汉语教学的外国学生为主要教学对象的选修课教材。这套教材分两册,第一册为自然景观篇,第二册为人文景观篇。由于众多以自然山水见长的著名旅游胜地历史悠久,融合了很多人文旅游资源;而人文旅游资源丰富的地区也大多风光优美,因而在课文内容的处理上很难截然分开,故在"自然景观篇"中也有部分人文景观的介绍,在"人文景观篇"中也有自然风光的描写。这套教材每册十五课。如每周安排3~4课时,两册可供使用一学年。

本教材遵循实用的原则,课文中提供的语境力求真实。同时,还具有综合性的特点。"旅游汉语"是有专业倾向的选修课,与一般的语言课不同,不可能有足够的课时进行分技能的专门训练,因而本教材选择集"读、听、说"为一体的综合训练的形式。我们所指的综合性不是"读、听、说"几种形式的简单拼凑,而是从内容出发的有机的结合。本教材每课的体例一致,有以下几大板块:概说部分、阅读部分、听力部分和说话部分等。《实用综合旅游汉语》把这几个部分整合为一体,是基于如下的考虑:

(1) 关于概说部分

旅游的三大要素包括旅游资源、旅游者以及旅游媒介(旅行社、导游等)。旅游者旅游的目的主要是了解旅游资源。为了加深对旅游资源的全面了解,本教材在每一课的开始都安排有跟该课景点有关的概说部分,如中国风景名山简介、中国江河景观简介、中国海岸景观简介等。

(2) 关于阅读部分

外国留学生在中国学习汉语之余常充当旅游的主体——旅游者的角色。旅游几乎是留学生在中国学习期间一个必不可少的活动。有一定汉语基础的留学生在旅游前常会做一些准备,会有意识地查阅相关景点的书面材料,而他们在旅游过程中接触到的导游图、旅游指南、景点介绍以及有关旅游活动的宣传品、广告等也大多是以书面形式出现的,因而本教材在编写时设计了这个阅读部分。阅读部分介绍的都是知名度高、特色鲜明的风景区或景点。与概说部分不同的是,这一部分是对某一具体景区或景点的介绍。

(3) 关于听力部分

外国留学生在旅游过程中,常常有当地的导游陪同,对信息的接受方式主要是"听"。因而本教材在设计时,"听"的比重最大。每课都包含三篇听力课文,每篇课文都是关于某一处著名景点的实地口语导游词。限于篇幅,听力课文多数不是完整的导游词,只是编选其中一个片段。

(4) 关于说话部分

在旅游过程中,旅游者以接受信息——"听"为主,导游人员以发送信息——"说"为主,"听"和"说"在旅游中共同构成一个完整的交际过程。留学生在中国学习期间常常以旅游者的身份出现,"说"的训练可使其从另一个角度加深对"听"的理解。另外,越来越多的汉语专业的外国学生毕业后选择与旅游有关的工作,如汉语导游等。因而旅游汉语教材有必要进行"说"的训练。本教材"说"的部分在内容和语言点的安排上和"读"、"听"两部分紧密相关,力求达到真正的有机结合。

教材体例：

一、概说部分

这一部分可作为泛读材料，也可视课时情况要求学生在课前自习。由于该部分内容作为泛读处理，出现的生词不加注释，也不设置练习。为方便学生阅读和查词典，该部分在生词后采用了随文注音的方式。

二、阅读部分

1. 课文：

为一篇书面导游词，介绍某一处典型景观。在教学时可作为精读来处理。

2. 词语注释：

共分两部分：第一部分用英语注释，注释的内容主要为 HSK 丙级以上词语和旅游地理专业的常用词汇；第二部分用汉语注释，注释的内容主要是专有名词。

3. 练习：

针对阅读训练的特点，设计了"读后判断正误"、"读后选择正确答案"、"解释句中加点部分的词语"、"模仿例句改写所给的句子"、"读后回答问题"等形式。练习部分充分体现导游语言的特色，重点训练常用词语和常用句型。

三、听力部分

该部分共有三小部分，每部分的体例一致，都由导听部分、课文、词语注释、练习组成。

1. 导听部分：

在每一篇听力课文前都有导听部分。由于篇幅的限制，听力课文不可能是某一景点的完整的介绍，只是选取其中一个片段。导听部分的作用，一是在内容上与正文互为补充，使教学对象对录音中所介绍的景点有个大概的了解；二是在形式上自然地进入课文。

2. 课文：

听力部分共有三篇课文，每篇为一段典型景观的实地口语导游词。听力参考文本附在教材的最后。在具体教学过程中，教师可根据教学时间和学生水平进行取舍，或在泛听和精听上有所区别。

3. 词语注释：

词语注释的原则同阅读部分。

4. 练习：

针对听力训练的特点,设计了"听后判断正误"、"听后选择词语填空"、"模仿例句改写所给的句子"、"听后回答问题"等形式。在练习的编排中,注意充分体现导游词的语言特点。

四、说话部分

该部分安排两个话题,要求学生就每个话题说一段导游词。每个话题都提供了具体的材料和可参考的词语及句式。说话部分所谈论的景观类型与阅读、听力部分一致。

该部分在具体操作时,教师可根据实际情况进行调整,如字数的要求、话题的范围和重点等都可另做要求。

由于说话部分难度最大,所以每个话题都提供一个参考文本附于书后。

五、小知识

为了丰富教学对象的相关知识,本教材在每课的最后安排一个"小知识",介绍一些相关的专业知识,如"中国拥有的世界遗产"等。

六、总词汇表

为便于查找,在教材的最后附有总词汇表。

本套教材的总体框架由张美霞设计。自然景观篇具体编写分工如下：第一课、第二课、第三课、第四课和第八课由沈灿淑撰写,第七课、第九课、第十课、第十一课和第十四课由张美霞撰写,第五课、第六课、第十二课、第十三课、第十五课由莫莉撰写。

本书在编写过程中得到诸多同事和对外汉语专业研究生崔岑岑、于娜、吕志敏、吴建勇等人的热心相助,北京大学出版社沈浦娜、沈岚等老师为本书的出版付出了辛劳,在此特致诚挚的谢意！

编　者

第一课

中国风景名山

概说部分

中国土地辽阔(liáokuò),地形高度差别明显,自然条件复杂多样,形成了类型众多、千姿百态(qiān zī bǎi tài)的山体,山地面积占全国总面积的1/3。如果再把高原、盆地(péndì)、平原、丘陵(qiūlíng)中的山地加起来,广义上的山地约占中国陆地总面积的65%。山地的类型按照高度可分为极高山、高山、中山、低山和丘陵。中山、低山和丘陵往往因为环境宜人、风景秀丽而吸引游人,高山和部分极高山则是科学研究和登山旅游的理想场所。

山地的旅游价值在于它的气候和环境特征。由于气温随海拔高度增加而降低,山地气温一般低于平原地区,因此特别适宜避暑(bì shǔ)旅游、休闲健身。山地降水多于平地,常常会形成泉流、瀑布(pùbù)、积雪或冰川,增加了人们观赏活动的内容。又因为空气湿度大,所以云雾比较多,可以观赏到云海、日出等奇景。从环境条件看,山区自然植被(zhíbèi)保存得比较好,植物种类多样。有的山区野生动物资源丰富,成为天然植物园或动物园。山区远离城市,环境污染(wūrǎn)较少,空气清新,具有良好的休闲和疗养效果。

风景名山是山地旅游资源中具有重大旅游意义的类型,是富有综合美的自然景观。中国第一批公布的44处国家重点风景名胜区中,有26处是山岳(shānyuè)型风景区。山东泰山(Tài Shān)、陕西华山(Huà Shān)、湖南衡山(Héng Shān)、山西恒山(Héng Shān)、河南嵩山(Sōng Shān)这五座高山分别位于中国的东西南北中,被称为"五岳"(Wǔ Yuè)。它们不仅自然景色优美,同时也以人文景观著称。山西五台山、四川峨眉山(Éméi Shān)、浙江普陀山(Pǔtuó

Shān)、安徽九华山被称为佛教名山,而湖北武当山(Wǔdāng Shān)、四川青城山、江西龙虎山、安徽齐云山和天柱山(Tiānzhù Shān)、山东崂山(Láo Shān)、江西三清山等则以道教文化而闻名。江西庐山(Lú Shān)、河南鸡公山、重庆缙云山(Jìnyún Shān)都是避暑名山,辽宁千山、新疆天山都是塞外(Sàiwài)名山。江苏南京钟山以陵墓(língmù)而闻名,而陕西临潼(Líntóng)骊山(Lí Shān)以温泉和陵墓闻名,甘肃天水麦积山(Màijī Shān)以石窟(shíkū)闻名,江西井冈山(Jǐnggāng Shān)则因是中国的革命圣地而闻名。

山岳型风景区中有8处被列入《世界遗产名录》。

井冈山笔架山

阅读部分

风景明珠——张家界

张家界是武陵源风景区内最著名的景区之一。

武陵源风景区位于湖南省西北部,由张家界、索溪峪、天子山、杨家界四大风景区组成。它以奇峰、怪石、幽谷、秀水、溶洞"五绝"闻名于世。武陵源是巨大的生物宝库,不仅具有丰富的植物资源,还有不少珍稀动物。武陵源奇特的石英砂岩峰林更是国内外少见。在360多平方公里的范围内,分布有山峰3,103座,海拔多在500~1,100米之间,相对高度由几十米至400米不等。这里的峰石与别处不同,直立而密集,显得气势宏大,壮美雄奇。一般的山峰都是由远及近地欣赏,而武陵源周围都是高大的山体,要绕过一座又一座的山才能见到神话般的怪石奇景。

张家界位于武陵源的西南部,是整个风景区的代表,1982年成为中国第一个国家森林公园。其主要景点有金鞭溪、黄狮寨等。张家界以奇峰林立为主要特色，武陵源的3,000多座峰林中有2,000多座都在张家界。无数的山峰拔地而起，在云层很低的时候，就像一根根种在云中的石柱一样。张家界的山峰形象险峻、造型完美、变化万千。可以说它的每一座岩峰都是一件古老的艺术品，每一座岩峰都隐藏着大自然的无穷奥秘。

张家界石英砂岩峰林

"不到黄石寨，枉到张家界"，这是当地人经常说的一句话。黄石寨位于张家界的西部，因为山的形状像一只狮子，所以又可以写成"黄狮寨"。黄石寨海拔1,000多米，是一块由悬崖峭壁共同托起的台地，是整个景区的最高点，也是张家界美景最为集中的地方，而且也是张家界俯视砂岩峰林景观的最佳最大的观景台。一座名为"六奇阁"的观景楼正坐落在这个台地上。这座观景楼之所以命名为"六奇阁"，是因为这里可以看到六种奇特的景观，这六种奇特的景观就是：奇山、奇水、奇石、奇云、奇特的植物和奇特的动物。站在六奇阁上，张家界国家森林公园的全景一览无余。

张家界风景区山水优美，动植物资源丰富。这里虽然没有历史悠久的人文景观，但是却向人们展示了一种原始的、野性的美。张家界与庐山、黄山等名山相比也毫不逊色，是中国旅游资源中的一颗明珠。1992年，包括张家界在内的武陵源风景区被列入《世界遗产名录》。

词语注释一

1. 位于　　wèiyú　　　　　　to lie in
2. 幽　　　yōu　　　　　　　deep and remote; secluded; peaceful
3. 秀　　　xiù　　　　　　　beautiful; elegant
4. 溶洞　　róngdòng　　　　water-eroded cave
5. 绝　　　jué　　　　　　　miracle; wonder
6. 闻名于世　wénmíng yú shì　world-famous; world-renowned
7. 珍稀　　zhēnxī　　　　　rare
8. 石英砂　shíyīngshā　　　quartzite
9. 峰林　　fēnglín　　　　　peak forest
10. 海拔　　hǎibá　　　　　altitude, elevation

11. 宏大	hóngdà	grand; great
12. 林立	línlì	to stand in great numbers (like trees in a forest)
13. 拔地而起	bá dì ér qǐ	to rise sheer from level ground
14. 险峻	xiǎnjùn	dangerously steep; precipitous
15. 枉	wǎng	in vain
16. 悬崖	xuányá	cliff
17. 峭壁	qiàobì	precipice; steep; palisade
18. 台地	táidì	tableland; plateau; platform
19. 坐落	zuòluò	to be located; to be situated
20. 一览无余	yì lǎn wú yú	to cover all at one glance
21. 毫不逊色	háo bú xùnsè	not inferior at all

词语注释二

1. 张家界	Zhāngjiājiè	景区名。
2. 武陵源	Wǔlíngyuán	景区名。
3. 索溪峪	Suǒxīyù	景区名。
4. 天子山	Tiānzǐ Shān	山名。
5. 杨家界	Yángjiājiè	景区名。
6. 黄石寨	Huángshízhài	景区名。
7. 黄狮寨	Huángshīzhài	景区名。
8. 六奇阁	Liùqí Gé	景点名。
9. 庐山	Lú Shān	位于江西省北部。
10. 黄山	Huáng Shān	位于安徽省东南部。

练习

一、读后填空：

1. 一般的山峰都是＿＿＿＿＿＿地欣赏。
2. 武陵源周围都是高大的山体，要＿＿＿＿过一座又一座的山才能见到神话般的怪石奇景。
3. 张家界＿＿＿＿＿＿奇峰林立＿＿＿＿＿＿主要特色。
4. 无数的山峰＿＿＿＿，在云层很低的时候，就像一根根种在云中的石柱一样。
5. 有一座名为"六奇阁"的观景楼正＿＿＿＿在这里。

6. 这座观景楼之所以_____为"六奇阁",是因为这里可以看到六种奇特的景观。
7. 站在"六奇阁"上,张家界国家森林公园的全景_____。
8. 张家界与庐山、黄山相比也_____。

二、模仿例句改写所给的句子:
1. 武陵源风景区位于湖南省西北部。
   黄山在安徽省东南部。
   庐山在江西省九江市南部。
2. 武陵源以奇峰、怪石、幽谷、秀水、溶洞"五绝"闻名于世。
   武夷山的山和水很有特色,非常有名。
   奇松、怪石、云海、温泉是黄山的"四绝",在世界上都是很有名的。
3. 这座观景楼之所以命名为"六奇阁",是因为这里可以看到六种奇特的景观。
   因为形状像一只狮子,这座山被称为黄狮寨。
   雁荡山上的湖中有芦苇荡,大雁南飞的时候经常在这里栖息,所以叫做雁荡山。

三、读后回答问题:
1. 张家界风景区的特色是什么?
2. 张家界在中国旅游资源中的地位怎么样?

听力部分

一 黄山奇石

黄山处于安徽省东南部,面积约154平方公里,被誉为"国之瑰宝"、"世界奇观",素以奇松、怪石、云海、温泉四绝著称于世,有"五岳归来不看山,黄山归来不看岳"的赞誉。1982年黄山被评为国家重点风景名胜区,1990年12月,被列入《世界遗产名录》。下面就让导游给我们介绍一下黄山一绝——怪石。

黄山奇石

词语注释一

1.	誉为	yùwéi	to be praised as; to be hailed as
2.	瑰宝	guībǎo	rarity; gem
3.	素	sù	always; usually
4.	著称	zhùchēng	celebrated; famous
5.	陈列馆	chénlièguǎn	exhibition hall
6.	靴	xuē	boot
7.	仙	xiān	immortal; celestial being
8.	绣花	xiù huā	to embroider; to do embroidery
9.	古琴	gǔqín	a seven-stringed plucked instrument in some long ways similar to the zither
10.	仰慕已久	yǎngmù yǐ jiǔ	to have been long admiring (sb)
11.	倾斜	qīngxié	to incline; to slope; to slant
12.	玉石	yùshí	jade
13.	投胎	tóu tāi	to be reincarnated in a new body
14.	栏杆	lángān	railing
15.	起伏	qǐfú	to rise and fall
16.	相间	xiāngjiàn	to alternate with
17.	云雾缭绕	yúnwù liáorào	the cloud and mist curl up

词语注释二

1.	排云亭	Páiyún Tíng	景点名。
2.	《红楼梦》	《Hónglóumèng》	中国四大古典小说之一,作者曹雪芹,后来改编成了电视剧。
3.	贾宝玉	Jiǎ Bǎoyù	《红楼梦》男主人公名字。
4.	女娲	Nǚwā	神话中人类的祖先,有女娲造人和女娲补天的故事。
5.	青埂峰	Qīnggěng Fēng	山峰名。

黄山云海

练习

一、听后判断正误：
1. 黄山的奇石主要集中在一个陈列馆里。（　）
2. "仙人晒靴"像晒在悬崖上的雨靴。（　）
3. "仙女绣花"是由两块石头组合而成的景观。（　）
4. "飞来石"的形状像一个大桃子。（　）
5. "飞来石"是因为这块石头从别的地方飞来而得名。（　）
6. 传说"飞来石"是女娲补天后留下来的，后来"飞来石"投胎变成了人。（　）

二、听后选择词语填空：
1. 黄山处_____安徽省东南部。（从、至、于）
2. 这儿的奇石很多，_____有"黄山奇石陈列馆"的称号。（素、总、直）
3. 现在我们来到了大家都_____已久的"飞来石"的旁边了。（羡慕、仰慕、爱慕）
4. 这块巨石底部和山峰连接面很小，而且向外_____，好像是从别的地方飞来的，所以叫它"飞来石"。（倾斜、倾倒、歪倒）
5. 手扶栏杆向远处_____，可以看见山峰起伏，松石相间，云雾缭绕。
   （眺望、看望、探望）

三、听后回答问题：
1. 导游一共介绍了几组奇石？
2. "飞来石"是什么样的一块石头？
3. "飞来石"有什么样的传说？

 庐山瀑布云

庐山又名匡庐、匡山，位于江西九江市南部，是集秀丽和雄奇于一体的风景胜地，素有"匡庐奇秀甲天下"之美誉。它有挺拔俊秀的山峰、变幻莫测的云海、神奇多姿的飞瀑流泉、众多的历史古迹。1996年庐山被列入《世界遗产名录》。

庐山瀑布云

实用综合旅游汉语 自然景观篇

词语注释一

1.	秀丽	xiùlì	beautiful and graceful
2.	雄奇	xióngqí	grand and magnificent
3.	甲	jiǎ	first
4.	挺拔	tǐngbá	tall and straight
5.	俊秀	jùnxiù	pretty; of delicate beauty
6.	变幻莫测	biànhuàn mò cè	unpredictable; capricious; fickle
7.	扫兴	sǎo xìng	disappointing
8.	汹涌	xiōngyǒng	turbulent; surging
9.	云流	yúnliú	the cloud flows
10.	攀	pān	climb
11.	瀑布	pùbù	waterfall
12.	落差	luòchā	drop; head drop
13.	壮观	zhuàngguān	grand; magnificent
15.	时隐时现	shí yǐn shí xiàn	to be now hidden and now appearing
16.	山腰	shānyāo	halfway up the mountain
17.	忽明忽暗	hū míng hū àn	to flicker or glimmer
18.	山脚	shānjiǎo	foot of the hill
19.	腾云驾雾	téng yún jià wù	to mount the clouds and ride the mist

词语注释二

1.	匡庐	Kuānglú	庐山的别名。
2.	匡山	Kuāng Shān	庐山的别名。
3.	九江	Jiǔjiāng	市名,在江西省北部。
4.	牯岭	Gǔlǐng	镇名,在庐山中心。
5.	鄱阳湖	Póyáng Hú	中国最大的淡水湖,位于江西省北部,面积 3,960 平方公里。
6.	长江	Cháng Jiāng	中国第一大河,全长 6,300 公里,在上海流入东海。
7.	苏轼	Sū Shì	北宋文学家、书画家(1037 年~1101 年)。
8.	西林寺	Xīlín Sì	寺庙名。
9.	《题西林壁》	《Tí Xīlín Bì》	苏轼写的一首诗。

练习

一、听后判断正误：
1. 瀑布云是瀑布的一种，它的形成和丰富的降水量有关系。（ ）
2. 庐山的云海奇观是非常有名的。（ ）
3. 庐山平均每年有190个云雾日。（ ）
4. 冬天云层很低的时候，庐山像是浮在云上一样。（ ）
5. 唐代文学家苏轼有一首著名的诗是写庐山的。（ ）

二、听后选择词语填空：
1. 正是这样的天气我们才能看到庐山_____的瀑布云。（应有、所有、特有）
2. 一股汹涌的云流，_____到山顶，又从高空垂落下来。（跑、攀、走）
3. 因为水汽蒸发比较多，庐山气候湿润，云雾出现得极为_____。（频频、繁多、频繁）
4. 从山下_____，庐山时隐时现，从山上_____，茫茫的云海在山腰间飘荡，山峰忽明忽暗。（注视、仰望、俯视）
5. 古人认为因为身在其中，所以难以看见庐山的真_____（面目、眉目、面孔）。

三、模仿例句改写所给的句子：
1. 庐山又名匡庐、匡山。
    武当山还叫太和山、仙室山。
    常山是恒山另一个名字。
2. 庐山是集秀丽和雄奇于一体的风景胜地。
    泰山是个旅游胜地，景区中有自然景观也有人文景观。
    齐云山是国家级风景名胜区，景区内山水风景和道教文化结合在一起。
3. 庐山素有"匡庐奇秀甲天下"之美誉。
    武夷山一直以"碧水丹山"闻名天下。
    武当山是道教四大名山之一，而齐云山一向被称为"小武当"。
4. 庐山一向是以云海奇观而著称的。
    游过华山的人都觉得华山非常雄险。
    巫峡是长江三峡中最幽深秀丽的一段峡谷。

庐山瀑布云

三　玉龙雪山

　　玉龙雪山,位于云南省丽江西北部,南北绵延近50公里,东西宽约13公里,整座雪山由13座山峰组成。山上终年积雪不化,主峰扇子陡海拔5,596米,是北半球纬度最低、海拔最高的山峰。

玉龙雪山

词语注释一

1.	绵延	miányán	to be continuous; to stretch long and unbroken
2.	主峰	zhǔfēng	the highest peak in a mountain range
3.	纬度	wěidù	latitude
4.	缆车	lǎnchē	cable car
5.	草甸	cǎodiàn	grassy marshland
6.	云杉	yúnshān	(dragon) spruce
7.	冷杉	lěngshān	fir
8.	笔直如箭	bǐzhí rú jiàn	straight like the arrow
9.	硕大	shuòdà	big; huge; large
10.	映衬	yìngchèn	to set off by contrast
11.	淡泊	dànbó	seeking no fame and wealth
12.	天国	tiānguó	the Kingdom of Heaven; Paradise
13.	殉情	xùnqíng	to die for love
14.	河床	héchuáng	riverbed
15.	石灰石	shíhuīshí	limestone
16.	冰镇	bīngzhèn	iced
17.	交汇	jiāohuì	to join

词语注释二

1. 丽江	Lìjiāng	即丽江纳西族自治县,位于云南省西北部。
2. 扇子陡	Shànzidǒu	山峰名。
3. 云杉坪	Yúnshānpíng	景点名。
4. 纳西族	Nàxīzú	中国的少数民族之一,主要分布在云南丽江。
5. 白水河	Báishuǐ Hé	河名。
6. 黑水河	Hēishuǐ Hé	河名。

练 习

一、听后判断正误：

1. 玉龙雪山的最高峰是扇子陡。　　　　　　　　　　　　　　（　　）
2. 云杉坪得名是因为那里杉树很多。　　　　　　　　　　　　（　　）
3. 纳西族的青年男女习惯殉情。　　　　　　　　　　　　　　（　　）
4. 4,500米以上的冰川融水形成了黑水河。　　　　　　　　　　（　　）
5. 白水河景点还没有向游人开放。　　　　　　　　　　　　　（　　）

二、听后选择正确答案：

1. 游客将乘坐什么交通工具去云杉坪？
   A. 汽车　　　　　B. 缆车　　　　　C. 观光车
2. 云杉坪是一个什么样的地方？
   A. 高山牧场　　　B. 高山森林　　　C. 高山草甸
3. 纳西族的青年男女婚姻受到阻碍时会到云杉坪做什么？
   A. 双双殉情　　　B. 谈情说爱　　　C. 欣赏风景
4. 白水河为什么会是白色的？
   A. 因为河床是由白色的石灰石组成的。
   B. 因为河两边有很多白色的石灰石。
   C. 因为河水来自白色的高山冰雪。
5. 纳西族人为什么会以"黑白"来解释世间万物的对立？
   A. 因为他们觉得黑和白是最基本的颜色。
   B. 因为黑水河和白水河是自然界的奇观。
   C. 因为受到黑水河和白水河的启示。

三、听后回答问题：

1. 云杉坪的风景怎么样？
2. 为什么纳西族人称云杉坪为"理想国"的入口？

说话部分

一 雁荡山风景区

要求：

请根据所提供的材料，参照所给的词语和句式，以导游的身份介绍一下雁荡山的概况，并选择其中的一个景点进行重点讲解(300~400字)。

参考词语及句式：

> 距　位于　占地　三绝　各位团友　逼真生动　千姿百态　变幻多姿
> 并称为……　总面积为……　是……之一　因为……所以名为……
> 有……的赞誉　以……著称　被誉为……　有……的说法

材料：

雁荡山所指：雁荡山有北雁荡山、中雁荡山、南雁荡山，通常说的雁荡山，一般指北雁荡山，简称雁荡或雁山。规模最大、景点最多、最有名。

地理位置：浙江乐清市境内东北部，与温州市的距离为70多公里。

得名由来：主峰雁湖岗顶的湖中有芦苇荡，大雁南飞，经常来此栖息。

美　　称："东南第一山"

景区介绍：全国十大名山之一，国家级风景名胜区。总面积450平方公里，有八大景区灵峰、三折瀑、灵岩、大龙湫、雁湖、显胜门、仙桥、羊角洞，共计景点500多处。其中东南部的灵峰、灵岩、大龙湫是雁荡山风景的精华。

特　　点：奇特险峻、瑰丽多姿。

雁荡山

灵　　峰：在雁荡山东边,面积46平方公里。峰、石、洞较为有名。有一处雁荡山最形象的景点,即巨石"接客僧",它像是等待迎接客人的僧人。观音洞、北斗洞都是道教仙洞。灵峰夜景美丽,同一座山峰、同一块岩石白天和晚上呈现出不同的景象,所以人们常说"日景耐看、夜景销魂"。

灵　　岩：在雁荡中心,面积9平方公里,景点91处。有宗教气氛。入口处有钟岩和鼓岩两座巨大山岩,写着"钟鼓齐鸣"四个大字。岩下有灵岩寺,寺前有两座相对的山峰天柱和展旗,高约260米。灵岩寺后还有龙鼻洞、小龙湫瀑布。

大 龙 湫：在雁荡山中部偏西,总面积28平方公里。景区内的大龙湫瀑布落差197米,是中国最有名的四个瀑布中的一个,在瀑布周围常常能见到彩虹。

二　麦积山风景区

要求：

　　请根据所提供的材料,参考所给的词语和句式,选择麦积山景区的一处自然景观或者人文景观,说一段导游词(400字左右)。

参考词语及句式：

占地　位于　方圆　地跨　由于　堪称　覆盖率　各位朋友　闻名中外　交相辉映

由……组成　以……命名　被称为……　呈……形　是……之首

与……并称为……　以……为特色　被誉为……

材料：

风景区位置：甘肃省天水市东南约50公里处。

风景区简介：总面积215平方公里。景区76％左右都是森林,动植物资源丰富,地质地貌形态多样,文物古迹众多。景区共五个：麦积山、仙人崖、石门、曲溪、街亭。

景区名得来：以其中一个景区"麦积山"而得名。

麦积山简介：

1. 得名由来：山的形状奇特,像个圆锥形,下面小,中间大,好像堆起来的麦垛。
2. 美誉：陇东小江南。
3. 级别：国家级重点风景名胜区之一,4A级景区。

麦积山

4. 概况:高142米,风景秀丽,植被茂密,是中国西部地区的旅游胜地,兼有南北方山岳的特点。
5. 特色景观:"麦积烟雨",下过雨后,云雾迷漫,麦积山时隐时现,非常美丽,是天水地区八个景观中最美的一个。
6. 人文景观:麦积山石窟。是中国四大名窟之一(另外三个是:甘肃敦煌莫高窟、山西大同云冈窟、河南洛阳龙门窟),也是风景最美的一座石窟。1500年前所修建,石窟开凿在20到80米高的悬崖绝壁上。有洞窟194个,层层叠叠,每个洞窟之间由栈道连接起来。壁画共1,300多平方米。石窟中大多是泥塑,泥塑和石刻造像,共计7,000多个,大小和真人差不多,被称为"东方塑像馆"。

你知道中国的行政区划吗?

中华人民共和国共分为34个国家一级行政区,即4个直辖市、23个省、5个自治区、2个特别行政区。除了直辖市和特别行政区以外,每一个行政省和自治区都有一个省会或首府。

一级行政区	简称	省会/首府	一级行政区	简称	省会/首府
北京市	京		湖南省	湘	长沙市
天津市	津		广东省	粤	广州市
河北省	冀	石家庄市	广西壮族自治区	桂	南宁市
山西省	晋	太原市	海南省	琼	海口市
内蒙古自治区	蒙	呼和浩特市	重庆市	渝	
辽宁省	辽	沈阳市	四川省	川、蜀	成都市
吉林省	吉	长春市	贵州省	黔、贵	贵阳市
黑龙江省	黑	哈尔滨市	云南省	滇、云	昆明市
上海市	沪		西藏自治区	藏	拉萨市
江苏省	苏	南京市	陕西省	陕、秦	西安市
浙江省	浙	杭州市	甘肃省	甘、陇	兰州市
安徽省	皖	合肥市	青海省	青	西宁市
福建省	闽	福州市	宁夏回族自治区	宁	银川市
江西省	赣	南昌市	新疆维吾尔自治区	新	乌鲁木齐市
山东省	鲁	济南市	香港特别行政区	港	
河南省	豫	郑州市	澳门特别行政区	澳	
湖北省	鄂	武汉市	台湾省	台	台北

第二课

中国五岳

概说部分

　　"岳"(yuè)指高大的山,"五岳"是中国五大名山的总称,它们是以中原为中心,位于东、西、南、北、中五个位置的大山。

　　"东岳"泰山位于山东省泰安市(Tài'ān Shì),海拔 1,545 米;"西岳"华山位于陕西省华阴县(Huàyīn Xiàn),海拔 2,200 米;"南岳"衡山位于湖南省长沙以南的衡山县(Héngshān Xiàn),海拔 1,290 米;"北岳"恒山位于山西省浑源县(Húnyuán Xiàn),海拔 2,017 米;"中岳"嵩山位于河南省登封县(Dēngfēng Xiàn),海拔 1,512 米。

　　中国的名山不少,如庐山、黄山、峨眉山,名气都不小,但只有这五座山被称为"岳",是有一定的道理的。拿东、西、中三岳来说,它们都位于黄河附近。黄河流域是中华民族最早的发源地,是华夏(Huáxià)祖先最早定居的地方。五岳在中国虽然不是最高、最陡峭(dǒuqiào)的山,但因为它们都处在平原或盆地之上,这样也就显得特别险峻了。

　　"五岳"景观奇异,各有特点。"东岳"泰山雄伟,"西岳"华山奇险,"北岳"恒山幽静,"中岳"嵩山峻峭,"南岳"衡山秀美。古人有"恒山如行,泰山如坐,华山如立,嵩山如卧,唯有南岳独如飞"的说法。恒山绵延五百里,气势壮观,像是行走的人,所以说"恒山如行";泰山占地面积广大,山体雄伟,给人"稳、重"之感,所以说"泰山如坐";华山挺拔高峻,整体感极强,无论是远眺还是近看,都是一座巨峰,所以说"华山如立";嵩山的主峰与其他山峰相比,高度差别不明显,像是一个躺着的巨人,所以说"嵩山如卧";衡山的主峰形状像鸟头,山体伸展像鸟的翅膀,树木覆盖(fùgài)在山上,就像是鸟的羽毛,整座衡山就像是一只飞翔的鸟,所以说"南岳如飞"。

"五岳"不仅仅因为自然景观而出名,更是因为它们的人文景观而闻名海内外。"五岳"有皇帝祭祀(jìsì)封禅(fēngshàn)的岳庙,有佛教和道教修建的道观(dàoguàn)和佛院,还有大量古代诗人流传下来的赞扬"五岳"的诗文等等。山水和文化的结合,形成了独具特色的"五岳"文化。千百年来人们不断前来游览观赏,"五岳"已成为国家重点风景名胜区。人们常常说"五岳归来不看山",意思是说看过了"五岳",其他的山就不用再看了,这也说明了"五岳"在中国人心目中的地位。

泰山全貌

阅读部分

泰山——"五岳"之首

泰山形成于25亿年前,古称"岱山",又名"岱宗",它位于山东省中部,是中国五岳之首,以雄伟著称。泰山自西向东沿着黄河南岸绵延两百多公里,总面积为426平方公里。泰山的主峰天柱峰位于泰安市,海拔1,545米。泰山旁边地区的山峰都比天柱峰低300~400米,尤其是华北平原与天柱峰的高度相差1,300米以上,形成强烈的对比,这就更加显得泰山巍峨高耸。泰山以"雄"著称,不仅是因为它的高度,而且也是因为山体绵延几百里,给人厚重和平稳的感觉,所以自古以来就有"稳如泰山"的说法。泰山因为在中国的东部而被称为东岳。中国古人认为东方是万物交替、春天最早开始的地方,所以泰山又被认为是"五岳之长"。

泰山属于温带季风气候,山的下部为暖温带,顶部是中温带,优越的气候条件使泰山植被茂密,林木覆盖率高达79.9%,百年以上的古树就有3万多棵,300年至1000年以上的有3,300多棵,这在北方风景区中是很少见的。泰山四季景色的变化十分明显,春天满山翠绿,百花盛开;夏天,如果云层高度低于1,500米,就能在山顶看到云海;秋天是泰山最美丽的季节,各种植物显示出不同的色彩,把泰山打扮得十分漂亮;冬天当气温在零度以下时，潮湿的空气冷却成雾，碰到树的枝干就形成了雾凇，在阳光的照耀下，光彩夺目。

泰山作为"五岳之长"，除了地理位置和山势外，更重要的原因还是因为它是一座东方文化的"历史博物馆"。中国古人崇拜泰山，很多皇帝都在泰山封禅、祭祀过。历代文人也纷纷来泰山游览，写了很多诗文。泰山上现在留存着20多处古建筑群，2,200多处碑碣石刻。

泰山的文化古迹，在全世界是没有第二座山能和它相媲美的。因此泰山与万里长城、黄河、长江一样，也已成为中华民族的象征之一。1982年泰山被列入第一批国家级重点风景名胜区，1987年又被列入《世界遗产名录》，成为世界级的名胜旅游区。

泰山——五岳独尊

词语注释一

1. 巍峨	wēi'é	lofty; towering
2. 高耸	gāosǒng	to stand tall and erect; to tower
3. 自古以来	zìgǔ yǐlái	since ancient times
4. 温带	wēndài	temperate zone
5. 季风气候	jìfēng qìhòu	monsoon climate
6. 植被	zhíbèi	vegetation
7. 茂密	màomì	(of grass or trees) dense; thick
8. 覆盖率	fùgàilǜ	coverage rate
9. 雾凇	wùsōng	(soft) rime
10. 封禅	fēngshàn	grand ceremony of worship of heaven on mountain (Tai) top to pray and say thanks for peace and prosperity
11. 祭祀	jìsì	to offer sacrifices to gods or ancestors
12. 碑碣	bēijié	(upright) tablet; stele
13. 石刻	shíkè	carved stone; stone inscription
14. 媲美	pìměi	to compare favourably with; rival

词语注释二

1. 岱山	Dài Shān	泰山的古名。
2. 岱宗	Dàizōng	泰山的古名。
3. 黄河	Huáng Hé	中国第二大河,全长 5,464 公里,流入黄海。
4. 天柱峰	Tiānzhù Fēng	山峰名。
5. 泰安市	Tài'ān Shì	位于山东省中部。
6. 华北	Huáběi	指中国北部地区,包括河北、山西、北京、天津和内蒙古中部。

练习

一、读后判断正误:
1. 泰山主峰比周围的山峰都高。　　　　　　　　　　　　　　（　　）
2. 泰山属于温带季风气候,四季变化不太明显。　　　　　　　（　　）
3. 泰山的林木覆盖率达到 79.9%,这在北方风景区中是少见的。（　　）
4. 云层高度在 1,500 米以上才能在泰山山顶见到云海。　　　（　　）
5. 中国每个朝代的皇帝都在泰山封禅、祭祀过。　　　　　　　（　　）
6. 泰山与万里长城、黄河、长江一样,也已成为中华民族的象征之一。（　　）

二、解释句中加点部分的词语:
1. 泰山古称"岱山",又名"岱宗",是中国五岳之首。
2. 泰山自西向东沿黄河南岸绵延二百多公里,总面积为 426 平方公里。
3. 泰山山体绵延几百里,给人厚重和平稳的感觉。
4. 自古以来就有"稳如泰山"的说法。
5. 中国古人认为东方是万物交替、春天最早开始的地方,所以泰山又被认为是"五岳之长"。
6. 泰山的文化古迹,在全世界是没有第二座山能和它相媲美的。

三、读后回答问题:
1. 泰山的海拔并不特别高,为什么会显得巍峨高耸?
2. 为什么泰山会被认为是"五岳之长"?

听力部分

一 泰山岱庙

岱庙,古称东岳庙,也称泰庙,是泰山的主庙。位于泰安西北泰山南麓,是中国历代皇帝举行封禅仪式的地方,也是泰山创建时代最早的建筑群。下面就请导游介绍一下岱庙的碑刻。

泰山岱庙

词语注释一

1.	庙	miào	temple
2.	麓	lù	the foot of a hill or mountain
3.	碑刻	bēikè	stone inscription
4.	碑	bēi	(upright) tablet; stele
5.	在位	zàiwèi	to be on the throne; reign
6.	丞相	chéngxiàng	prime minister
7.	篆	zhuàn	seal character (a style of chinese calligraphy)
8.	残	cán	incomplete; deficient
9.	雕刻	diāokè	to carve; to engrave
10.	雄姿	xióngzī	majestic appearance
11.	仙境	xiānjìng	fairyland; wonderland; paradise

词语注释二

1.	岱庙	Dài Miào	泰山的主庙。
2.	汉	Hàn	朝代名(公元前206年~公元220年)
3.	秦	Qín	朝代名,中国历史上第一个中央集权的封建王朝(公元前221年~前206年)。
4.	秦始皇	Qín Shǐhuáng	秦朝的第一个皇帝(公元前259年~前210年),

5. 秦二世	Qín Èrshì	统一了中国,也是中国封建社会的第一个皇帝。秦朝第二个皇帝(公元前230年~前207年)。
6. 李斯	Lǐ Sī	秦始皇的丞相(公元前284年~前208年)。
7. 宋徽宗	Sòng Huīzōng	北宋皇帝、书画家(1082年~1135年)。
8. 乾隆	Qiánlóng	清朝皇帝(1711年~1799年),将清朝推向了顶峰。
9. 满文	Mǎnwén	满族所使用的文字。
10. 厚载门	Hòuzǎi Mén	岱庙的北门。
11. 望岳阁	Wàngyuè Gé	景点名。

练 习

一、听后选择正确答案:

1. 岱庙的第一标志是什么?
   A. 古建筑　　　　B. 碑刻　　　　　C. 厚载门
2. 岱庙保存了古代碑刻多少块?
   A. 108块　　　　B. 148块　　　　C. 184块
3. 下面哪座碑不是指"天下第一碑"?
   A.《秦泰山刻石》　B.《李斯篆碑》　　C.《重修东岳庙碑》
4.《重修东岳庙碑》的底座是什么动物的样子?
   A. 乌龟　　　　　B. 狮子　　　　　C. 龙
5.《乾隆重修岱庙碑》碑文除了中文还有什么文字?
   A. 英文　　　　　B. 蒙文　　　　　C. 满文
6. 下面哪座碑又称为"透明碑"?
   A.《重修东岳庙碑》 B.《乾隆重修岱庙碑》 C.《李斯篆碑》

二、听后填空:

1. 我们一路走来,在山间路旁_____就可以看到石刻。
2.《秦泰山刻石》代表秦代篆书的最高水平,被_____"天下第一碑"。
3. 龟座,是用一块石头雕刻成的,高_____2米,长_____5米,重_____4万多斤,在历代的碑碣中都是少见的。
4. 岱庙在北宋末年已有相当大的规模,各种建筑一共有800多间,与现在的180多间_____鲜明的对比。
5. 站在城楼上向北望去,泰山的_____就展现在大家的眼前了。
6. 岱庙正处于"登天"之路的起点上,它_____修得这么高大雄壮,就是要让人们在还没有登山之前,就能体验一下不同于人间的仙境般的感觉。

三、模仿例句改写所给的句子：

1. 岱庙,古称东岳庙,是泰山的主庙。

   泰山在古时候被叫做岱山。

   南京在历史上曾经被叫做金陵。

2. 泰山碑刻称得上是中国历代书法艺术的展览馆。

   张家界风景区山水奇美,是中国旅游界的一颗明珠。

   泰山可以说是一座东方文化的历史博物馆。

 嵩山少林寺

提起中岳嵩山，人们就会想到少林寺。少林寺确实是举世闻名的"天下第一名刹"，嵩山也确实是因这一古寺而驰名中外。下面就让导游向我们介绍一下嵩山少林寺。

词语注释一

1. 举世闻名	jǔshì wénmíng	of world renown; world famous
2. 刹	chà	temple
3. 驰名中外	chímíng zhōng wài	to have won fame at home and abroad
4. 匾额	biǎn'é	horizontal inscribed board
5. 殿	diàn	hall; palace; temple
6. 陷坑	xiànkēng	pitfall; pit
7. 发源地	fāyuándì	place of origin; birthplace
8. 脚窝	jiǎowō	the pit of the foot
9. 引人注目	yǐn rén zhùmù	to catch one's eye; conspicuous; noticeable
10. 壁画	bìhuà	mural painting
11. 罗汉	luóhàn	arhat
12. 铅	qiān	lead (Pb)
13. 氧化	yǎnghuà	to oxidize
14. 简洁	jiǎnjié	succinct; terse; pithy
15. 流畅	liúchàng	easy and smooth
16. 珍品	zhēnpǐn	precious articles; treasure

词语注释二

1. 少林寺　　Shàolín Sì　　　　寺庙名。
2. 少室山　　Shàoshì Shān　　　山峰名。
3. 千佛殿　　Qiānfó Diàn　　　　佛殿名。

练习

一、听后判断正误：

1. 少林寺建在嵩山的最高峰"少室山"上。（　）
2. 少林寺匾额上"少林寺"三个字是明朝康熙皇帝亲笔写的。（　）
3. 千佛殿是少林寺规模最大、保存最完整的佛殿。（　）
4. 千佛殿内的地面上有84个深约20厘米的陷坑。（　）
5. 千佛殿东、西、南三面墙上的壁画连成了一幅大型的彩色壁画。（　）

二、听后选择正确答案：

1. 少林寺建于什么时候？
   A. 公元459年　　B. 公元495年　　C. 公元549年
2. 少林寺曾多次被战火毁灭，寺内现有的建筑是什么时代修建的？
   A. 元明时代　　B. 宋元时代　　C. 明清时代
3. 上方的匾额是什么样的？
   A. 黑底红字　　B. 黑底金字　　C. 黑底黄字
4. 关于少林功夫哪一种说法符合文章的内容？
   A. 和尚们每天静坐，疲劳时舒展腿脚，慢慢就形成了一套功夫。
   B. 少林和尚为了保护少林寺而专门研究出了闻名于世的少林功夫。
   C. 民间流传的一套功夫传入少林寺后经过充实提高形成了少林功夫。
5. 少林功夫比较注重练习什么？
   A. 拳术　　　　B. 腿功　　　　C. 手法
6. 千佛殿大型壁画中有多少个罗汉？
   A. 300个　　　B. 500个　　　C. 700个

三、模仿例句改写所给的句子：

1. 嵩山因少林寺而驰名中外。
   麦积山风景区在国内外都很出名，因为景区里有个麦积石窟。
   中外的游客去陕西的骊山游览，主要是因为里面的华清池。

22

2. 嵩山少林寺占地 3 万多平方米。
   武陵源风景区面积为 264 平方公里。
   泰山总面积为 426 平方公里。
3. 少林寺是中国武术史上著名的"少林武功"的发源地。
   中华民族最早是在黄河流域发展起来的。
   五台山是中国佛教发展最早的地方之一。
4. 南方武功比较注重拳术手法,所以有"南拳"之称。
   排云亭的奇石很多,被称为"黄山奇石陈列馆"。
   雁荡山位于浙江东南部,雁荡山山水奇秀,被称为"东南第一名山"。

四、听后回答问题:
1. 千佛殿内地面上的陷坑是怎么来的?
2. "南拳北腿"是什么意思?
3. 千佛殿壁画中几百个罗汉脸上为什么有各种不同的颜色呢?

嵩山千佛殿

奇险天下第一山

华山是五岳中的西岳,位于陕西西安东面 120 公里的华阴市,是中国首批国家级风景名胜区。在五岳中,华山以"险"著称,四季景色多变。华山既有北方的雄险又有南方的秀丽,天然奇景,处处可见。华山又是道教名山,保存了很多全国重点道教宫观。奇特的自然景观和完整的人文景观构成了独特的华山文化。

华山风光

词语注释一

1.	宫	gōng	Taoist temple
2.	观	guàn	Taoist temple
3.	莲花	liánhuā	lotus flower
4.	花蕊	huāruǐ	pistil; stamen
5.	花瓣	huābàn	petal
6.	盛名	shèngmíng	great reputation
7.	陡峭	dǒuqiào	precipitous; steep
8.	山崖	shānyá	cliff
9.	削	xiāo	to pare with a knife
10.	大雁	dàyàn	wild goose
11.	栈道	zhàndào	plank road built on wooden brackets fixed into cliffs
12.	绝壁	juébì	precipice
13.	羊肠小道	yángcháng xiǎodào	narrow winding trial
14.	家喻户晓	jiā yù hù xiǎo	known to every family and household; known to all

词语注释二

1.	西安	Xī'ān	地名,陕西省省会,古名长安,中国六大古都之一。
2.	华阴市	Huàyīn Shì	位于陕西省东部。
3.	朝阳峰	Zhāoyáng Fēng	山峰名。
4.	莲花峰	Liánhuā Fēng	山峰名。
5.	舍身崖	Shěshēn Yá	山崖名。
6.	落雁峰	Luòyàn Fēng	山峰名。
7.	云台峰	Yúntái Fēng	山峰名。
8.	玉女峰	Yùnǚ Fēng	山峰名。
9.	无量洞	Wúliàng Dòng	景点名。
10.	佛光	fóguāng	"宝光"的俗称,宝光是自然界里的一种光学现象,当阳光照射到含水量高的云雾上,小水珠通过折射作用,把原来白色的阳光分解成美丽的七色光环。这种现象在峨眉山出现较多,所以也称为"峨眉宝光"。

练 习

一、听后把相关的内容用线连起来：

东峰　　玉女峰　　大雁要在此歇息
西峰　　朝阳峰　　三面都是绝壁
南峰　　莲花峰　　可以看到华山佛光
北峰　　落雁峰　　适合欣赏日出
中峰　　云台峰　　有形状像莲花的巨石

华山云梯

二、听后判断正误：

1. 华山远远望去就像是一朵青色的莲花。　　　　　　　　　　　　（　）
2. 秀美是华山最大的特点。　　　　　　　　　　　　　　　　　　（　）
3. 华山最险峻的地方是北峰的空中栈道,宽度不到一米。　　　　　（　）
4. 每年一月份在无量洞旁边可以看到佛光。　　　　　　　　　　　（　）
5. 明清时期才有人开始游览华山。　　　　　　　　　　　　　　　（　）
6. 目前为止,只有一条羊肠小道通往华山。　　　　　　　　　　　（　）

三、听后填空：

1. 华山因为形状像莲花而_____。
2. 华山自古以来就以险而闻名天下,有"奇险天下第一山"的_____。
3. 南峰的山腰上有一个空中栈道,是在悬崖绝壁上_____的。
4. 舍身崖就像是用刀_____过一样直立着。
5. 古时候只有一条曲折艰险的羊肠小道,所以会有"自古华山一条路"这一_____的俗语。
6. 以前上华山的多是当地的山民,游览者_____少见。

华山下棋亭

25

说话部分

一　衡山南岳庙

要求：

下面是关于南岳庙的一些材料，请参考所给的词语和句式，选择合适的材料说一段关于南岳庙的导游词(350字左右)。

参考词语及句式：

坐落　又称　雄伟　占地　仿照　显示　至高无上　苍松翠柏
主体建筑　规模最大
……之一　被誉为……　集……于一体　有……之美称　有……的说法
与……并称于世

材料：

衡山简介：南岳衡山是中国五岳之一，位于湖南省衡阳市境内。主峰祝融峰海拔1,290米。南岳衡山在五岳中处在最南边，一年四季景色都非常秀丽，因此人们常说"南岳独秀"。

南　岳　庙
地理位置：衡山赤帝峰脚下
面　　积：98,500平方米
建造时间：最早建于唐代，历经宋、元、明、清历朝各代6次大火和16次重修扩建，现存建筑于清光绪八年(公元1882年)所建。
建筑特点：仿照北京故宫建造，被称为"江南小故宫"，有民间祠庙、佛教寺院、道教宫观及皇宫风格的建筑。

衡山南岳庙

地　　位：衡山最雄伟的建筑,五岳庙中最大布局最完整的古建筑群之一,与泰山岱庙、嵩山中岳庙齐名,也是南方最大的宫殿式建筑群。
宗　　教：佛、道、儒三教共同存在,东边有8个道观、西边有8个佛寺,中间是儒家的建筑风格,非常独特。
主体建筑：正殿,也叫大殿或圣帝殿,是南岳庙也是南岳古镇最高的建筑。在16级石阶之上,1,877平方米,长35.3米,宽53.68米,高31.11米。殿内72根石柱,象征南岳72峰。
艺术特点：明清时期就因木刻、石雕、泥塑称为"江南三绝"。大殿的四周的石栏杆上刻着《山海经》中的故事,还有鸟兽和花草等,整个岳庙的龙有800多条,南岳庙有"八百蛟龙护南岳"的传说。

二　北岳恒山

要求：

恒山是五岳之一,请参考所给的词语和句式,根据所给的材料,简要地介绍一下北岳恒山(300字左右)。

参考词语：

距　坐落　海拔　又名　绵延　又称　避暑　天险　幽深　悠久　自古以来
由……组成　被誉为……　被称为……　以……为中心
与……并称为……　号称……　有……的说法

材料：

名　　称：北岳,别名常山、大茂山,被称为"塞北第一名山"。
地理位置：山西东北部,到大同市有62公里,云冈石窟向西82公里,五台山向北140公里处。

恒山悬空寺

实用综合旅游汉语 自然景观篇

主　　峰：主峰在浑源县城南,海拔2,017米。天峰岭与翠屏峰是恒山主峰的东西两峰,两峰相对。东面是天峰岭,也叫玄岳峰,西面为翠屏山或翠屏峰。

景区简介：风景区1982年被列为全国第一批44个国家重点风景名胜区之一。占地面积150多公里,整个景区包括4个等级的保护区和1个自然保护区。一二级保护区面积为62.10平方公里,以天峰岭和翠屏峰为中心,包括天峰岭景区、翠屏峰景区、千佛岭景区、温泉景区和浑源城景点群;龙山一带为自然保护区。自然景观与人文景观俱佳。

恒山二绝：
1. 两个主峰之间有一条金龙峡。峡谷很深,最窄处不到10米,古代在交通和军事上有重要的作用,保留了古代关隘、城堡、烽火台等众多古代战场遗迹。
2. 悬空寺悬挂在翠屏峰的悬崖峭壁中,刚建的时候,最高处离地面90米,现在最高处离地面58米。全寺用木头建筑,面积为152.5平方米,有大小房屋40间。因为建在崖壁凹回去的部分,两边突出的山崖缓解了风势,东边天峰岭遮挡了太阳,年平均日照时间为2小时,所以风吹、雨淋、日晒都对它损害不大。悬空寺在中国古建筑史上占有重要地位。

气　　候：温带半干旱大陆性气候,四季分明,冬季寒冷,春季干旱多风,夏季雨量集中,秋季短暂晴朗。这里早晚温差大,人们常说"早穿皮袄午穿纱"。恒山地区年平均温度为6.1℃,1月最冷,平均-12℃;7月最热,平均21.6℃。最高温度为35.9℃,最低温度为-37.3℃。

中国拥有的世界遗产

　　联合国教育、科学及文化组织为了使世界各国文化遗产和自然遗产避免受到越来越严重的破坏,在1972年11月16日通过了《保护世界文化和自然遗产公约》。建立了一个永久性的有效制度,保护具有突出的普遍价值的文化和自然遗产,使这些全人类的珍贵遗产得以留存。到2005年7月世界第29届遗产大会召开为止,被联合国教科文组织列入《世界遗产名录》的遗产地共有812处,分布在137个国家。

　　中国列入《世界遗产》名录的遗产共有32处,其中文化遗产22处,自然遗产5处,文化和自然双重遗产4处,文化景观1处。

　　文化遗产：明清皇宫、颐和园、长城、天坛、承德避暑山庄及周围寺庙、平遥古城、周口店北京猿人遗址、丽江古城、苏州古典园林、秦始皇陵及兵马俑坑、大足石刻、武当山古建筑、莫高窟、布达拉宫、龙门石窟、曲阜孔庙孔林孔府、明清皇家陵寝、青城山—都江堰、皖南古村落、云冈石窟、中国高句丽王城、王陵及贵族墓葬、澳门历史城区。

自然遗产：九寨沟、黄龙、武陵源、三江并流、四川大熊猫栖息地。

文化和自然双重遗产：泰山、黄山、峨眉山—乐山大佛、武夷山。

文化景观：庐山。

另外，昆曲和古琴被列入人类口述和非物质遗产代表作。

恒山后山山门

第三课

中国佛教名山

概说部分

在中国历史上曾经出现过许多宗教，比较著名并且有影响的是佛教、道教和伊斯兰教(Yīsīlánjiào)，其中佛教、道教的历史比较长，传播也广泛，留下了丰富的建筑和艺术遗产。这些佛教、道教的建筑大多坐落在环境幽雅(yōuyǎ)的深山中。

对大山崇拜、敬畏，相信大山是神灵主宰(zhǔzǎi)的，这是很多民族共同的心理。大山高耸入云，被认为是接近天神的地方或是神仙居住的地方，这使高山成为人们崇拜的对象，这成为了中国宗教与高山结合的思想基础。中国是个多山的国家，山地面积占国土面积的三分之二以上，这是中国宗教与高山结合的地理基础。

佛教在东汉时一传入中国，就和山水结下了不解之缘(bù jiě zhī yuán)，有一句俗话叫"天下名山僧占多"，中国有佛教名山二百多处。山西五台山是中国最早的佛教名山，此后，四川峨眉山(Éméi Shān)、浙江普陀山(Pǔtuó Shān)、安徽九华山相继崛起(juéqǐ)，形成举世瞩目(jǔshì zhǔmù)的佛教四大名山。它们分别成为佛教中文殊(Wénshū)、普贤(Pǔxián)、观音(Guānyīn)、地藏(Dìzàng)四大菩萨(púsà)讲经说法(jiǎngjīng shuōfǎ)的场地。除了佛教四大名山以外，还有佛教十小名山，它们是：浙江天台山、江苏栖霞山(Qīxiá Shān)、江苏狼山、北京香山、辽宁千山、陕西终南山、贵州梵净山(Fánjìng Shān)、云南鸡足山，另外还包括江西庐山、南岳衡山。

这些佛教名山大多景色秀丽，古树苍郁，环境幽深。优美的自然环境为教徒

(jiàotú)们提供了一个极好的修身养性(xiūshēn yǎngxìng)的处所，有利于他们远离"尘世"(chénshì)，另一方面也可以吸引游客，宣传宗教。而佛教建筑在幽静的环境里又为自然山水增添了几分文化色彩，使山水成为名山胜水。另外，这些佛教名山都拥有雄伟壮丽的古建筑群，包括殿、堂、楼阁、宝塔等等，不同的建筑有不同的时代风格。所以凡是称得上佛教名山的，秀丽的自然风光和丰富的人文景观缺一不可。

普陀山普法寺

现在，这些佛教名山都已成为中国知名的旅游景点，其中四川峨眉山被列入《世界遗产名录》。

阅读部分

五台山

五台山坐落在山西省东北部，是中国国家级风景名胜区。因为有东、西、南、北、中五座平台形状的山峰而得名；又因为海拔比较高，夏天天气很凉爽，所以又有"清凉山"之称。五座山峰中，东台峰可以看云海日出，南台峰是花的海洋，西台峰适合欣赏明月，北台峰能看到座座群山，中台峰有很多巨大的岩石。五峰之内称为台内，五峰之外称为台外。五台山风光秀丽，有奇险的悬崖峭壁、参天的古树名木、缥缈的云山雾海、壮丽的寺庙建筑。有时，五台山还会出现难得的奇景：山下大雨倾盆，山上却阳光灿烂；或者山下春暖花开，峰顶却冰天雪地。另外，五台山更有一种奇特的自然现象——"宝光"。当你在五台山参观游览的时候，如果遇上半晴半雾的天气，你身边会出现一个五彩缤纷的半圆形光圈。这个光圈大概高3米，宽2米多，由各种颜色组成。光圈里会映出你的影子和动作，如果你在远处招

五台山

手,光圈内的影子也会向你招手,非常奇妙。

五台山作为四大佛教名山之首,它的发展和中国佛教的发展是紧密联系的。佛教的兴盛是五台山的兴盛,佛教的衰落也是五台山的衰落。有人形容五台山的历史是"一部佛国史"。经过千百年的发展,五台山至今仍然保留着大量的寺庙建筑,现存寺庙47处,其中台内有39处,台外有8处。不同时代、不同形状的塔、殿、楼、寺组成了一个规模宏大的古建筑群。

五台山寺庙最集中的地方是台怀镇,台怀镇是中国历代皇帝朝拜五台山的中心,镇上的大白塔是五台山的标志。显通寺是五台山最大也是历史最悠久的一座寺,它占地面积8万多平方米,有各种建筑400多间。显通寺里有一座无梁殿,"无梁殿"就是不用梁木建造的殿。这座殿长16米,宽28米,高21米,这样一座高大的建筑却没用一根梁木,全用砖、石砌成,高超的技术令人叫绝。无梁殿是中国古代建筑艺术的杰作。

词语注释一

1.	参天	cāntiān	to reach to the sky; tower
2.	缥缈	piāomiǎo	dimly discernible; misty
3.	大雨倾盆	dàyǔ qīngpén	heavy downpour; torrential rain
4.	灿烂	cànlàn	bright; brilliant
5.	五彩缤纷	wǔcǎi bīnfēn	colourful; blazing with colour
6.	光圈	guāngquān	aperture
7.	映	yìng	to reflect; to mirror
8.	兴盛	xīngshèng	prosperous; flourishing; thriving
9.	衰落	shuāiluò	to decline; to be on the wane; to go downhill
10.	规模	guīmó	scale
11.	朝拜	cháobài	to worship
12.	梁	liáng	roof beam
13.	砖	zhuān	brick
14.	令人叫绝	lìng rén jiào jué	to make one stunning

词语注释二

1. 台怀镇　　Táihuái Zhèn　　位于山西省五台山中。
2. 显通寺　　Xiǎntōng Sì　　寺庙名。
3. 无梁殿　　Wúliáng Diàn　　佛殿名。

练习

一、读后填空：

1. 五台山因为海拔比较高，夏天天气很凉爽，所以又有"清凉山"_____。
2. 不同时代、不同形状的_____、_____、_____、_____组成了一个规模宏大的古建筑群。
3. 五台山寺庙最_____的地方是台怀镇。
4. 显通寺是五台山最大也是历史最_____的一座寺。
5. 无梁殿没用一根梁木，高超的技术_____。

二、读后选择正确答案：

1. 如果想看明月去哪座山峰最好？
   A. 东台峰　　　B. 西台峰　　　C. 北台峰
2. 五台山奇特的自然景观有几种？
   A. 一种　　　　B. 两种　　　　C. 三种
3. 五台山台内现存寺庙多少座？
   A. 8座　　　　B. 39座　　　　C. 47座
4. 五台山的标志是什么？
   A. 大白塔　　　B. 显通寺　　　C. 无梁殿
5. 无梁殿是用什么材料做成的？
   A. 砖和石头　　B. 砖和木头　　C. 铁和石头

三、模仿例句改写所给的句子：

1. 五台山<u>坐落在</u>山西省东北部。

   华山位于陕西西安以东120公里的华阴市。

   庐山地处江西九江市南部。

2. 五台山<u>因为</u>有东、西、南、北、中五座平台形状的山峰<u>而得名</u>。

   少林寺建在嵩山最高峰少室山的茂密树林中，所以取名"少林寺"。

华山有个朝阳峰,因为那里最适合观赏日出。

3. 五台山作为四大佛教名山之首,它的发展和中国佛教的发展是紧密联系的。

泰山是五岳中最重要的一座山,已经成为中华民族的象征了。

武当山是道教名山中最有名的,山中的道教古建筑群是非常有代表性的,已被列入《世界遗产名录》。

四、读后回答问题:

1. 介绍一下五台山两个名字的由来?
2. 为什么说五台山的发展和中国佛教的发展是紧密联系的?

听力部分

峨眉"一线天"

峨眉山是中国四大佛教名山之一,位于四川省中南部,距成都市约160公里。峨眉山以优美的自然风光、悠久的佛教文化、丰富的动植物资源、独特的地质地貌著称于世,被人们称为"佛国仙山"、"植物王国"、"动物乐园"、"地质博物馆"等,素有"峨眉天下秀"之美誉。1996年峨眉山被列入《世界遗产名录》。

词语注释一

1. 地质	dìzhì	geology
2. 地貌	dìmào	the general configuration of earth's surface; landforms
3. 横	héng	across; sideways
4. 缝隙	fèngxì	chink; crack; crevice
5. 孔	kǒng	hole

6. 木桩	mùzhuāng	spile
7. 钢筋	gāngjīn	reinforcing steel bar
8. 水泥	shuǐní	cement
9. 藤萝	téngluó	chinese wistaria
10. 飞溅	fēijiàn	to splash
11. 精华	jīnghuá	the best part; essence
12. 郁郁葱葱	yùyùcōngcōng	(of grass and trees) be lush and green

词语注释二

1. 成都市	Chéngdū Shì	四川省省会,西南地区经济、文化和交通中心之一。
2. 清音阁	Qīngyīn Gé	景点名。
3. 白云峡	Báiyún Xiá	景点名。

练 习

一、听后判断正误:

1. 游白云峡之前游客们看过了"双桥清音"。　　　　　　　　　(　　)
2. "一线天"里面一天任何时候都看不到太阳。　　　　　　　　(　　)
3. 白云峡里最窄的地方只有五六米。　　　　　　　　　　　　(　　)
4. 现在是凉爽的秋天,在"一线天"中却感觉像夏天。　　　　　(　　)
5. 现在"一线天"已经没有了栈道。　　　　　　　　　　　　　(　　)

二、听后填空:

1. 两边的悬崖峭壁直立着,像是用刀和斧_____出来的,最高的地方有 160 米。
2. 两旁树枝下垂,_____满了藤萝。
3. 清音阁和一线天是峨眉山风景的_____。
4. 走过了一线天,_____在我们眼前的是一片郁郁葱葱的树林。
5. 我们在这里_____做停留,大家可以拍拍照,休息休息,二十分钟后在这里集合继续前进。

三、听后回答问题：

1. 白云峡为什么叫"一线天"？
2. 古时候人们怎样通过"一线天"？现在呢？
3. "一线天"里面的景色怎么样？

天台山国清寺

  天台山在浙江省西南部天台县内，是著名的国家级风景名胜区，中国佛教天台宗的发祥地。天台山群峰连绵、洞穴幽深、寺院林立、古迹众多。主峰华顶峰海拔1,138米，景区以"幽、奇、清、古"为特色，是中国东部著名的避暑胜地。

天台山

词语注释一

1.	发祥地	fāxiángdì	place of origin; birthplace
2.	连绵	liánmián	continuous
3.	避暑	bì shǔ	to stay away for the summer holidays
4.	汉化	hànhuà	to chinesize
5.	佛像	fóxiàng	statue of Buddha
6.	青铜	qīngtóng	bronze
7.	吨	dūn	ton
8.	楠木	nánmù	phoebe zhenman
9.	堪	kān	may; can
10.	浑然一体	húnrán yìtǐ	a unified entity; an integral whole
11.	临摹	línmó	to copy (a model of calligraphy or painting)
12.	碑帖	bēitiè	a rubbing from a stone inscription
13.	以假乱真	yǐ jiǎ luàn zhēn	to mix the false with the genuine

词语注释二

1.	天台县	Tiāntāi Xiàn	位于浙江省东部。
2.	华顶峰	Huádǐng Fēng	天台山的主峰。
3.	天台宗	Tiāntāi Zōng	中国佛教的一个派别。
4.	日莲宗	Rìlián Zōng	日本佛教的一个派别。
5.	国清寺	Guóqīng Sì	寺庙名。
6.	灵岩寺	Língyán Sì	寺庙名。
7.	栖霞寺	Qīxiá Sì	寺庙名。
8.	玉泉寺	Yùquán Sì	寺庙名。
9.	释迦牟尼	Shìjiāmóuní	佛教创始人的简称。
10.	隋朝	Suí Cháo	朝代名(581年～618年)。
11.	王羲之	Wáng Xīzhī	东晋著名书法家（303年～361年），被称为"书圣"。
12.	曹抡选	Cáo Lūnxuǎn	人名。

练习

一、听后判断正误：
1. 天台山出名主要是因为风景优美。　　　　　　　　　　　　　（　）
2. 中国"天台宗"发祥于天台山。　　　　　　　　　　　　　　　（　）
3. 国清寺占地面积超过2万平方米。　　　　　　　　　　　　　（　）
4. 大雄宝殿的释迦牟尼佛像是用楠木雕成的，外面贴着真金。　（　）
5. "鹅"字碑上的字一看就知道不是一个人写的。　　　　　　　（　）

二、听后选择正确答案：
1. 下面哪座寺庙是佛教汉化后的代表？
　　A. 国清寺　　　　　B. 灵岩寺　　　　　C. 栖霞寺
2. 国清寺建于哪一年？
　　A. 公元589年　　　B. 公元895年　　　C. 公元598年
3. "天下四绝"中不包括下面哪一个？
　　A. 南京栖霞寺　　　B. 浙江高明寺　　　C. 湖北玉泉寺
4. 梅亭在什么位置？
　　A. 大雄宝殿右侧　　B. 大雄宝殿后面　　C. 大雄宝殿左侧

5. 下面哪种说法不正确？

　　A. 天台山被称为"佛国仙山"。

　　B. 大雄宝殿里的释迦牟尼佛像重达18吨。

　　C. 国清寺里有两千多件文物。

三、模仿例句改写所给的句子：

1. 天台山景区以"幽、奇、清、古"为特色。

　　庐山是集秀丽和雄奇于一体的风景胜地。

　　三清山中的"峰、石、松、瀑、云"等自然景观很有特点。

2. 国清寺与泰山灵岩寺、南京栖霞寺、湖北玉泉寺并称为"天下四绝"。

　　东岳泰山、西岳华山、南岳衡山、北岳恒山、中岳嵩山是中国的"五岳"。

　　五台山与峨眉山、普陀山、九华山，一起称为"佛教四大名山"。

3. "隋梅"大概是我国现存最老的一棵梅树了，堪称国清寺一宝。

　　嵩山少林寺至今已有1500多年的历史了，称得上是"千年古刹"了。

　　黄山风景秀丽，所以有"五岳归来不看山，黄山归来不看岳"的说法，可以说是"国之瑰宝"。

四、听后回答问题：

1. 天台山在佛教中有什么样的地位？
2. "鹅"字碑是什么样的？

 九华山天台峰

　　九华山位于安徽南部青阳县境内，是中国四大佛教名山之一，景色秀丽，是旅游避暑的好地方。九华山天台峰上建有地藏寺，是佛教徒朝拜九华山地藏王的主要寺庙之一，下面就请导游带我们去天台峰游览一下。

词语注释一

1.	略	lüè	slightly; somewhat
2.	信徒	xìntú	believer; follower; adherent
3.	观	guān	to look at
4.	瑰丽	guīlì	surpassingly beautiful; magnificent
5.	晓	xiǎo	dawn; daybreak
6.	气喘吁吁	qìchuǎn xūxū	to pant; to wheeze
7.	滚圆	gǔnyuán	round as a ball
8.	坐北朝南	zuò běi cháo nán	sit in the north facing the south
9.	横梁	héngliáng	crossbeam
10.	茅屋	máowū	thatched cottage
11.	山势	shānshì	mountain features

词语注释二

1.	青阳县	Qīngyáng Xiàn	位于安徽省。
2.	地藏王	Dìzàng Wáng	佛教的菩萨之一，也称地藏菩萨或地藏王菩萨。
3.	十王峰	Shíwáng Fēng	山峰名。
4.	龙头峰	Lóngtóu Fēng	山峰名。
5.	龙珠峰	Lóngzhū Fēng	山峰名。
6.	渡仙桥	Dùxiān Qiáo	桥名。

练习

一、听后判断正误：

1. 天台峰是九华山的最高峰。　　　　　　　　　　　　　　（　）
2. 地藏寺是九华山最高的建筑。　　　　　　　　　　　　　（　）
3. 龙珠峰在地藏寺的左边，龙头峰在地藏寺的右边。　　　　（　）
4. 地藏寺约建于 1000 年前，但直到清朝时才发展到现在的规模。（　）
5. 地藏寺的寺门在一座桥的桥底。　　　　　　　　　　　　（　）

二、听后填空:

1. 天台峰,海拔_____低于十王峰。
2. 坐落在天台顶峰的地藏寺_____天台寺,是全国重点寺院。
3. 天台峰的最高处是游客来九华山的_____。
4. 地藏寺_____北_____南,木石结构。
5. 我们_____桥底登上石阶十几步,就能进入寺内。
6. 寺院_____山势而建。
7. 地藏寺根据峰顶岩石的不同高度建了三层,最高处与寺后峰顶的岩石_____。
8. 整个建筑_____高耸的悬崖峭壁_____隐蔽,既防风防寒,又十分坚固。

说话部分

 普 陀 山

要求:

　　普陀山是佛教四大名山之一,请参考所给的词语和句式,根据所提供的材料介绍一下普陀山,可重点介绍某一处景点(400字左右)。

参考词语及句式:

> 位于　海拔　浓郁　悠久　旅游旺季　规模宏大　风光秀美　变幻莫测
> 避暑胜地
> 最适于……　　呈……形　　以……闻名于世　　以……最为著名
> 与……并称为……　　有……的美称　　因……而得名

普陀山俯瞰

材料：

地理位置： 舟山市普陀区中部，是舟山群岛中的一个小岛。

概　　况： 岛内面积12.5平方公里，地势狭长，南北长8.6公里，东西宽3.5公里。最高峰佛顶山高280多米。

级　　别： 著名的海岛风景旅游胜地，全国首批确定的44个国家级重点风景名胜区之一，4A级旅游景区。

景区特点： 风光秀美，峰峦苍翠，洞岩奇异，古寺遍地。

宗　　教： 中国四大佛教名山之一（其他三座是五台、峨眉、九华）。被称为"海天佛国"。繁盛时，山上有82座寺院，4,000多僧侣。现在在岛上也可以经常遇到僧人。农历二月十九、六月十九、九月十九是观音香会，很多人来参加朝圣盛典。

游览路线： 普济寺 → 法雨寺 → 千步沙。

　　1. 普济寺：在短姑道头码头登岸，向北不远就是普济寺。普济寺也叫前寺，是普陀山供奉观音菩萨的主要寺庙，最早开始兴建于北宋。普济寺规模宏大，建筑雄伟，有九座殿宇，其中大圆通殿是正殿，殿的正中间有观音像。莲花池东南的"多宝塔"是普陀山现有最古老的建筑。

　　2. 法雨寺：也叫后寺，在岛的中部，建于明朝的万历年间。法雨寺的东面有天灯塔，是普陀山最高的地方。寺里的建筑是依照山势而建的，共有六重殿堂。

　　3. 千步金沙：也叫千步沙，在普陀山的东部海岸，南边从几室岭北开始，东北到望海亭。长70多米，差不多有一千步，所以被叫做"千步沙"。这里沙的颜色金黄，干净细软。沙坡平缓，海面宽阔，水中没有乱石暗礁。夏天来的游客，都会来这里。

气　　候： 空气湿润，春季雾气弥漫；夏天平均最高气温不超过29℃，比较凉快；秋季天高气爽，可以观赏东海日出；冬天比较暖和。

交　　通： 浙江宁波有高速轮渡到普陀山，每天7班；杭州汽车东站有高速巴士到码头，再换轮渡去普陀山，高速巴士每天有8班；上海有夜班船或者快艇到普陀山。岛上各个景区之间有两条旅游专线巴士5分钟一班，17点以后陆续停运。

 二　鸡足山

要求：

　　位于云南大理白族自治州东部的鸡足山是著名的佛教胜地，请参考所给的词语和句式，根据所提供的材料简单介绍一下儿鸡足山（350字左右）。

参考词语及句式：

{ 坐落　古名　又名　作为　构成　兴盛　规模宏伟　源远流长
异域风情
……之一　与……齐名　与……并称为　以……为特色　以……为中心
兼有……特色 }

材料：

地理位置： 云南省宾川县，距昆明 400 公里。左边是金沙江，右边是大理洱海，对面是苍山。

得名原因： 山的形状像鸡的脚。

古　　名： 青巅山、九曲山和九重崖。

概　　况： 长 7 公里，宽 6 公里。主峰天柱峰（金顶）海拔 3,240 米。

特　　点： 是森林公园，也是佛教名山。

级　　别： 云南四大风景名山之一，国家重点风景名胜区，佛教五大名山之一（峨眉、五台、九华、普陀为佛教四大名山）。

气　　候： 分为干、湿两季。干季是 11 月到第二年 4 月，这时水汽小，湿度小，云量少，晴天多，光照充足，气温昼高夜低，温差较大，气候干暖。湿季为 5 月到 10 月，这时水汽充沛，降雨多，多云，光照较短，昼夜温差小，气候温暖湿润。

自然景观：
1. 特点：秀、雅、幽、奇。山峰秀丽、泉水清澈、松柏苍翠、鸟语花香。
2. 金顶四观：在金顶峰顶上可以东观日出、南观祥云、西观苍山洱海、北观玉龙雪山。
3. 鸡足八景："天柱佛光"、"华首晴雷"、"洱海回岚"、"苍山积雪"、"万壑松涛"、"飞瀑穿云"、"悬岩夕照"、"塔院秋月"。

佛教文化：
1. 历史：开始于宋代，兴盛于明朝。那时以祝圣寺为中心的寺庙达 100 多座，山上有僧侣 5,000 多名。
2. 现状：现存祝圣寺、金顶寺、铜瓦寺、九莲寺及大庙二庙等。祝圣寺处于全山中心，是鸡足山最大的寺庙。金顶寺位于天柱峰峰顶。
3. 建筑特点：有中国、印度、缅甸等寺院的构造特色。

鸡足山瀑布

小知识

正在兴起的"宗教旅游热"

宗教旅游是一种特殊的旅游活动,这种旅游以宗教建筑、宗教文化艺术活动来吸引游客去朝拜、旅游、参观、考察并体验宗教文化艺术。宗教文化是旅游文化的重要组成部分,宗教旅游在中国旅游业中占有重要的地位。现代旅游到处可见宗教的影子,几乎所有的宗教圣地都已成为重要的旅游目的地,著名宗教场所也是著名的旅游参观点。据统计,中国3批国家重点风景名胜区中,以宗教景观为重要内容的占47.9%。20世纪90年代中国开始出现了"宗教旅游热"。中国是佛教的重要传播地之一,道教以及其他宗教的历史也很长,对中国文化、中国社会产生过很大的影响,留下了丰富的宗教建筑和艺术遗产,这是开发宗教旅游的基础条件。中国的各类宗教与山水关系密切,很多宗教建筑都坐落在风景优美、环境优雅的山林中。如佛教四大名山五台山、峨眉山、普陀山、九华山,道教名山青城山、武当山、龙虎山、三清山等等,自然景色都极其秀美,这也是宗教旅游兴盛发展的重要原因。

中国宗教旅游现在基本有四种形式:(1)宗教圣地朝圣旅游,参加者一般是宗教信徒;(2)宗教场所历史文化参观游,为普通游客提供了了解宗教文化的机会;(3)宗教文化学习体验旅游,是针对特殊目的的学习者而举办的旅游活动;(4)宗教胜地修身养性度假旅游,一部分旅游者选择到宗教胜地进行度假,达到彻底放松、恢复的度假目的。

九华山

第四课

中国道教名山

概说部分

  道教是中国本土上诞生的中国特有的宗教，一向有"国教"之称。道教的正式创立是在东汉时期(126年~144年)，创始人是张道陵(Zhāng Dàolíng)。道教名山是随着道教的发展而发展的。从隋唐(Suí Táng)到明代中叶是道教的发展和兴盛时期，道教名山越来越多。道教名山中最能体现道教文化的，主要是以宫(gōng)、观(guàn)为主的道教建筑。佛教的庙宇通常称为"寺"或"庙"，而道教一般叫"宫"或"观"。幽静的自然山水和宏伟的道教宫观组合在一起就形成了通常所说的道教名山。

  中国道教名山的建立、扩充与丹霞(dānxiá)地貌有着密切关系。丹霞地貌主体岩层是红色砂岩(shāyán)，这种岩层的颜色从深红到橙色(chéngsè)不等，而传说中仙人在天上的居住之地的颜色也主要是红色、金色、橙色等暖色调。丹霞地貌形态有平顶的方山、奇险的石墙、石峰、石柱等。丹霞山的峰顶或山脊，远远望去就像是城堡宫殿。道教认为山峰的最高处，最有利于飞升，所以经常把宫观建在山顶上，丹霞山的山顶和山腰有很多平坦的台地，也很适合建造建筑物。丹霞山热烈鲜明的色彩以及形态和气氛等方面所具有的特征正好与道教追求的理想世界相符，所以他们选择丹霞山作为修炼(xiūliàn)成仙的地方。道教创立初期的名山中，青城山、鹤鸣山(Hèmíng Shān)、龙虎山都属于丹霞地貌。随着道教的传播与发展，对名山的需求大量增加，道教许多名山已经不再限于丹霞地貌的范围了，但暖色调仍然是道教名山的一个重要特点。

佛教在东汉时期传到中国后不久就与道教展开了对名山的争夺。在长期的佛道相争的过程中，较多的是道佛相互融合共处：或者是道教名山上出现佛寺，道观中出现佛像；或者是佛教名山上出现道观，佛寺中出现道教神像。后来道教逐渐衰落，有些道教名山就被佛教占领变成了佛教名山，四大佛教

武当山

名山中的九华山和峨眉山就是典型的例子。当然，也有不少道山始终尊崇道教，特别是许多丹霞名山仍保持着独尊道教的局面。现在的四大道教名山（江西龙虎山、安徽齐云山、湖北武当山、四川青城山）中，丹霞山就占了三个，除了武当山以外其他山都属于丹霞地貌。

中国的道教名山有一百多处，除了四大道教名山以外，比较著名的还有山东崂山、江西三清山、甘肃崆峒山（Kōngtóng Shān）、广东罗浮山（Luófú Shān）等等，另外五岳也是道教名山。道教名山中泰山、武当山、青城山被列入《世界遗产名录》。

阅读部分

武 当 山

武当山，又名太和山、仙室山，位于湖北省丹江口市的西南面。武当山背靠神农架林区，对着丹江口水库，方圆400平方公里，是中国道教第一名山，1982年被列为第一批国家重点风景名胜区。

武当山山体由于自然侵蚀，形成了峰奇、谷险的景观。山上植被丰富，雨量充沛，云雾缭绕。武当山的每个季节都有不同的景象，七十二峰、三十六岩、二十四涧、十一洞、三潭、九泉、十池、十石、九台等等随着季节的变化而呈现出不同的景色。武当山还有一个更绝妙的景观，就是"七十二峰朝大顶"。"七十二峰朝大顶"是指七十二座山峰座座都向主峰微微倾斜，像是在低头朝拜，非常有趣。主峰天柱峰海拔1,612米，有"一柱擎天"的美誉，天柱

峰一带的云母石英片岩在阳光下闪闪发光，形成丰富的色彩，更增添了武当山的神秘气氛。

武当山的道教，俗称"武当派"，据说道教尊奉的真武大帝在这里修炼了42年后升天了，所以真武大帝成了武当山最主要的神。武当山中建有九宫八观等一百多处庞大的道教建筑群。这些建筑群分别建于元、明、清三个历史时期，在建筑艺术、建筑美学上达到了非常完美的境界，有着丰富的中国古代文化和科技内涵，是研究中国宗教历史和古建筑的珍贵材料。1994年武当山古建筑群被列入《世界遗产名录》。

武当山不仅以道教闻名，还以"武当拳"著称，武当拳与少林拳齐名，两者各有千秋。在中国武林中，一般来说少林拳在北方名气要大一点，而在南方，武当拳更有名，所以素有"北崇少林，南尊武当"的说法。

古往今来，武当山以它众多的名胜古迹和道教文化吸引了无数的中外游览者。

武当山金顶

词语注释一

1.	方圆	fāngyuán	circumference
2.	侵蚀	qīnshí	to corrode; to erode
3.	充沛	chōngpèi	plentiful; abundant; full of
4.	涧	jiàn	gully
5.	潭	tán	deep pool
6.	擎	qíng	to prop up
7.	云母	yúnmǔ	mica
8.	石英	shíyīng	quartz
9.	俗称	súchēng	to be colloquially called
10.	尊奉	zūnfèng	to worship; to revere; to venerate
11.	修炼	xiūliàn	(of Taoists) to try to make pills of immortality and cultivate vital energy, etc.
12.	齐名	qímíng	to be equally famous; to enjoy equally popularity
13.	各有千秋	gè yǒu qiānqiū	each has something to recommend him; each has his strong points

词语注释二

1. 太和山　Tàihé Shān　　武当山的别名。
2. 仙室山　Xiānshì Shān　　武当山的别名。
3. 丹江口　Dānjiāngkǒu　　市名,位于湖北省西北部。
4. 神农架　Shénnóngjià　　中国国家级森林和野生动物自然保护区,位于湖北省西北部。
5. 真武大帝　Zhēnwǔ Dàdì　　道教信奉的神,镇守北方的天界。

练习

一、读后判断正误：
1. 武当山还有一个名字是太室山。　　　　　　　　　　　　　　（　）
2. 天柱峰海拔为 1,261 米,有"一柱擎天"的美誉。　　　　　　　（　）
3. 因为真武大帝在天柱峰修炼了 42 年,所以天柱峰一带的岩石形成了丰富的色彩,为武当山增添了神秘气氛。　　　　　　　　　　（　）
4. 在南方,武当拳比少林拳更为有名。　　　　　　　　　　　　（　）
5. 武当山因为拥有非常完美的古建筑群而被列入《世界遗产名录》。（　）

二、解释句中加点部分的词语：
1. 武当山背靠神农架林区,对着丹江口水库,方圆 400 平方公里。
2. 武当山的道教俗称"武当派"。
3. 武当山中建有九宫八观等一百多处庞大的道教建筑群。
4. 在中国武林中,一般来说少林拳在北方名气要大一点。
5. 古往今来,武当山以它众多的名胜古迹和道教文化吸引了无数的中外游览者。

三、模仿例句改写所给的句子：
1. 这些建筑群分别建于元、明、清三个历史时期,在世界建筑史上都是奇观。
　　峨眉山的"一线天"是自然界一种奇特的现象。
　　龙虎山的悬崖墓是中国文化史上一种奇特的现象。
2. 武当山不仅以道教闻名,还以"武当拳"著称。
　　岱庙的标志是壮丽的古建筑和历史悠久的碑刻。
　　奇特的自然景观和完整的人文景观构成了独特的华山文化。
3. 武当拳与少林拳齐名,两者各有千秋。
　　显通寺与白马寺都是中国最早的寺庙之一。
　　青城山是四大道教名山之一,与武当山、龙虎山、齐云山一样有名。

实用综合旅游汉语　自然景观篇

四、读后回答问题:

1. "七十二峰朝大顶"是什么意思?
2. 除了道教建筑以外,武当山还以什么著称?

听力部分

 青城天下幽

青城山位于都江堰南侧,素有"洞天福地"、"人间仙境"、"青城天下幽"等美誉,是中国历史名山和国家重点风景名胜区。2000年11月青城山作为文化遗产被列入《世界遗产名录》。

青城山山门

词语注释一

1.	洞天福地	dòngtiān fúdì	heavenly abode
2.	姿态	zītài	posture
3.	呈	chéng	to appear
4.	环	huán	ring
5.	覆盖	fùgài	to be covered with
6.	轮廓	lúnkuò	outline; rough sketch
7.	道观	dàoguàn	Taoist temple
8.	石雕	shídiāo	carved stone
9.	尤为	yóuwéi	especially; particularly
10.	源于	yuányú	to come from
11.	山涧	shānjiàn	mountain stream
12.	青	qīng	green

词语注释二

1. 都江堰　　Dūjiāngyàn　　　市名,位于四川省,因都江堰水库而得名。
2. 丈人山　　Zhàngrén Shān　　青城山的别名。
3. 张道陵　　Zhāng Dàolíng　　也叫张陵(34年~156年),东汉人,道教的创始人之一。

练 习

一、听后判断正误:
1. 青城山又称老丈山。　　　　　　　　　　　　　　　　　　　(　)
2. 幽深清静是青城山自然景观的特点。　　　　　　　　　　　　(　)
3. 中国道教的发源地之一是青城山。　　　　　　　　　　　　　(　)
4. 佛教和道教在青城山因为地位问题,争执十分激烈。　　　　　(　)
5. 青城山前山的三座山峰是青城山最漂亮的地方之一。　　　　　(　)
6. 青城山到处是绿色的植被和白色的建筑,所以青城山的颜色可以说是"一清(青)二白"。　　　　　　　　　　　　　　　　　　(　)
7. 青城山,如果山下阴雨,山上肯定也不会是晴天。　　　　　　(　)

二、听后选择词语填空:
1. 今天我将和大家一起_____这里登上青城山顶。(从、在、往)
2. 青城山自然景观的特点就_____幽静。(在于、处于、介于)
3. 汉朝时张道陵在这里定居,_____了道教。(创建、建立、创造)
4. 青城山的前山三峰和后山五峰,景色_____秀丽。(尤为、特殊、认为)
5. 云海就_____旁边的这个山涧中。(起源、源于、在于)

三、听后回答问题:
1. 青城前山和后山有什么不同?
2. 佛教和道教在青城山的发展情况是怎样的?

  ## 神秘的崖墓群

　　龙虎山位于江西省贵溪西南部,山川奇丽,素有"神仙都会"、"洞天福地"之誉,是国家重点风景名胜区,整个景区有200多平方公里。

源远流长的道教文化、独具特色的碧水丹崖和历史悠久的崖墓群构成了龙虎山的"三绝"。下面请导游带我们去看看"三绝"之一的崖墓群。

龙虎山仙岩

词语注释一

1.	源远流长	yuán yuǎn liú cháng	a distant source and a long course
2.	碧	bì	bluish green; green
3.	丹	dān	red
4.	崖墓	yámù	burial case on cliff
5.	悬棺	xuánguān	hanging coffin
6.	考古	kǎogǔ	archaeological studies
7.	棺木	guānmù	coffin
8.	洞穴	dòngxué	cave; cavern
9.	安葬	ānzàng	to bury (the dead)
10.	分布	fēnbù	to be distributed
11.	灵魂	línghún	soul; spirit
12.	升天	shēng tiān	to go to heaven; to die
13.	趋	qū	to tend towards; to tend to become
14.	吉	jí	auspicious; propitious
15.	青瓷	qīngcí	celadon ware
16.	定论	dìnglùn	final conclusion

词语注释二

1.	仙岩	Xiān Yán	景区名。
2.	水岩	Shuǐ Yán	景区名。
3.	战国时期	Zhànguó Shíqī	中国古代的一个历史时期（公元前475年～公元前221年）。

练习

一、听后选择正确答案：

1. 龙虎山崖墓群位于什么地方？
   A. 都在仙岩、水岩　　B. 到处都有　　C. 仙岩、水岩比较集中
2. 下面哪种说法不是《神州风采》对崖墓群的评价？
   A. 华夏一绝　　B. 世界奇观　　C. 天然的考古博物馆
3. 龙虎山分布着多少座崖墓？
   A. 100多座　　B. 300多座　　C. 250座左右
4. 崖墓的安葬方式不包括哪一种？
   A. 单洞单葬　　B. 多洞单葬　　C. 单洞群葬
5. 关于悬棺的形状，哪一种文中没有提到？
   A. 正方形　　B. 长方形　　C. 圆筒形
6. 古人为什么把棺木葬在离地面或水面很高的地方？
   A. 防止别人把棺木中的随葬物品拿走
   B. 棺木悬得越高就能越早升天
   C. 为了在世界文化史上创造奇观

二、模仿例句改写所给的句子：

1. 源远流长的道教文化、独具特色的碧水丹崖和历史悠久的崖墓群构成了龙虎山的"三绝"。

   武陵源有奇峰、怪石、幽谷、秀水、溶洞五大奇观。

   青城山有云海、神灯、日出三大奇观。

2. 这里的崖墓更是中国的一绝，中央电视台曾在《神州风采》中称之为"华夏一绝""天然的考古博物馆"。

   黄山的排云亭一带奇石很多，是"黄山奇石陈列馆"。

   下过雨后，麦积山云雾迷漫，山体时隐时现，非常美丽，这就是"麦积烟雨"。

3. 所谓的"崖墓"也叫"悬棺"，是中国古代一些民族将棺木送入悬崖天然洞穴中安葬的一种奇特的安葬方式。

   风景名山就是自然风光秀美，景物奇特，可供游人欣赏、游览的山地、丘陵。

   中国佛教四大名山是指五台山、峨眉山、普陀山、九华山。

4. 这种悬棺葬反映的是一种灵魂升天的宗教观念，悬棺越高就能越早升天，所以有"争挂高崖以趋吉"的说法。

   在中国武林中，一般来说少林拳在北方名气要大一点，而南方则尊崇武当拳，所以人们常说"北崇少林，南尊武当"。

   黄山是中国最美丽的山，所以中国流传着一句话"五岳归来不看山，黄山归来不看岳。"

三 小武当——齐云山

齐云山是道教名山,位于安徽省休宁县城西约15公里处,因为山间常有云雾弥漫,远远看起来山是白色的,所以在古代也被称作"白岳"。其实,齐云山山体为赤红色,是一处以丹霞地貌为特色的山岳型风景名胜区。齐云山还是国家级重点风景名胜区、国家地质公园、国家森林公园。

齐云山

词语注释一

1. 弥漫	mímàn	to fill the air; to spread all over the place
2. 赤	chì	red
3. 丹霞	dānxiá	red rosy clouds ground form
4. 峰峦	fēngluán	ridges and peaks
5. 故	gù	hence; therefore
6. 泉	quán	spring
7. 峭拔	qiàobá	high and steep
8. 明丽	mínglì	bright and beautiful
9. 祠	cí	ancestral temple; memorial temple
10. 供奉	gòngfèng	to enshrine and worship; to consecrate
11. 土特产	tǔtèchǎn	special local product
12. 灵芝	língzhī	glossy ganoderma
13. 猕猴桃	míhóutáo	kiwi fruit

词语注释二

1. 琅崖	Lángyá	山峰名。
2. 徽墨	huīmò	徽州(现在的安徽歙县)人善于制墨,被称为徽墨,是最有名的墨。
3. 歙砚	shèyàn	产于歙县的砚台,非常有名。
4. 皖南	Wǎnnán	安徽省南部。

练习

一、听后填空：
1. 各位朋友,你们好！现在我们已经到达齐云山风景区_____。
2. 在这里先向大家介绍一下齐云山风景区的_____。
3. 最高峰廊崖像是插入云中一样,与云并齐,_____齐云山。
4. 风景区面积110平方公里,_____山奇、水秀、石怪、洞幽_____。
5. 齐云山与黄山、九华山_____为皖南三大名山。
6. 齐云山_____道家七十二福地,有"江南小武当"之称。
7. 齐云山因为一千多年道教的_____,文化遗迹极为丰富。
8. 齐云山是安徽省_____丹霞地貌、石刻、道教文化、山水风景_____一体的国家级风景名胜区。

二、听后回答问题：
1. 齐云山是如何得名的？
2. 齐云山为什么被称为"江南小武当"？

齐云山石刻

说话部分

 崂 山

要求：
根据所给材料写一段关于崂山的导游词(250字左右)。

参考词语及句式：

位于　坐落　古称　方圆　海拔　优美　雄奇壮阔　心胸开阔
严寒酷暑　交相辉映
以……著称于世　由……组成　有……之称　有……的美誉

实用综合旅游汉语

自然景观篇

材料：

地理位置：	山东半岛的东南，青岛市东约40公里，东南两面靠近黄海。
级　　别：	道教名山，著名的避暑游览胜地。
古　　名：	牢山、劳山。
概　　况：	面积300多平方公里，崂山海岸线长87公里，有大小岛屿18个，主峰叫做巨峰，高1,133米，是中国18,000公里海岸线上最高的山峰。
景　　区：	景区分为巨峰、流清、上清、太清、棋盘石、仰口、北九水、华楼、登瀛9个风景游览区和5个风景恢复区及景区外缘陆海景点，有220多处景点。自然景观和人文景观交相辉映，著名的有太清宫、华严寺、明道观、白云洞、南龙水瀑布、北九水等景点。
特　　点：	海山相连，形成很多岬角、岩礁、滩湾，雄奇秀美。山峰耸立，层峦叠嶂，有很多奇峰异石，被称为"天然雕塑公园"。
气　　候：	暖湿带，气候温暖湿润，没有严寒酷暑，全年平均气温12℃，降水量940~1,073.7毫米，是青岛市最湿润的地区。
特　　产：	青岛啤酒、崂山矿泉水、崂山海底绿石、贝雕工艺品。
最佳旅游季节：	3月中旬至11月中旬。

崂山

二　三清山

要求：

　　请根据所给的材料，抓住特色景观介绍一下儿三清山，字数不少于350字。

参考词语及句式：

{
位于　方圆　海拔　风采　集中　精华　别具一格　遍布全山
流泉飞瀑
展现……风采　……为特色景观　由……而得名　因而取名为……
被誉为……　有……之誉
}

材料：

地理位置： 江西省东北部上饶市。

名字由来： 三清山内有玉京、玉虚、玉华三大山峰并列，好像道教玉清、上清、太清三位最高尊神并列坐着。

景区概况： 面积220平方公里，主峰玉京峰1,817米。景观集中在南部景区，有奇峰48座，怪石52处，景点300处。

三清山

宗　　教： 道教在三清山有1600年的历史，被称为"露天道教博物馆"，整座山都有道教建筑，从登山处步云桥直至天门三清福地，有宫观、亭阁、石刻、石雕、山门、桥梁等200多处。

景区特点： 有黄山的秀丽、峨眉的壮观、庐山的灵气、华山的险峻。自然景观以峰、石、松、瀑、云为特色，被称为"黄山姐妹山"

特色景观：

1. 响云：夏天雨后在海拔1,567米的玉皇顶处常会见到"响云"。三清山一年210天有云雾，所以风起云动的时候，云海发出"嘘嘘，嘘嘘"的响声，当云块撞上山崖，山谷里传来"噼噼啪啪"的声响。

2. 彩瀑：三清山植被较好，降水量达2,000多毫米，流泉飞瀑很多。山南有二桥墩红色瀑布，30米高的赭红色峭壁将瀑布映成了红色。三清山东北侧的川桥石门双色瀑布，两股泉水从川桥和尚山下的鸳鸯泉中流出，一红一白，非常分明。云盖峰的鸳鸯潭瀑布，因为潭底岩石有青黄两色，阳光照射和潭底岩石的反射，使潭水也变成青黄双色。

三清山鸳鸯潭飞泉

中国有多少国家级风景名胜区？

风景名胜区也称风景区，指风景资源集中、环境优美、具有一定规模和游览条件，可供人们游览欣赏、休息娱乐或进行科学文化活动的地域。中国的国家级风景区相当于国外的国家公园。风景名胜区的资源是以自然资源为主的、独特的、不可替代的景观资源，是通过几亿年大自然鬼斧神工所形成的自然遗产，而且是世代不断增值的遗产。

截至2004年2月，中国经政府审定命名的风景名胜区已有677个，其中国家重点风景名胜区177个、省级风景名胜区452个、市县级风景名胜区48个，总面积占国土面积的1%以上。在这些风景名胜区中，由联合国教科文组织列入《世界遗产名录》的中国国家重点风景名胜区已达16处。

中国国家级风景名胜区的徽志为圆形图案，正中间的万里长城和山水图案象征中国悠久的历史、众多的名胜古迹和美丽的自然风景；两侧由银杏树叶和茶树叶组成的环形图案象征风景名胜区优美的自然生态环境和植物景观。图案下半部汉字为"中国国家风景名胜区"，上半部英文字为"NATIONAL PARK OF CHINA"。

龙虎山崖墓

第五课

中国奇特的地貌景观

概说部分

　　中国地域辽阔,地质构造复杂,地貌形态多样。中国的地貌形态可分为山地、高原、丘陵(qiūlíng)、盆地、平原五大基本类型。山地和高原的面积最广,分别占全国面积的33%和26%;其次是盆地,占19%;丘陵和平原占的比例都较少,分别为10%和12%。

　　除以上五种基本地貌类型外,由于地势(dìshì)垂直起伏大、海陆位置不同、地表组成物质不同等,还形成了冰川、风沙、黄土、喀斯特(kāsītè)、火山、海岸等多种特殊地貌。

　　中国西部地势高耸,并有很多座海拔高度在雪线以上的极高山,中国冰川分布地域辽阔,北起阿尔泰山,南至喜马拉雅山和云南北部的玉龙雪山,东自四川西部松潘的雪宝顶,西到帕米尔之间的山巅(shāndiān),总面积达58,523平方公里,是全球中低纬度现代冰川最发达的国家。

　　中国是世界上沙漠戈壁(gēbì)面积比较广阔的国家之一。中国的沙漠戈壁主要分布在北部,包括西北和内蒙古的干旱和半干旱地区,总面积达128万平方公里,约占全国面积的13%。在这些地区,由于常年干旱,白天和夜晚的温差较大,风力十分强劲,在风力的作用下,这些地区呈现出某些奇特的地貌景观,如风蚀(fēngshí)蘑菇、风蚀柱、雅丹(Yǎdān)地貌以及魔鬼城等。比较著名的有:新疆罗布泊(Luóbù Pō)地区的雅丹地貌、新疆克拉玛依(Kèlāmǎyī)的乌尔禾(Wū'ěrhé)地区的魔鬼城、新疆奇台县的魔鬼城等。

　　中国境内的黄土地貌主要分布在昆仑山(Kūnlún Shān)、秦岭(Qín Lǐng)、大

实用综合旅游汉语 自然景观篇

别山以北地区,面积约63.25万平方公里,最集中的是在黄河中游的黄土高原。

中国有600多座火山,主要分布在东北地区、内蒙古及山西、河北省北部、雷州半岛及海南岛、云南腾冲(Téngchōng)、藏北高原、台湾岛、太行山东部及华北等地。著名的旅游区有:五大连池、镜泊湖(Jìngpō Hú)、长白山、腾冲火山等。

玉龙雪山

中国的喀斯特地貌分布很广,其类型之丰富、景色之优美在世界岩溶景观中都是少有的。

中国东部和南部面临海洋,大陆海岸线长达18,000公里,海岸类型齐全,形成了许多海滨旅游胜地。

阅读部分

新疆地区的风蚀地貌

在一望无际、人迹罕至的戈壁上,旅游者们有时仿佛到了一个"废弃的古城"。在这座特殊的"城市"里有纵横交错的"街道"、有高耸的"城堡"、有整齐的"房屋"、有栩栩如生的"雕塑"。实际上,这些"街道"、"城堡"、"房屋"、"雕塑"都是些形状各不相同、大小各不相等的土丘。当大风吹过的时候,"古城"里发出如魔鬼低声哭泣一般的的声音,令人恐惧,由此当地人给了它一个名字——"魔鬼城"。地理学家们则把这种特殊的地貌称为——风蚀城堡,具有代表性的有克拉玛依的"魔鬼城"、奇台的"风城"等。

在干旱的新疆地区,这些奇特的地貌都是在风力的作用下形成的。除了我们刚才提到的风蚀城堡外,风蚀作用还创造出了其他许多奇特的地貌,比如石窝、风蚀蘑菇和风蚀柱、风蚀垄槽、风蚀洼地、风蚀谷和风蚀残丘。

石窝一般出现在陡峭的岩壁上，它们是风蚀作用下形成的大小不等、形状各异的小洞，有的分散，有的集中。在风力强劲的地方，一些岩石被吹打成顶部大于下部的蘑菇形状或各种柱状外形，这就是风蚀蘑菇和风蚀柱。在干旱地区的平原上，土地由于干旱而裂开了缝隙，风沿着缝隙不断吹打，形成了很多沟槽，称为风蚀垄槽，又称为雅丹地貌。这些沟槽一般深1~2米，最深达10余米，长度由数十米到数百米不等。在新疆的罗布泊地区，有着大片"雅丹"风蚀地带，主要分布在罗布泊的东、西、北三面，其中以罗布泊东面的雅丹地貌最为典型。另外一些地区，土质比较松散，经过长期风蚀作用，就会形成一些洼地，这种地貌被称为风蚀洼地。在某些干旱地区，一些沟谷由于长期没有水，成为地面风沙的通道，经过长期的风蚀，形成了长而窄的风蚀谷。风蚀谷不断扩展，使谷与谷之间的土地不断缩小，从而形成小岛形状的高地或孤立的小山丘，称为风蚀残丘。

风蚀地貌

词语注释一

1.	风蚀	fēngshí	wind erosion; deflation
2.	人迹罕至	rénjì hǎn zhì	without human trace; untraversed
3.	戈壁	gēbì	the Gobi Desert
4.	纵横交错	zònghéng jiāocuò	arranged in a crisscross pattern
5.	城堡	chéngbǎo	castle
6.	雕塑	diāosù	sculpture
7.	栩栩如生	xǔxǔ rú shēng	lifelike; true to life
8.	土丘	tǔqiū	mount
9.	蘑菇	mógu	mushroom
10.	垄槽	lǒngcáo	ridge and groove
11.	残丘	cánqiū	remnant hill
12.	不等	bùděng	to differ; to vary

13. 陡峭	dǒuqiào	arduous; precipitous
14. 裂	liè	to crack; to split
15. 沟槽	gōucáo	groove; furrow
16. 洼地	wādì	low-lying land; depression

词语注释二

1. 克拉玛依	Kèlāmǎyī	市名,位于新疆自治区。
2. 奇台	Qítái	县名,位于新疆自治区。
3. 罗布泊	Luóbù Pō	位于塔克拉玛干大沙漠的东部,曾是中国第二大内陆湖,面积约 2,400～3,000 平方公里。现已干涸。

练习

一、读后判断正误:
1. "魔鬼城"里面有很多以前的人们留下来的街道、房屋和宫殿。　　(　　)
2. "魔鬼城"是因风力作用而形成的状如魔鬼的一种地貌。　　　　(　　)
3. 罗布泊东面有最典型的风蚀垄槽。　　　　　　　　　　　　　　(　　)
4. 石窝是一片片大小、形状不一样的分布集中的小洞。　　　　　　(　　)
5. 风蚀地貌不仅存在于新疆的干旱地区。　　　　　　　　　　　　(　　)

二、解释句中加点部分的词语:
1. 在一望无际、人迹罕至的戈壁上,旅游者们有时仿佛到了一个废弃的古城。
2. 这座特殊的城市里有纵横交错的"街道",有高耸的"城堡",有整齐的"房屋",有栩栩如生的"雕塑"。
3. 石窝一般出现在陡峭的岩壁上,它们是风蚀作用下形成的大小不等、形状各异的小洞,有分散的和集中的。

三、模仿例句改写所给的句子:
1. 在新疆的罗布泊地区,有着大片"雅丹"风蚀地带,主要分布在罗布泊的东西北三面,其中以罗布泊东面的雅丹地形最为典型。
  中国部分地区可以看到丹霞地貌,位于广东韶关市东北郊的丹霞山,是丹霞地貌发育最有代表性的地区。
  常绿阔叶林主要分布在亚热带的湿润地区。武夷山,是中国常绿阔叶林分布最有代表性的一个地区。

2. 沟槽一般深 1~2 米,最深达 10 余米,长度由数十米到数百米不等。
   各地旅游景点的票价各不一样,有的大概几元,有的大概几百元。
   这里有大大小小的山丘,有的不高,大概 2 米左右,有的很高,大概有 10 多米。
3. 各种风蚀地貌主要出现在新疆等干旱地区,它们都是风力的杰作。
   云南的石林是大自然创造出来的了不起的作品。
   这里的礁石有各种各样的形状,它们都是大海这个雕塑家创造出来的。

四、读后回答问题:
   1. 什么是风蚀地貌?
   2. 风蚀地貌主要有哪几种类型?
   3. 你还知道哪些奇特的地貌名称?

听力部分

一 丹霞山

世界上的丹霞地貌主要分布在中国、美国、中南欧和澳大利亚的某些地区。中国丹霞地貌分布广泛,福建的武夷山、安徽的齐云山、江西的龙虎山、广东的金鸡岭、甘肃的麦积山、崆峒山以及四川的青城山等都是典型代表。我们今天要参观的丹霞山风景区,是中国发育最典型、风景最优美的丹霞地貌分布区。

丹霞山

词语注释一

1. 广义	guǎngyì	board sense
2. 狭义	xiáyì	narrow sense
3. 湖泊	húpō	lake
4. 冲刷	chōngshuā	scour; erode
5. 沉积物	chénjīwù	sediment; settling
6. 地质运动	dìzhì yùndòng	geological movement
7. 地壳	dìqiào	earth's crust
8. 砂砾岩	shālìyán	sandstone; glutenite
9. 名扬四海	míng yáng sìhǎi	world famous

词语注释二

1. 金鸡岭	Jīnjī Lǐng	位于广东省坪石镇,为广东省八大风景之一。
2. 崆峒山	Kōngtóng Shān	位于甘肃省平凉市,为国家级地质公园。
3. 仁化	Rénhuà	县名,在广东韶关北部。
4. 韶关	Sháoguān	市名,位于广东省北部。
5. 西樵山	Xīqiáo Shān	位于广东省南海市西南部,广东四大名山之一,国家级风景名胜区,国家森林公园。
6. 鼎湖山	Dǐnghú Shān	广东四大名山之首,中国第一个国家级自然保护区。
7. 罗浮山	Luófú Shān	广东四大名山之一。
8. 岭南	Lǐng Nán	指五岭以南地区,即为广东、广西大部、云南部分地区和越南北部地区。
9. 长老峰	Zhǎnglǎo Fēng	山峰名。
10. 海螺峰	Hǎiluó Fēng	山峰名。
11. 宝珠峰	Bǎozhū Fēng	山峰名。

练习

一、听后判断正误：

1. 丹霞山跨湖南、江西、广东三省。（　）
2. 丹霞山位于韶关市的南面。（　）
3. "丹霞"的意思是"红色的云霞"。（　）
4. 丹霞山地区的砂土中含有铁。（　）

二、听后选择正确答案：

1. 广东四大名山中位居第一的是（　）。
    A. 西樵山　　　　B. 鼎湖山　　　　C. 丹霞山
2. 丹霞山的名称由来是（　）。
    A. 丹霞山所在的地方的名字叫丹霞。
    B. 这里的山都是一种红色的岩石构成的。
    C. 这里的天空常常出现红色的云彩。
3. 丹霞山成为国家AAAA级旅游区是在（　）。
    A. 1988年　　　　B. 1994年　　　　C. 2001年
4. （　）是丹霞山形成的主要原因之一。
    A. 风雨的吹打　　B. 沉积物氧化　　C. 湖水的冲刷
5. 关于丹霞山，下面不正确的一项是（　）。
    A. 丹霞山大多数山峰都低于500米。
    B. 丹霞山所在地很久以前是一片沙漠。
    C. 丹霞山被称为"中国的红石公园"。

三、模仿例句改写所给的句子：

1. 丹霞山于1988年被国务院列为国家重点风景名胜区。
    2004年，西宁市成为黄金周重点旅游城市之一。
    五台山被推选为中华十大名山之一。
2. 丹霞山，北距县城8公里，南距韶关市50公里。
    全国著名侨乡广东省江门市北边离广州100公里，南边离珠海大约也是100公里左右。
    郑州是河南省的政治、经济、文化中心。它北边离北京760公里，南边离武汉514公里，东边离连云港570公里，西边离西安480公里。
3. 它与南海西樵山、肇庆鼎湖山、博罗罗浮山一起被称为广东四大名山，居广东四大名山之首。
    四大佛教名山为：普陀山、峨眉山、五台山、九华山，其中五台山最为有名和重要。

甘肃敦煌的鸣沙山、宁夏沙坡头、内蒙古的响沙湾和新疆哈密伊吾的鸣沙山是中国四大鸣沙山,其中,新疆哈密伊吾的鸣沙山的鸣沙声最大。

冰川公园——海螺沟

海螺沟冰川,位于四川省甘孜藏族自治州泸定县贡嘎山东坡,距成都282公里。海螺沟拥有中国最大的冰瀑布奇观,最下端海拔高度仅为2,850米,是目前世界上极少的低纬度、低海拔现代冰川之一,并且它还是中国境内距大城市最近、最容易进入的冰川。

海螺沟冰瀑布

词语注释一

1.	自治州	zìzhìzhōu	automonous prefecture
2.	冰瀑布	bīngpùbù	ice fall
3.	颠簸	diānbǒ	to bump; to jolt
4.	疲惫	píbèi	tired; exhausted
5.	雪线	xuěxiàn	snow line
6.	粒雪盆	lìxuépén	neve basin
7.	冰川舌	bīngchuānshé	glacier lingua
8.	银河	yínhé	the Milky Way
9.	摄氏度	shèshìdù	centigrade
10.	股	gǔ	measure word
11.	疲乏	pífá	fatigue

词语注释二

1.	海螺沟	Hǎiluó Gōu	景区名。
2.	甘孜	Gānzī	自治州名,位于青藏高原东南部,属四川省,辖康定、泸定等18个县。

3. 藏族	Zàngzú	中国少数民族之一，分布在西藏和四川、青海、甘肃、云南等部分地区。
4. 泸定县	Lúdìng Xiàn	位于四川省西部二郎山西面，甘孜州东南部。
5. 贡嘎山	Gònggǎ Shān	位于四川西部，主峰高 7,556 米，是藏东第一高峰。
6. 剑门	Jiànmén	指剑门关，为蜀道上最重要的关隘，自古就以险著名。
7. 夔门	Kuímén	夔门，又名瞿塘关，是长江从四川盆地进入三峡的入口，以雄壮闻名。

练 习

一、听后填空：

1. 自古巴山蜀水著称于世的景观有"峨眉天下_____，青城天下幽，剑门天下_____，夔门天下雄"，而海螺沟则被誉为"天下_____"。

2. 这些山上的积雪一年四季都不会化，每当太阳一出来，积雪在阳光的_____下，放射出一_____金光。

3. 冰川舌长 5 公里，全部伸进原始森林中，形成很难见到的冰川与森林_____的景色。

4. 温泉水温在 40 摄氏度_____80 摄氏度之间，其中更有一_____水温高达 90 摄氏度的沸泉，可以在里面沏茶和煮鸡蛋了。

二、听后选择正确答案：

1. 地球上的冰川主要位于(　　)。
   A. 南极地区　　　B. 高寒和高海拔地区　　　C. 高原地区

2. 海螺沟冰川的最下端低于贡嘎山雪线_____米。
   A. 1,850　　　　B. 2,580　　　　　　　　C. 2,850

3. 关于大冰瀑布，下面说法正确的是(　　)。
   A. 黄果树瀑布比它宽 10 多倍
   B. 冰瀑布的落差为 1,080 米
   C. 冰瀑布是瀑布结冰形成的

4. 关于海螺沟的温泉，下面的说法不正确的是(　　)。
   A. 海螺沟中的温泉多达几十处
   B. 海螺沟中的温泉都高达 90 摄氏度

C. 人们可以边泡温泉边欣赏雪景

5. ( )是海螺沟的四大奇景之一。
   A. 低海拔冰川　　B. 冰川与森林共生　　C. 瀑布状冰川

三、模仿例句改写所给的句子：

1. 我们从成都出发，过泸定县，游泸定桥，再从泸定县到这里，一路颠簸。
   我们从南宁出发，先到桂林，在桂林游一游漓江，然后到阳朔看一看。
   我们的旅行线路是：昆明——大理（游蝴蝶泉）——西双版纳

2. 沟内还有一宽1,000多米的大冰瀑布，落差1,080米，比著名的黄果树瀑布还大出10余倍。
   千岛湖的面积比100个西湖还大。
   7月份到西双版纳旅游的游客比6月份的5倍还多。

3. 冰瀑布由无数极其巨大的冰块组成，仿佛从天空中落下来的一道银河，堪称自然界一大奇观。
   由140万根玄武岩石柱组成的福建省漳浦南碇岛，可以说是世界级地质奇观。
   河南省由于长期是中国的政治、经济、文化的中心，因而地下埋藏的文物极为丰富，被称为"中国天然的历史博物馆"。

五大连池火山

位于黑龙江省西北部的五大连池，是中国著名的火山游览胜地。公元1719~1721年，火山喷发，岩浆堵塞了当年的河道，形成了五个互相连通的湖泊。这里有奇特的火山风光、丰富完整的火山地貌和优质矿泉水，是一个集观光、疗养、科学考察为一体的综合性风景名胜区。

五大连池火山

词语注释一

1. 火山	huǒshān	volcano
2. 喷发	pēnfā	to erupt; to throw out
3. 岩浆	yánjiāng	magma
4. 堵塞	dǔsè	to block up; to stop up
5. 矿泉水	kuàngquánshuǐ	mineral water
6. 串	chuàn	to string together
7. 珠子	zhūzi	pearl bead
8. 点缀	diǎnzhuì	intersperse; strew
9. 望而生畏	wàng ér shēng wèi	to be terrified by the sight of something or somebody
10. 狰狞	zhēngníng	ferocious; savage
11. 眼	yǎn	measure word
12. 微量元素	wēiliàng yuánsù	microelement

词语注释二

1. 太平洋	Tàipíng Yáng	地球上四大洋中最大最深的洋，位于亚洲大洋洲，南极洲和南北美洲之间。
2. 老黑山	Lǎohēi Shān	火山名。
3. 火烧山	Huǒshāo Shān	火山名。

练 习

一、听后判断正误：

1. 五大连池是由于火山喷发而形成的。　　　　　　　　　　（　）
2. 五大连池是五个天然的分隔开的湖泊。　　　　　　　　　（　）
3. 五大连池火山群的形成年代各不相同。　　　　　　　　　（　）
4. 老黑山是五大连池火山群中最高的一座。　　　　　　　　（　）
5. 五大连池是中国著名的三大冷矿泉之一。　　　　　　　　（　）

二、听后选择词语填空：

1. 五大连池是国务院 1983 年公布的第一批全国重点风景名胜区,是国家级自然保护区,2004 年,_____为世界地质公园。(评选、入选、选择)
2. 火山爆发时,大量岩浆从地壳深处流出,_____了当时的河道,在山峰之中形成了五个天然湖泊。(填满、停住、堵塞)
3. 五个池子_____在周围 14 座火山之间,组成一幅美丽、奇特的自然景观。(点缀、打扮、美化)
4. 火烧山比老黑山小。当年喷发的岩浆把整个大山_____为两半,山势显得非常怪异、狰狞。(切、劈、削)

三、听后回答问题：

1. 五大连池的形状像什么?
2. 五大连池是什么时候入选为世界地质公园的?
3. 为什么五大连池火山群被称为"打开的火山教科书"?

说话部分

一 火焰山

要求：

中国著名的古典小说《西游记》让火焰山名扬四海,现在请你根据指定的词语和句式,利用提供的材料说一段关于火焰山的导游词(300 字左右)。

参考词语及句式：

{ 达 冲刷 炽热 富裕 海 侵蚀 起伏 炎热 光秃秃 纵横交错
被称为…… 称之为…… 东起……,西至…… 温度高达……
令……远近闻名 }

材料：

别　　　称："赤石山",维吾尔语称为"克孜勒塔格"意思是红色的山。
成　　　因：形成于喜马拉雅造山运动期间,距今约有二千万年。
名称由来：火焰山的山体属于红砂岩,在阳光的照耀下,尤其是在夏天,红色的岩石闪闪发光,温度非常高的气流不停上升,从远处看,整座山就像一团烈火在燃烧。这也正是"火焰山"名字的由来。

地理位置： 位于吐鲁番盆地的中部，东边从鄯善县兰干流沙河开始，西边到达吐鲁番桃儿沟。

地貌概况： 主要由红色砂砾岩组成，长约100公里，最宽处为10公里，形状像一条巨龙，最高峰海拔831.7米。由于温度很高，所以火焰山上植物很难生长。在地壳运动过程中，地壳的横向运动在地面上留下了许多褶皱带，这些褶皱带又经过雨打风吹，慢慢发生了变化，形成了火焰山起伏的山势和许多沟壑。

火焰山

自然概况： 夏季最高气温高达摄氏47.8度，地表最高温度高达摄氏70度以上。由于地壳运动的原因，山中留下许多沟谷，主要有桃儿沟、木头沟、吐峪沟、连木沁沟、苏伯沟等。虽然火焰山常年温度很高，而这些沟谷中却绿树成荫，风景秀丽，大量出产各种瓜果，因此这里是吐鲁番盆地中经济发展得最好的地区。

相关典故： 明朝作家吴承恩的著名小说《西游记》中有这样的情节：唐三藏取经在火焰山受阻，孙悟空三借芭蕉扇，最终降下了火焰山的高温，师徒四人顺利地通过了火焰山。这个故事让火焰山远近闻名。

交通情况： 出了吐鲁番市往东，沿公路坐车或行走10多公里即可见到。

二 沙坡头

要求：

沙坡头旅游区位于中国四大沙漠之一的腾格里沙漠中，现在请你根据指定的词语和句式，利用提供的材料说一段关于沙坡头旅游区的导游词（300字左右）。

参考词语及句式：

奔腾　领略　流淌　起伏　神奇　位于　秀美　慕名而来　名扬四海　郁郁葱葱

距离……公里　集……为一体　被称为……　既有……又有……

既可以……又可以……

材料：

地理位置： 位于中国四大沙漠之一腾格里沙漠的东南边缘，在宁夏中卫县城西面20多公里处。

评　　价： "塞上明珠"、"中国四大响沙之一"，2004年又被中央电视台评为"中

实用综合旅游汉语 自然景观篇

国十个最好玩的地方"。

级　　别：国家级自然保护区,AAAA景区。

成　　因：黄河流过黑山峡时,形成一个"S"形的大转弯,由于这里紧靠腾格里大沙漠,因此河北岸的高坡被从腾格里沙漠吹过来的黄沙覆盖了,形成了一个黄沙满地的大高坡。

沙坡头

景观特点：有大漠风光的特点,也有江南景色的特点,是世界闻名的旅游胜地。这里有中国最大的天然滑沙场,有总长800米、横跨黄河的"天下黄河第一索"——沙坡头黄河滑索,有黄河文化的代表——古老水车,有中国第一条沙漠铁路,有黄河上最古老的运输工具——羊皮筏子。

特色旅游：1. 滑沙。游客乘坐特殊的滑板下滑,由于特殊的地理环境和地质结构,滑行时,发出巨大的声音,人们称为"金沙鸣钟"。

2. 沙山北面是广阔的腾格里沙漠,而沙山南面则是一片沙漠绿洲。游人既可以在这里观赏大沙漠的景色,又可以骑骆驼在沙漠上漫游。

3. 乘坐一种特殊的过河工具——羊皮筏横渡黄河。

交通情况：游客可从兰州、包头或宝鸡乘火车到达中卫,再换乘中巴前往沙坡头,从中卫到沙坡头公路里程20多公里,路面平直,交通十分方便。

小知识

你知道什么是地质公园吗？

地质遗迹是在地球形成、演化的漫长地质历史时期,受各种内、外动力的地质作用,形成、发展并遗留下来的自然产物,它不仅是自然资源的重要组成部分,更是珍贵的、不可再生的地质自然遗产。1999年4月联合国教科文组织第156次常务委员会议中提出了建立地质公园计划(UNESCO Geoparks),目标是在全球建立500个世界地质公园,其中每年拟建20个,并确定中国为建立世界地质公园计划试点国之一。

到2005年止,全球共有33家世界地质公园,中国有12家地质公园入选,约占当前世界地质公园数量的三分之一。

2004年中国入选的世界地质公园有：安徽黄山地质公园、江西庐山地质公园、河南云台山地质公园、云南石林地质公园、广东丹霞山地质公园、湖南张家界地质公园、黑龙江五大连池地质公园、河南嵩山地质公园。

2005年中国入选的世界地质公园有：浙江雁荡山地质公园、福建泰宁地质公园、内蒙古克什克腾地质公园、四川兴文地质公园。

第六课

中国喀斯特地貌景观

概说部分

　　喀斯特(kāsītè)地貌,也称岩溶地貌,是碳酸盐(tànsuānyán)类岩石分布地区特有的地貌类型。它是在特定的地理环境中,可溶性的岩石受到含有二氧化碳的水的溶解和冲刷作用而形成的。喀斯特(Karst)一词源于地名,它是斯洛文尼亚共和国伊斯特拉半岛的一个碳酸岩高原,此后世界各地的同类地貌形态均称为喀斯特地貌。

　　喀斯特地貌按照不同的标准可以分为不同的类型。按存在形式,可以分为裸露型、覆盖(fùgài)型和埋藏(máicáng)型喀斯特;按岩石的性质,可以分为碳酸盐岩喀斯特、石膏(shígāo)和盐喀斯特;按发育程度,可以分为全喀斯特、半喀斯特和流水喀斯特;按气候地貌带分为热带、亚热带、温带和寒带喀斯特等等。此外,还有按海拔高度、水文特征、形成时期等不同的划分。

　　中国喀斯特地貌分布很广,种类也很多。其中广西、贵州和云南东部地区分布最广,是世界上最大的岩溶地貌典型发育地区。这些喀斯特地貌由于岩性条件和气候的不同,表现出不同的特点。有的地区以地面的奇峰为主,有的地区以地下的溶洞为主,有的则以泉水为特色。

　　许多喀斯特地区都是旅游胜地。喀斯特地貌景观尤其是峰丛、峰林、石林、石芽、溶洞以及天生桥、边石堤、岩溶漏斗等最引人入胜。广西桂林到阳朔(Yángshuò)一带山青、水秀、洞奇、石美,是典型的岩溶峰林发育地带。云南路南石林则是另一类的喀斯特峰林景观的代表,这里以各种形状奇特的石峰、怪石为主。边石坝景观常形成于溶洞底部,可在四川黄龙地区却大规模地出现在坡地上,形成了梯田状排列的3,400多个钙化彩池,景色异常迷人。

中国著名的喀斯特溶洞有:广西的芦笛岩(Lúdí Yán)、七星岩、都乐洞,浙江的瑶琳洞(Yáolín Dòng)、江苏宜兴的善卷洞(Shànjuǎn Dòng)、灵谷洞,广东肇庆(Zhàoqìng)的七星岩,贵州铜仁的九龙洞、织金县的织金洞,江西安顺的龙宫洞,北京房山的云水洞、石花洞,辽宁本溪的水洞等等。

本溪水洞

在中国北方地区,济南趵突泉(Bàotū Quán)、太原晋祠泉(Jìncí Quán)、娘子关泉等100多处泉水区则是这一地区形成的喀斯特现象。

在中国广西、贵州、四川、重庆等地区还有一种奇特的岩溶漏斗——天坑(tiānkēng)。著名的有重庆奉节天坑、广西乐业天坑、四川兴文天坑等等。

中国第一大瀑布黄果树瀑布,也是喀斯特地貌的一种典型代表。

阅读部分

世界地质公园——兴文石海

在四川与云南、贵州的交界的地方,有一片神奇的岩石的海洋。这里的景观独特而且丰富,有石林、溶洞、天坑、峡谷、瀑布、竹海和各种珍稀物种,是一个资源非常丰富的旅游景点。它就是四川南部旅游线上的一颗闪亮的明珠——兴文石海。

石海位于四川省南部的兴文县内,因为该县的石林、溶洞广泛分布于17个乡,所以这里有"石海洞乡"的美誉。石海洞乡是国家地质公园,总面积达136平方公里。这里地下溶洞纵横交错,地表石林千姿百态。整个景区共有大小石林7处,各种溶洞近200个,形成了地表石林、地下溶洞、特大天坑共生的奇特景观。兴文石海与云南路南的石林、广西桂林的峰丛成为中国西部三种典型喀斯特地貌景观的代表。

地表石海位于景区的东南方,有石峰数千座。这里奇峰林立、形态各异,有的孤峰独立,有的成群结队,有的好像互相依靠的夫妻,有的宛如体形美丽的少女。从高处往下看,灰白色的大地就象是一片翻腾的大海。

兴文天坑

兴文石海的地下溶洞纵横交错,大小溶洞有180多个,其中,已开放的天泉洞,距今已有300万年的历史。天泉洞上下有4层洞穴,是一座巨大的深不可测的地下迷宫。作为喀斯特地貌的典型代表,天泉洞非常壮观。洞内非常宽大,许多地方卡车都可以通过。洞里有一个著名的景点叫"穹庐广厦",高达80多米、宽100多米,可以容纳近万人观赏、休息。

在这里,还有一种奇特的喀斯特漏斗——天坑。这个天坑直径650米、深208米,是世界上最大的天坑。这个天坑就像一口巨大无比的饭锅,镶嵌在石峰丛中,四面都是陡峭的岩壁。目前,岩壁上已经修好了一条小路,人们可以登上岩顶游览。

天坑的形成经过了一个漫长的过程。这里地面的岩石主要是碱性的石灰岩,而地下有一条巨大的河流,河水是酸性的。河水不断地冲刷着岩石,时间长了,地下形成了巨大的空洞。直到有一天,空洞上的岩顶失去支撑而发生了塌陷,形成了这处国内外罕见的自然奇观。

2005年,兴文石海以其完美的地貌景观入选为世界级地质公园。

词语注释一

1. 乡	xiāng	village
2. 千姿百态	qiān zī bǎi tài	myriad variations in appearance
3. 坑	kēng	hole; tunnel
4. 峰丛	fēngcóng	peak cluster
5. 深不可测	shēn bù kě cè	unfathomable; bottomless
6. 宛如	wǎnrú	as it were
7. 迷宫	mígōng	maze
8. 容纳	róngnà	to hold; to contain
9. 漏斗	lòudǒu	funnel
10. 镶嵌	xiāngqiàn	to beset; to enchase

11. 碱性	jiǎnxìng	alkalescence
12. 石灰岩	shíhuīyán	limestone
13. 酸性	suānxìng	acidity
14. 塌陷	tāxiàn	to cave in

词语注释二

1. 兴文县	Xīngwén Xiàn	位于四川省。
2. 路南	Lùnán	彝族自治县,位于云南省东部。
3. 穷庐广厦	Qiónglúguǎngshà	景点名。

练 习

一、解释句中加点部分的词语：

1. 这里有石林、溶洞、天坑、峡谷、瀑布、竹海和各种珍稀物种。
2. 这里地下溶洞纵横交错,地表石林千姿百态。
3. 全景区共有大小石林 7 处,各类溶洞近 200 个,形成了地表石林、地下溶洞、特大天坑共生的奇特景观。
4. 这里奇峰林立、形态各异,有的孤峰独立,有的成群结队,有的好像互相依靠的夫妻,有的宛如体形美丽的少女。
5. 天泉洞上下有 4 层洞穴,是一座巨大的深不可测的地下迷宫。
6. 直到有一天,空洞上的岩顶失去支撑而发生了塌陷,形成了这处国内外罕见的自然奇观。

二、读后判断正误：

1. 兴文县被称"石海洞乡"是因为这里奇峰林立、溶洞众多。 （ ）
2. 兴文石海地质公园的喀斯特地貌景观多种多样。 （ ）
3. 兴文石海是中国西部三种典型喀斯特地貌景观的代表之一。 （ ）
4. 天坑四周的岩壁陡峭,人们还无法达到岩顶去观赏天坑。 （ ）
5. 天泉洞非常壮观、非常宽阔,洞里还有四个小洞。 （ ）

三、读后回答问题：

1. 兴文石海的最大特点是什么？
2. 天泉洞有哪些特点？
3. 天坑是如何形成的？

听力部分

一 美丽的黄龙

黄龙风景区面积700平方公里，以规模宏大、类型多样、结构奇巧、色彩艳丽的地表钙化景观为主景，在中国风景名胜区独树一帜，成为中国一绝。主景区黄龙沟是一条由南向北的钙化山脊，形状像一条巨龙。沟内钙化景观齐全，最为有名的是钙化彩池和钙化滩，在高山、峡谷、雪峰、瀑布、湖泊、林海的衬托下，黄龙展现出一幅幅神奇的画卷，被誉为"人间瑶池"。

黄龙五彩池

词语注释一

1. 钙化	gàihuà	to calcify
2. 独树一帜	dú shù yí zhì	to develop a school of one's own
3. 山脊	shānjǐ	chine; ridge
4. 滩	tān	beach; shoal
5. 碳酸钙	tànsuāngài	calcium carbonate
6. 沉淀	chéndiàn	to deposite; to subside
7. 坡度	pōdù	slope; gradient
8. 梯田	tītián	terraced fields
9. 平缓	pínghuǎn	gently; mild; placid
10. 夹杂	jiāzá	to mingle together; to mix together
11. 背脊	bèijǐ	back
12. 鳞片	línpiàn	(of a fish) scale
13. 俯卧	fǔwò	to lie prone

词语注释二

1. 瑶池　　　　Yáochí　　　　中国神话中的女神西王母居住的地方。
2. 松潘县　　　Sōngpān Xiàn　位于四川省阿坝藏族羌族自治州东北部。
3. 金沙铺地　　Jīnshāpūdì　　景点名。

练习

一、听后判断正误：
1. 黄龙位于松潘县内，在一座雪山的山顶上。　　　　　　　　（　）
2. 黄龙是国务院公布的第二批国家重点风景名胜区。　　　　（　）
3. 由于黄龙沟的坡度很大，因此形成了大大小小的水池。　　（　）
4. "金沙铺地"是黄龙沟风景区的重要景点之一。　　　　　　（　）
5. 黄龙沟的钙化景观以白色、灰色、暗绿色为主。　　　　　（　）

二、听后选择正确答案：
1. 黄龙沟风景区的最低海拔是（　）。
　　A. 3,145 米　　　　B. 3,415 米　　　　C. 3,575 米
2. 黄龙沟的景观以（　）最为有名。
　　A. 泉水和彩池　　　B. 钙化滩和彩池　　C. 金沙和泉水
3. 欣赏"金沙铺地"的最佳位置应该在（　）。
　　A. 坡面上　　　　　B. 顶端　　　　　　C. 侧面
4. 黄龙沟的得名是因为（　）。
　　A. 沟内金黄色的钙化坡地像一条黄龙。
　　B. 传说沟内曾经出现过一条黄龙。
　　C. 沟内地面铺着很多金沙，形状像黄龙。

三、听后回答问题：
1. 黄龙沟的钙化滩是如何形成的？
2. 黄龙沟的彩池是如何形成的？
3. "金沙铺地"景观是什么样子？

黄龙—金沙铺地

二 路南石林

石林风景区位于云南省路南县的东北部,距离昆明大约有100多公里。石林是喀斯特地貌的一种独特形态。大约在两亿多年以前,这里是一片大海,海底有许多厚重的石灰岩,经过漫长的地质变化,岩石露出了地面,又经过很多年风雨的吹打,形成了千姿百态的石林。

路南石林

词语注释一

1. 尊	zūn	*measure word*
2. 逼真	bīzhēn	vivid; lifelike
3. 神态	shéntài	bearing; expression
4. 题写	tíxiě	to inscribe
5. 搭	dā	to hang over; to put over
6. 摇摇欲坠	yáoyáo yù zhuì	tumbledown
7. 千钧一发	qiān jūn yí fà	to hang by a thread; to hang by a hair
8. 悬	xuán	to hang; to suspend
9. 良心	liángxīn	conscience

词语注释二

1. 观音菩萨	Guānyīn Púsà	佛教菩萨之一。
2. 剑峰	Jiànfēng	岩石名。
3. 剑峰池	Jiànfēng Chí	湖名。

练 习

一、听后判断正误：
1. 石林景区主要由大石林、小石林和中石林三部分组成。　　（　）
2. 石林中有一尊用石头雕刻的观音菩萨的塑像。　　　　　　（　）
3. "石林胜景"是一根巨大的石柱。　　　　　　　　　　　　（　）
4. "千钧一发"和"量心石"是石林景区里两处非常有名的景点。（　）

二、听后选择正确答案：
1. 石林景区由(　　)部分组成。
   A. 1　　　　　　　　B. 2　　　　　　　　C. 3
2. (　　)如今被人们誉为"天下第一奇观"。
   A. 小石林　　　　　B. 石林　　　　　　C. 大石林
3. "千钧一发"景点处的那块石头是(　　)形成的奇景。
   A. 山体的运动　　　B. 风力的作用　　　C. 地震的作用
4. "千钧一发"这个景点形成于(　　)。
   A. 1388 年　　　　　B. 1838 年　　　　　C. 1883 年

三、听后选择词语填空：
1. 石林是我们云南非常有名的景点，每年它都_____了来自四面八方的游客，被人们誉为"天下第一奇观"。（带来、吸引、来临）
2. 重达两吨的石块搭在两根石柱上，看上去摇摇欲坠，好像_____都会掉来，打在人的头上。（时常、有时、随时）
3. 120 多年来，这块石头就一直"_____"在那里。（挂、吊、悬）
4. 湖中间有一个石峰_____地立在水中，就好像一把宝剑插在水中间一样。（笔直、直立、直接）

石林风光

芦笛岩

芦笛岩位于桂林市西北的光明山,是一个溶洞。东西长240米,南北宽93米,最高处18米,洞底面积14,900平方米。洞中的奇石千姿百态,栩栩如生。整个岩洞好像一座大自然的艺术宫殿,是喀斯特地貌的又一典型代表。

芦笛岩

词语注释一

1.	宫殿	gōngdiàn	palace
2.	芦苇	lúwěi	bulrush
3.	笛子	dízi	flute
4.	感叹	gǎntàn	to sigh with feeling
5.	宝塔	bǎotǎ	pagoda
6.	缠绕	chánrào	to enlace; to enwind
7.	珊瑚	shānhú	coral
8.	翡翠	fěicuì	emerald; jade
9.	琥珀	hǔpò	amber
10.	宝石	bǎoshí	precious stone
11.	钟乳石	zhōngrǔshí	stalactite
12.	石笋	shísǔn	stalagmite

词语注释二

1.	芦笛岩	Lúdí Yán	岩洞名、景区名。
2.	光明山	Guāngmíng Shān	山名。

练 习

一、听后判断正误：

1. 芦笛岩在光明山的山脚下。　　　　　　　　　　　　　　（　）
2. 芦笛岩所在的山上长有一种芦苇,可以做成笛子。　　　　（　）
3. 芦笛岩的洞内景观一部分出于自然,一部分出于人工。　　（　）
4. 芦笛岩内有一座石头做成的宝塔。　　　　　　　　　　　（　）
5. 芦笛岩里蕴藏着五颜六色的宝石。　　　　　　　　　　　（　）

二、听后填空：

1. 我们现在已经来到芦笛岩洞内了,出现在我们眼前的是一个_____的世界。
2. _____是没有生命的石头,在芦笛岩好像都活了,_____了生命力。
3. 洞里三十多处奇观,都是大自然的_____。
4. 任何一个走进芦笛岩的人都忍不住会_____大自然的伟大力量。
5. 这条龙_____,好像马上就要飞走了一样。
6. 芦笛岩的钟乳石色彩也十分_____,红的像珊瑚,绿的如翡翠,黄的如琥珀。

三、听后选择正确答案：

1. 芦笛岩集中体现了桂林(　　)的特点。
   A. 山清、石美　　　　　B. 水秀、洞奇　　　　C. 洞奇、石美
2. 芦笛岩所在地原是一个(　　),它经历了漫长的变迁。
   A. 山洞　　　　　　　　B. 河流　　　　　　　C. 湖泊
3. 芦笛岩的形成经过是(　　)。
   A. 地下湖→山洞→溶洞
   B. 山洞→地下湖→溶洞
   C. 地下湖→溶洞→山洞
4. 关于芦笛岩,下面的说法不正确的是(　　)
   A. 芦笛岩内有很多形状奇特的钟乳石。
   B. 芦笛岩内有三十四处奇特的景观。
   C. 芦笛岩被人们称为"大自然的艺术宫殿"。

芦笛岩水晶宫

说话部分

一 独特的喀斯特森林——茂兰自然保护区

要求：
　　茂兰自然保护区是一处罕见的喀斯特森林景观，请你参考所给的词语和句式，利用提供的材料说一段关于茂兰自然保护区的导游词(300字左右)。

参考词语及句式：

缠绕　地处　感叹　关注　罕见　从而　置身于　绝无仅有
融为一体　千姿百态
为……提供了条件　覆盖率达……　一旦……就……　由于……所以……
只要……就……

材料：

地理位置：	在云贵高原南部边缘，贵州省荔波县境内。
面　　积：	2万公顷。
气　　候：	属中亚热带季风湿润气候。
景区概况：	喀斯特地貌十分典型，形态多种多样。峰丛、洼地、暗河、溶洞等地貌广泛分布。境内的喀斯特森林保存完好，是世界上同纬度地带所特有的珍贵森林资源。森林覆盖率达90%以上。
形成原因：	这里有丰富的地表水、地下暗河与泉水，加上年平均的降水量达1,700多毫米，水源十分丰富，从而为森林植被的生长发育提供了优越的条件。
景区特点：	保护区内有许多漏斗(一种独特的喀斯特地貌)，由于漏斗底部的空间非常狭小，湿度很大，再加上周围山峰的阻挡，因此直射阳光非常少，形成了漏斗上部与底部较大的温差。"漏斗"往往是林木最茂密的地方。到处都可以看到高大的树木和各种粗细不等的藤条紧紧地交织在一起，构成独特的"喀斯特漏斗森林景观"。

喀斯特森林

景区内的动植物情况： 保护区内有各种乔木 500 多种，其中有活化石之称的银杏、鹅掌楸；有国内独有的一属一种的掌叶木、射毛悬竹和席竹，还有很多国家重点保护的植物。

保护区内的野生动物资源也十分丰富，被列为国家重点保护动物的就有金钱豹、林麝、猕猴、毛冠鹿、香獐、华南虎、野牛、白鹇等多种。

受保护情况： 1987 年建立贵州省茂兰自然保护区；1988 年成为国家级自然保护区；1996 年加入联合国教科文组织"人与生物圈"保护区网。

美　　誉： 地球"腰带"上的绿宝石。

二　贵州织金洞

要求：

贵州织金洞位于贵州西部，是一处喀斯特岩溶景观。现在请你参考所给的词语和句式，利用提供的材料说一段关于织金洞的导游词（300 字左右）。

参考词语及句式：

{ 长度　得名　堆积　杰作　罕见　跨度　奇特　珍品　千姿百态
　称得上……　真可谓……　被命名为……　根据……分为……
　　　……被视为……　呈……状　……之一 }

材料：

别　　称： 打鸡洞、吉塔天宫、织金天宫。

地理位置： 位于贵州省织金县东北 23 公里的官寨乡。

景区概况： 长 12.1 公里，洞内最宽跨度 175 米，是世界之最；相对高差 150 米，一般高宽均在 60~100 米之间，洞内总面积 70 万平方米。整个洞分为上、中、下三层，有 120 多种岩溶堆积物，囊括了世界溶洞所有的形态类别。洞

织金洞

内有迎宾厅、讲经堂、雪香宫、寿星宫、广寒宫、灵霄殿、十万大山、塔林洞、金鼠宫、望山湖、水乡泽国等11个景区,47个厅堂,150多个景点,其中面积最大的洞厅为3万多平方米。

景区特色: 1. 卷曲石:生长在钟乳石上,呈灌丛状,中心为一密封储水的空心管道,管壁很薄,通体透明,自由地向空间卷曲发展。这种卷曲石极为罕见,是岩溶景观中很珍奇的品种。

2. "银雨树"也是一种十分罕见的开花状透明结晶体,高17米,冲天而立,美丽无比。

级别及评价:1988年8月入选国务院公布的第二批国家重点风景名胜区;1991年12月国家旅游局评选为中国旅游胜地四十佳之一; 1997年被国家旅游局评为"35个王牌景点"之一。

中国旅游区(点)的质量等级是如何评定的?

1999年,为了对各旅游景区、景点的建设、管理和经营进行有效的引导和规范,中国国家旅游局制定了《旅游区(点)质量等级的划分和评定》这一标准。从旅游交通、游览、游览安全、卫生、邮电服务、旅游购物、经营管理、资源和环境的保护、旅游资源吸引力、市场吸引力、年接待海内外旅游者人次、游客抽样调查满意率12个方面对旅游景区、景点进行了考察和划分,将它们分为四个等级,从高到低依次为AAAA、AAA、AA、A。截止到2003年底,中国共有A级以上旅游景区、景点,共计24批1,360家。

2004年,国家旅游局对《旅游区(点)质量等级的划分和评定》进行了修订,将旅游景区、景点的等级增加为五个等级, 从高到低依次为AAAAA、AAAA、AAA、AA、A。到2005年底,中国将产生第一批AAAAA级旅游景区、景点。

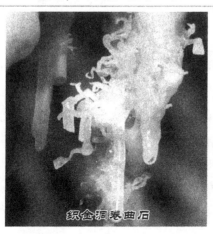

织金洞卷曲石

第七课

中国江河景观

概说部分

中国的河流数量众多,水系多样,水力资源丰富。流域面积在 100 平方公里以上的河流有 58,000 多条,1,000 平方公里以上的有约 1,580 条,流域面积大于 10,000 平方公里的河流有 79 条。

中国的地势西高东低,河流大多自西向东流入大海。最终流入海洋的河流称为外流河。中国东部离海近,气候湿润,降水多,所以外流河比较多。外流河中,长江全长 6,300 多公里,支流流域宽广,水量丰富,是中国第一长河。黄河 5,464 公里,是中国第二大河。它们分别是世界第三和第五大河。黑龙江是北部的一条大河,全长 4,350 公里,其中有 3,101 公里流经中国境内;珠江(Zhū Jiāng)是南部的一条大河,全长 2,214 公里。辽河(Liáo Hé)、海河、淮河(Huái Hé)、钱塘江(Qiántáng Jiāng)、闽江(Mǐn Jiāng)、怒江(Nù Jiāng)、澜沧江(Láncāng Jiāng)、雅鲁藏布江(Yǎlǔzàngbù Jiāng)、额尔齐斯河(É'ěrqísī Hé)等也都是著名的河流。其中除了额尔齐斯河流入北冰洋,雅鲁藏布江、怒江注入印度洋(Yìndù Yáng)外,其他的河流都注入太平洋。外流河主要的水源是降雨,水量较为丰富,支流多,水量随降水变化而变化。

在东部的外流河区,有一条分界线是秦岭(Qín Lǐng)—淮河。这一界限以北的河流,水量季节变化大,有结冰期,多数河流含沙量大;以南的河流,水量充沛,季节性变化小,无结冰期,含沙量小。

内流河最终不是汇入内陆湖泊,就是消失在沙漠或盐滩(yántān)中。中国西北部地势高,远离大海,气候干旱,蒸发量大,所以内流河比较多。内流河主要水源大多是冰川积雪融水,一般水量较小,支流较少,水量随气温高低变化而变化。新疆的塔里木河(Tǎlǐmù Hé)长2,100多公里,是中国最大的内流河。

除天然河流外,中国还有一条著名的人工河,那就是贯穿南北的大运河。它始凿(záo)于公元前5世纪,北起北京,南到杭州,全长约1,800公里,是世界上最长的人工河,也是最古老的运河。

额尔齐斯河

江河是地球的血脉(xuèmài),它孕育了文明,同时与沿岸的山林风光、丰富的人文景观相结合,构成多姿多彩的旅游资源。

中国的江河,从涓涓(juānjuān)细流到大江大河都各有特色,其中长江三峡、桂林(Guìlín)漓江(Lí Jiāng)、浙江省的富春江—新安江、楠溪江(Nánxī Jiāng)、福建的鸳鸯溪(Yuānyāng Xī)、武夷山九曲溪(Jiǔqū Xī)、贵州的马岭河(Mǎlǐng Hé)峡谷、三江并流、雅鲁藏布江等都是著名的国家级风景名胜区。

阅读部分

三江并流

金沙江、澜沧江和怒江这三条大江都发源于青藏高原,它们穿越横断山脉纵谷地区,在云南省境内自北向南并行奔流170多公里,这一罕见而奇特的景观就是"三江并流"。

三江并行流淌而不交汇,其中澜沧江与金沙江最短直线距离仅66.3公里,怒江与澜沧江最短直线距离仅18.6公里,而三江分别注入太平洋、印度洋,入海口最远相距3,000公里之遥。

"三江并流"地处东亚、南亚和青藏高原三大地理区域的交会处。4000

实用综合旅游汉语 自然景观篇

澜沧江

万年前，印度板块与欧亚板块的大碰撞造成青藏高原向上隆起，引发了横断山脉的急剧挤压、隆升、切割，高山与大江交替展现，形成了世界上绝无仅有的自然奇观。"三江并流"是世界上罕见的高山地貌及其演化的代表地区，可以说是一部地球演化的历史教科书。这里汇聚了除沙漠和海洋以外北半球的各类自然景观,壮观的雪山冰川、险峻的丹霞峰丛和灿烂的喀斯特台地都在此"安家落户"。这里有100多座海拔5,000米以上、造型迥异的雪山；与雪山相伴的是数百个湛蓝的湖泊，大片的原始森林和绿毯般的草甸。"三江并流"地区是世界上蕴藏最丰富的地质地貌博物馆。

三江并流地区，山高谷深，谷底和山顶的气温相差35℃左右，是世界上生物物种最丰富的地区之一。这里集中了北半球亚热带、暖温带、温带、寒温带等多种气候类型和生物群落。这里仅占有中国0.4%的面积，却容纳了中国20%的高等植物和25%的动物种数，这在中国乃至北半球和全世界都是唯一的。

"三江并流"整个区域达4.1万平方公里，它包括位于云南省丽江市、迪庆藏族自治州、怒江傈僳族自治州的9个自然保护区和10个风景名胜区。该地区是16个民族的聚居地，是世界上罕见的多民族、多语言、多种宗教信仰和风俗习惯并存的地区。

三江并流地区于2003年被列入《世界遗产名录》。

词语注释一

1.	纵谷	zònggǔ	longitudinal valley
2.	交会	jiāohuì	to meet
3.	板块	bǎnkuài	tectonic plate
4.	挤压	jǐyā	to squeeze; to press
5.	隆升	lóngshēng	to swell out; to bulge
6.	切割	qiēgē	to cut out
7.	绝无仅有	jué wú jǐn yǒu	the only one of its kind; unique
8.	演化	yǎnhuà	to evolve; to develop
9.	安家落户	ān jiā luò hù	to settle down; to make a place one's home

10. 迥异	jiǒngyì	to be not in the least alike; to be extremely different
11. 湛蓝	zhànlán	azure blue
12. 濒危	bīnwēi	to be in imminent danger; on the verge of death or great danger
13. 聚居	jùjū	to inhabit a region as an ethnic group

词语注释二

1. 金沙江	Jīnshā Jiāng	长江上游自青海玉树到四川省宜宾的一段水域。
2. 澜沧江	Láncāng Jiāng	中国西南地区大河，发源于青海省唐古拉山，流经西藏、云南，出境称湄公河，流入南海。中国境内部分长2,513公里。
3. 怒江	Nù Jiāng	中国西南地区大河,发源于青海省唐古拉山,流经西藏、云南,出境称萨尔温江,流入印度洋。在中国境内部分长2,013公里。
4. 横断山脉	Héngduàn Shānmài	四川、云南两省西部及西藏自治区东部南北走向山脉的总称。该区高山深谷相间,横隔东西间交通,故名。
5. 印度洋	Yìndù Yáng	地球上四大洋之一,位于亚洲、南极洲、非洲和澳大利亚大陆之间。
6. 印度	Yìndù	国家名,位于亚洲南部,同中国、孟加拉、巴基斯坦等国接壤。
7. 东亚	Dōng Yà	亚洲东部。
8. 南亚	Nán Yà	亚洲南部。
9. 欧亚	Ōu Yà	欧洲和亚洲。
10. 迪庆	Díqìng	云南唯一的藏族自治州,位于云南、西藏、四川三省(区)交界处。
11. 傈僳族	Lìsùzú	中国少数民族之一,分布在云南和四川。

练 习

一、读后判断正误：

1. 三江都是发源于青藏高原的河流。　　　　　　　　　　　　（　　）

2. "三江并流"位于山高谷深,山水相间的横断山脉地区。 （ ）
3. 在云南境内三江之间的距离不超过20公里。 （ ）
4. 北半球所有的景观类型在三江并流地区都可以找到。 （ ）
5. 三江并流地区生物群落的多样性和气候类型密切相关。 （ ）
6. 三江并流地区是多民族、多宗教地区。 （ ）

二、解释句中加点部分的词语:
1. 三江并行流淌而不交汇,其中澜沧江与金沙江最短直线距离仅66.3公里。
2. 三江分别注入太平洋印度洋,入海口最远相距3,000公里之遥。
3. 高山与大江交替展现,形成了世界上绝无仅有的自然奇观。
4. 与雪山相伴的是数百个湛蓝的湖泊,大片的原始森林和绿毯般的草甸。
5. 该地区是16个民族的聚居地,是世界上罕见的多民族、多语言、多种宗教信仰和风俗习惯并存的地区。

三、读后回答问题:
1. 三江并流形成的原因是什么?
2. 三江并流地区自然景观的独特性表现在几方面?

听力部分

 黄河源区

黄河流域是中华文明最主要的发源地之一。黄河,是中国第二大河,也是世界上著名的大河之一。它总长为5,464公里,流经青海、四川、甘肃、宁夏、内蒙古、山西、陕西、河南、山东等9个省和自治区,注入渤海。那么,这样一条滔滔东流的伟大河流,她的源头在哪儿呢?
请听:

黄河源头

词语注释一

1. 滔滔　　　　　tāotāo　　　　　　surging; torrential
2. 苍茫　　　　　cāngmáng　　　　　boundless; vast
3. 甘美　　　　　gānměi　　　　　　sweet and refreshing; honey; delectable;
4. 乳汁　　　　　rǔzhī　　　　　　 milk
5. 哺育　　　　　bǔyù　　　　　　　to feed; to nurture
6. 饮水思源　　　yǐn shuǐ sī yuán　 when you drink from the stream, remember the source
7. 光斑　　　　　guāngbān　　　　　facula
8. 盆地　　　　　péndì　　　　　　 basin
9. 沼泽　　　　　zhǎozé　　　　　　bog; marsh; morass
10. 数以百计　　　shù yǐ bǎi jì　　hundreds of
11. 孔雀　　　　　kǒngquè　　　　　 peacock
12. 开屏　　　　　kāi píng　　　　　(of a peacock) spreads its tail
13. 勘察　　　　　kānchá　　　　　　to investigate; to survey
14. 干涸　　　　　gānhé　　　　　　 to dry up; to run dry
15. 正源　　　　　zhèngyuán　　　　 the main source of a river
16. 泉眼　　　　　quányǎn　　　　　 mouth of a spring
17. 平川　　　　　píngchuān　　　　 level land; plain

词语注释二

1. 渤海　　　　　Bó Hǎi　　　　　　中国的内海，在辽宁、河北、山东、天津三省一市之间。
2. 巴颜喀拉山　　Bāyánkālā Shān　　在青海省中部偏南，西北-东南走向，海拔5,000~6,000米，是长江和黄河的分水岭。
3. 星宿海　　　　Xīngxiù Hǎi　　　 在青海省曲麻莱县东北部，东与扎陵湖相通。为黄河散流地面而成的浅湖群。
4. 玛曲　　　　　Mǎqū　　　　　　　河名。
5. 卡日曲　　　　Kǎrìqū　　　　　　河名。
6. 约古宗列曲　　Yuēgǔzōnglièqū　　河名。
7. 扎曲　　　　　Zhāqū　　　　　　　河名。
8. 扎陵湖　　　　Zhālíng Hú　　　　湖名。
9. 鄂陵湖　　　　Èlíng Hú　　　　　湖名。

实用综合旅游汉语 自然景观篇

练习

一、听后选择正确答案：

1. 黄河发源于什么地方？
   A. 巴颜喀拉山中部　　　B. 巴颜喀拉山北麓　　　C. 巴颜喀拉山东麓
2. 对星宿海的描写，下面哪种说法不对？
   A. 是沼泽　　　　　　　B. 是盆地　　　　　　　C. 是大湖
3. 按照黄河的流程，下列三个地方出现的先后顺序是：
   A. 约古宗列曲→星宿海→孔雀河
   B. 孔雀河→星宿海→约古宗列曲
   C. 约古宗列曲→孔雀河→星宿海
4. 导游词有多种形式，这篇导游词应该属于下面哪一种？
   A. 书面导游词　　　　　B. 影像导游词　　　　　C. 面对面导游词

二、听后填空：

1. 黄河像一条从天而降的金色_____，奔腾在北方苍茫起伏的大地上。
2. 黄河用自己甘美的乳汁哺育了中华民族_____。
3. _____，很多人对黄河源头进行过探险和考察。
4. 我们把镜头向前推移，眼前这片_____的区域就是星宿海。
5. 黄河流过星宿海，继续向东流去20多公里，沿途_____大小支流，形成一条6~7米宽、两米多深的_____。
6. 扎陵湖和鄂陵湖是黄河_____的两大湖泊。

三、听后回答问题：

1. 为什么说黄河是中华民族的母亲河？
2. 星宿海得名原因是什么？
3. 为什么说星宿海是黄河的第一个加油站？

二 漓江

"桂林山水甲天下",桂林漓江景区位于广西壮族自治区东北部,北起兴安灵渠,南至阳朔,由漓江一水相连。景区处于典型的岩溶峰林发育地带,以"山青、水秀、洞奇、石美"迷醉了无数的游人,成为举世公认的世界一流风景胜地,是首批公布的国家重点风景名胜区。

漓江

词语注释一

1. 迷醉	mízuì	to addict
2. 漫游	mànyóu	to roam; to wander
3. 起航	qǐháng	to set sail
4. 运河	yùnhé	canal
5. 水系	shuǐxì	drainage river system
6. 曲线	qūxiàn	curved line
7. 画廊	huàláng	picture gallery
8. 连绵不绝	liánmián bù jué	in close succession; one after another

词语注释二

1. 壮族	Zhuàngzú	中国人口最多的少数民族,90%分布在广西,少部分居住在云南、广东。
2. 兴安	Xīng'ān	县名,在广西东北部。
3. 灵渠	Líng Qú	古代著名水利工程之一,又称湘桂运河或兴安运河,长34公里。
4. 阳朔	Yángshuò	县名,在桂林东南部。
5. 猫儿山	Māo'ér Shān	山名。
6. 大溶江	Dàróng Jiāng	江名。
7. 桂江	Guì Jiāng	江名。

8. 湘江	Xiāng Jiāng	湖南省最大河流,上源在广西东北注入洞庭湖,长817公里。	
9. 中原	Zhōngyuán	黄河中下游地区。	
10. 黄牛峡	Huángniú Xiá	峡名。	
11. 水落村	Shuǐluò Cūn	村名。	

练 习

一、听后填空:

1. 坐船漫游可以说是游览漓江的_____方式。
2. 漓江属于珠江_____,上游称大溶江,_____称为漓江,下游统称桂江。
3. 漓江和湘江各有一条小支流在兴安县内,两河_____只有2公里左右,因而古人认为湘漓_____。
4. 中国大多数河流的走向是自西向东,但是漓江和湘江却是_____。
5. 漓江碧水如镜,两岸奇峰_____,水中倒影与岸上山峰_____,构成高低起伏的优美曲线,宛如一幅长长的山水画卷。
6. 人们_____称桂林到阳朔的一段为"百里画廊"。
7. 两岸石山连绵不绝,奇峰耸立,是漓江风光的_____。

二、听后回答问题:

1. 灵渠是什么时候修建的?在历史上有什么作用?
2. 漓江的名称有什么含义?
3. 漓江景色最美的一段在哪里?主要特点是什么?
4. 漓江两岸为什么会有"奇峰林立"这样的地貌特点?

三 武夷山九曲溪

"奇秀甲东南"的武夷山,是世界自然与文化遗产、国家重点名胜风景区,自然风光独树一帜,历史人文景观丰富多彩,具有很高的旅游观赏价值。武夷山还是丹霞地貌中最奇特、最富代表性的低山风景区。山与水的完美结

武夷山

合是武夷山旅游线路最突出的特色。下面导游将带大家游览的是武夷山的灵魂——九曲溪。

词语注释一

1. 尽兴	jìnxìng	to enjoy oneself to the full
2. 迂回	yūhuí	roundabout; circuitous
3. 曲	qū	bend (of a river)
4. 枯水	kūshuǐ	low water (in dry season)
5. 筏	fá	raft
6. 盘绕	pánrào	to twine
7. 篙	gāo	punt/boat pole
8. 深潭	shēntán	deep pool
9. 礁石	jiāoshí	reef; rock
10. 蜿蜒	wānyán	to wind; to zigzag
11. 绸	chóu	silk
12. 适中	shìzhōng	well situated; moderate
13. 集散地	jísàndì	collecting and distributing centre; commercial center
14. 极品	jípǐn	the highest grade; the best quality
15. 青睐	qīnglài	favour; good graces

词语注释二

1. 武夷山	Wǔyí Shān	山名、市名。
2. 九曲溪	Jiǔqū Xī	发源于武夷山脉主峰——黄岗山西南麓,经星村镇由西向东折为九曲,穿过武夷山风景区。
3. 星村镇	Xīngcūn Zhèn	镇名。
4. 武夷岩茶	Wǔyí Yánchá	乌龙茶最好的品种之一。茶树生长在岩缝之中,故名。

练 习

一、听后判断正误：

1. 九曲溪水质好,是因为武夷山到处有原始森林。　　　　　　（　　）

2. 山清水秀是武夷山独特的景观特点。　　　　　　　　　　　（　）
3. 武夷山以竹筏为游览的交通工具的历史很悠久。　　　　　（　）
4. 游人一年四季都可乘竹筏游览九曲溪。　　　　　　　　　（　）
5. 六个人乘坐一张竹筏很安全，可以随意照相和走动。　　　（　）

二、模仿下面的例句造句：
1. 我是景区的讲解员，希望各位今天在我的导游和讲解下，玩得开心，游得尽兴。
2. 武夷山以竹筏为游览的交通工具已有1000多年的历史。
3. 人坐在筏上，抬头可见山景，低头可观水色。
4. 竹筏行进中，要听从筏工指挥，请不要随意从坐椅上站立照相，更不要在竹筏上随意走动。
5. 武夷岩茶风味独具，口感极佳，深受人们的青睐。

三、听后回答问题：
1. 为什么用"碧水丹山"来形容武夷山水？
2. 乘竹筏游览武夷山有什么优点？
3. 为什么说白发老人也可尽情饱览武夷山风光？
4. 武夷山是哪一种中国茶的发源地？

说话部分

一　长江源头

要求：
长江源头被列为国家级自然保护区。请利用所提供的材料，参考所给的词语与句式，介绍一下长江源头的概况（300字）。

参考词语及句式：

{ 如同　艳丽　多彩　抵抗　第三大　千姿百态　纵横交错　五颜六色
取之不尽　洁白晶莹　珍禽异兽　位于……境内　由……组成
在……下 }

材料：

长江概况： 中国第一大河。发源于青藏高原腹心唐古拉山脉主峰各拉丹冬雪山的西南侧。干流流经青海、西藏、云南、四川、重庆、湖北、湖南、江西、安徽、江苏、上海等10个省、市、自治区，在崇明岛以东注入东海。长江全长6,300多公里，长度仅次于南美洲的亚马逊河和非洲的尼罗河。

唐古拉山

长江源头： 正源——沱沱河（建有长江第一桥），南源——当曲，北源——楚玛尔河。沱沱河与当曲汇合在一起以后，叫通天河。（通天河到玉树称为金沙江。金沙江流到四川省宜宾和岷江汇合之后，才称为长江。）

长江源区景观： 有雪山冰川、连片的沼泽地、地热泉、高山湖泊以及沙丘。冬季，是冰雪的世界；夏秋季节，冰雪消融，草原上盛开着各种花朵。由于日照长、紫外线特别强，花草色泽鲜艳。因为常有狂风暴雪，所以花草长得比较矮小以保护自己。长江源头被列为国家级自然保护区。草原上不仅放牧着成群的牛羊，而且有雪豹、白唇鹿、野牦牛、野驴、马熊、藏羚羊、雪鸡等珍稀动物。

各拉丹东概况： 在那曲安多县，距离那曲镇140公里。各拉丹冬，是藏语，意思是"高高尖尖的山峰"。各拉丹东雪山海拔高度为6,621米，21座山峰形成形状似塔一样的雪山群。巨大的山体上包裹着一层厚厚的冰川。冰川融水形成了长江正源。

各拉丹东奇观： 在东面的山脚下，有一个冰塔群，面积约八百平方公里，被人们称为"白雪圣灯"。冰塔林，好像水晶雕刻而成，在阳光的照射下闪动着各种颜色的光柱。

 富春江"七里扬帆"

要求：

"七里扬帆风景区"是"富春江—新安江—千岛湖"国家级风景名胜区的重要组成部分，请利用所提供的材料，参考所给的词语与句式，说一段300字的导游词。

参考词语及句式：

{ 秀丽　倾倒　绝迹　尤其　发源　借助　从古至今　与……齐名　什么……呢　重现……风采　有……之说　以……为最多 }

材料：

富春江—新安江—千岛湖景区概况：是国务院 1982 年公布的中国第一批 44 个重点风景名胜区之一，中国三大山水风光带之一（另两个是长江三峡、桂林漓江），包括富春江、新安江、千岛湖(又称两江一湖)。景区跨浙江富阳、桐庐、建德、淳安四县市，面积 1,123 平方公里；上接黄山，下连西湖，山青水清，境幽史悠，以水见长，山、水、林、岛、洞并茂，人文景观众多，是东南部著名的"黄金旅游线"。

富春江概况：新安江发源于安徽黄山，经淳安县，流入富阳县称富春江；再往东，到萧山县的闻家堰，称钱塘江，经杭州湾流入东海。富春江——新安江——千岛湖风景区就位于上起淳安，下至富阳的一段区域内，是浙江省的一个重要风景区。富春江全长 110 公里，以桐庐至梅城这一段风光最为秀丽，从古至今吸引了无数文人，特别是唐宋诗人，如李白、陆游、李清照等，所以这条旅游线以前也被人们称为浙西"唐诗之路"旅游线。

七里扬帆范围：指富春江乌石关至严子陵钓台一带江面，全长 23 公里。将沿江严子陵钓台、芦茨湾、白云源、大奇山、桐君山等众多名胜串联成线，组成独具魅力的富春江山水旅游线，上与富春江小三峡旅游线相连，下与钱塘江水上游相接，使浙西名山名水成为"黄金旅游线"。

得名缘由：过去富春江上游七里泷一带滩多水急，下游来的船只经过这里，都要在此等候东风的来临，以借风力上行。每当东风一起，无数帆船在江面上行驶，梢公的号子响彻云天。七十里的路程，刮东风时仿佛只走了七里一样，所以说"有风七里，无风七十里"。1968 年，在七里泷口建造了水电站，"七里扬帆"景观也随之消失了。旅游部门经过精心筹划，于 1999 年 5 月 1 日正式推出了"七里扬帆"景观，使消失了三十年的景象又重新出现。

游览方式：乘坐帆船。

富春江

什么是国际生物圈保护区网络？

生物圈是指地球表面的一层：底部在太平洋最深处，大约为海平面以下11,000米；顶部大约在大气层距地面18,000米的地方，总共不到30,000米。这里有水、空气、土壤和阳光，温度比较适中，能够维持生命。生物圈是人类生存和活动的基地，它不仅构成人们生活的环境，还是人类资源的主要来源。人类要在地球上生存和发展，就必须保护好生物圈，珍惜现有的各种资源，充分利用生态系统的相互作用，让资源能够有效地循环使用。

联合国教科文组织于1971年发起的一项政府间跨学科大型综合性研究计划，即人与生物圈计划(MAB)。该计划从多学科角度研究人与环境之间的关系，为资源和生态系统的保护及可持续发展提供科学依据，并通过培训、示范、信息传播等方式，提高人类对生物圈的认识和有效管理。中国于1973年开始参与MAB活动。国际生物圈保护区网络是MAB项目建立的一个庞大的世界生物圈保护网络。中国已有长白山、卧龙、鼎湖山、梵净山、武夷山、锡林郭勒、博格达峰、神农架、盐城、西双版纳、天目山、茂兰、九寨沟、丰林和南麓列岛、广西山口红树林等26个保护区成为世界生物圈保护区。

九曲溪

第八课

中国峡谷景观

概说部分

  峡谷是指河流穿越山地下切侵蚀而形成的谷地。峡谷地段,河道狭窄,两岸陡峭,水流湍急(tuānjí)。它通常是江河上最为迷人的旅游风光带。

  中国河流众多,形成了许多幽深的峡谷。位于西藏境内的雅鲁藏布江(Yǎlǔzàngbù Jiāng)大拐弯峡谷,堪称世界第一大峡谷。在云南、四川西部和西藏东部的横断山脉地区,高山深谷相间,分布着五山夹四江的雄险奇妙的景象,形成了很多著名的峡谷,如独龙江峡谷、怒江峡谷、澜沧江峡谷以及金沙江峡谷,构成了世界上独一无二的峡谷群奇观。金沙江从丽江石鼓突然急转向北流约40公里后,在玉龙雪山和哈巴雪山之间形成了一个以"奇险"著称的大峡谷——虎跳峡。

  长江滚滚东流,在四川东部和湖北西部一带劈开巫山,形成了举世闻名的长江三峡。三峡由瞿塘峡(Qútáng Xiá)、巫峡(Wū Xiá)和西陵峡(Xīlíng Xiá)组成,全长193公里,堪称四百里天然画廊。三峡中段巫峡有一条支流大宁河,大宁河上有一个三处相连的峡谷被称为大宁河小三峡。小三峡和大三峡可以说是各具风采。

  中国还有很多以"三峡"命名的峡谷,如岷江小三峡、嘉陵江(Jiālíng Jiāng)小三峡、长江干流重庆段小三峡等。此外还有珠江一带的北江小三峡、西江小三峡,北京昌平小三峡等等。

  黄河上游峡谷集中,在青海龙羊峡到宁夏青铜峡之间900多公里的河段中,形成了大小20多个风景秀丽的峡谷。中流流经黄土高原,在陕西、山西交界处形成了著名的壶口瀑布和龙门峡。黄河干流上的最后一段峡谷——黄河三峡,位于小浪底水库大坝上游20公里处,是黄河和王屋山共同孕育的精华,可与长江三峡媲美。

刘家峡

闽江(Mǐn Jiāng)上游流经武夷山地,形成峡谷,两岸森林茂密,有"绿色金库"之称,中游穿过福建中部山地,两岸峭壁对峙(duìzhì),江中岩石裸露(luǒlù),宛如长江三峡景致。

其他著名的峡谷还有:陕西渭河(Wèi Hé)宝鸡峡、房山十渡峡谷、延庆县龙庆峡、怀柔县青龙峡等。

目前,以峡谷命名的国家级风景名胜区有长江三峡风景名胜区和贵州马岭河风景名胜区。其他一些国家风景名胜区中也有著名的峡谷,如河北野三坡风景名胜区中的百里峡谷、三江并流风景名胜区中的澜沧江石登至中排峡谷等。

阅读部分

世界第一大峡谷——雅鲁藏布江大峡谷

雅鲁藏布江大峡谷位于西藏雅鲁藏布江下游的大拐弯处。1994年新华社向全世界公布了中国人在20世纪的重大地理发现——确认雅鲁藏布江大峡谷为世界第一大峡谷。

这个世界第一大峡谷被确认之前,世界上最长的峡谷是美国的科罗拉多大峡谷,长440公里;最深的峡谷是秘鲁的科尔卡峡谷,深3,200米;而中国的雅鲁藏布江大峡谷,以长496.3公里,深5,382米,成为新的世界峡谷之最。它海拔2,300~2,800米,峡谷平均宽5~8公里,峡谷谷底河床宽度在80~200米之间,最狭窄的地方只有74米,整个大峡谷像一个"V"字型。雅鲁藏布江大峡谷里最险峻、最核心的一段长约一百公里。这里峡谷幽深,至今还没有人能够通过，被称为"人类最后的秘境"。

广义的雅鲁藏布江大峡谷地区，是指西藏东南包括墨脱在内的四个县，方圆2.5万平方公里，那里一年四季郁郁葱葱，是西藏最美丽的森林地带。狭义的大峡谷地区，特指墨脱县，迄今，那里仍是中国唯一不通公路的地方。

雅鲁藏布江大峡谷

雅鲁藏布江大峡谷是个天然的资源宝库，具有从高山冰雪带到河谷热带雨林等九个垂直自然带，是世界山地垂直自然带最齐全、最完整的地方，拥有数不清的奇花异草，珍禽异兽。进入大峡谷可以感受"一山有四季，十里不同天"的奇妙的景象，可以观赏丰富而罕见的动植物景观和气候景观。雅鲁藏布江大峡谷的基本特点可以用十个字来概括：高、壮、深、润、幽、长、险、低、奇、秀。它长久地隐藏于喜马拉雅的深山幽谷中，才得以保持如此纯粹的自然面貌，这是一个令人神往的世外桃源。

大峡谷地区的气候分为干湿两季，干季是在3~5月和9~11月两段，其余时间都是雨季，雨季的时候大峡谷内每天都布满云雨。去大峡谷旅游应该选择在干爽的旱季，这是探险、旅游和考察的最佳季节。

词语注释一

1. 拐弯	guǎi wān	corner; river bend
2. 迄	qì	up to; till
3. 热带雨林	rèdài yǔlín	tropical rain forest
4. 珍禽异兽	zhēnqín yìshòu	rare birds and animals
5. 得以	déyǐ	so that... can (or may)...
6. 纯粹	chúncuì	pure; unadulterated
7. 令人神往	lìng rén shénwǎng	to fire the imagination; to have a strong appeal for one
8. 世外桃源	shì wài Táoyuán	Land of Peach Bloomoms factitious land of peace, away from the turmoil of the world

词语注释二

1. 雅鲁藏布江	Yǎlǔzàngbù Jiāng	全世界最高的河流,发源于喜马拉雅山南,长2,057公里。
2. 新华社	Xīnhuáshè	即新华通讯社,是中国的国家通讯社。
3. 科罗拉多大峡谷	Kēluólāduō Dàxiágǔ	位于美国亚利桑那州西北部,科罗拉多河中游,是世界闻名的大峡谷。
4. 秘鲁	Bìlǔ	国家名,位于南美洲西部,西临太平洋。
5. 科尔卡峡谷	Kē'ěrkǎ Xiágǔ	在秘鲁境内,坐落在安第斯山脉中,是世界闻名的大峡谷。
6. 墨脱	Mòtuō	县名,位于西藏东南部。

练 习

一、读后判断正误:

1. 雅鲁藏布江大峡谷处于雅鲁藏布江上游。　　　　　　　　　(　)
2. 雅鲁藏布江大峡谷是中国人在20世纪的地理发现。　　　　　(　)
3. 1994年以前,世界上最深的峡谷被认为是美国的科罗拉多大峡谷。(　)
4. 大峡谷像一个"U"字型。　　　　　　　　　　　　　　　(　)
5. "人类最后的秘境"在雅鲁藏布江大峡谷的核心地段。　　　　(　)
6. 狭义的雅鲁藏布江大峡谷地区是西藏最美丽的森林地带。　　(　)
7. 去墨脱很不方便,因为那里不通汽车。　　　　　　　　　　(　)
8. 在雅鲁藏布江大峡谷可以同时感受到几个不同的季节。　　　(　)

二、解释句中加点部分的词语:

1. 雅鲁藏布江大峡谷,以长496.3公里,深5,382米,成为新的世界峡谷之最。
2. 雅鲁藏布江大峡谷里最险峻、最核心的一段长约一百公里,这里峡谷幽深,至今还没有人能够通过。
3. 广义的雅鲁藏布江大峡谷地区,是指西藏东南包括墨脱在内的四个县。
4. 迄今墨脱县仍是中国唯一不通公路的地方。
5. 雅鲁藏布江大峡谷长久地隐藏于喜马拉雅的深山幽谷中,才得以保持如此纯粹的自然面貌。
6. 雅鲁藏布江大峡谷是一个令人神往的世外桃源。

三、读后回答问题：

1. 雅鲁藏布江大峡谷有什么特点？
2. 8月份去雅鲁藏布江大峡谷旅游怎么样？为什么？

听力部分

 一　瞿塘峡之夔门

　　长江流到巫山形成了既断开又贯通的三段峡谷，自西向东为瞿塘峡、巫峡、西陵峡。长江三峡西起重庆奉节，东至湖北宜昌，全长193公里，以雄、奇、险、美的景色构成长江最精彩的部分。每年都会有几百万的游客乘江轮观赏这大自然的杰作。

长江三峡夔门

词语注释一

1. 贯通	guàntōng	to link up; to thread together
2. 航道	hángdào	channel; lane; course
3. 扇	shàn	measure word
4. 驻扎	zhùzhā	(of troops) to be stationed; to be quartered
5. 尖尖	jiānjiān	sharp
6. 红艳艳	hóngyànyàn	brilliant red
7. 妩媚	wǔmèi	lovely; charming

8. 一反常态	yì fǎn chángtài	to act out of character; depart from one's normal behaviour act out of normal behaviour
9. 漩涡	xuánwō	swirl

词语注释二

1. 瞿塘峡	Qútáng Xiá	长江三峡之一。
2. 巫峡	Wū Xiá	长江三峡之一。
3. 西陵峡	Xīlíng Xiá	长江三峡之一。
4. 奉节	Fèngjié	县名,位于重庆市。
5. 宜昌	Yíchāng	市名,位于湖北省西部。
6. 大溪	Dàxī	镇名,位于湖北省。
7. 赤甲山	Chìjiǎ Shān	山名。
8. 白盐山	Báiyán Shān	山名。
9. 巴国	Bāguó	中国古代少数民族在重庆、四川、湖北地区建立的一个国家。

练习

一、听后判断正误：

1. 瞿塘峡距离奉节县五公里。　　　　　　　　　　　　　　　　（　）
2. 在三峡中,瞿塘峡虽然是距离最短的一个,但它的航道比较宽。（　）
3. 瞿塘峡最宽处150米,最窄处只有100多米。　　　　　　　　（　）
4. "险"是瞿塘峡的特点。　　　　　　　　　　　　　　　　　（　）
5. 夔门在瞿塘峡的东面。　　　　　　　　　　　　　　　　　　（　）
6. 赤甲山的另外一个名字是"桃子山"。　　　　　　　　　　　（　）
7. 现在,江中心危险的礁石已经不存在了。　　　　　　　　　　（　）
8. 虽然瞿塘峡很短,但是沿途的著名的景点却有几十处。　　　（　）

二、模仿例句改写所给的句子：

1. 瞿塘峡西起奉节的白帝城,东到巫山的大溪。
   长城最东边在山海关,最西边在嘉峪关。
   京杭大运河全长1,794公里,最北在北京,最南到杭州。
2. 请大家走到船头,抬头看,进出三峡的西大门——夔门的雄姿就展现在您的面前。

请大家看正前方,有一块巨石,上面刻着四个大字"南天一柱"。

走过了一线天,我们眼前的一片密林,郁郁葱葱。

3. 夔门由江北岸的赤甲山和江南岸的白盐山组成。

玉龙雪山一共有 13 座山峰。

武陵源包括张家界、索溪峪、天子山、杨家界四大风景区。

三、听后回答问题:

1. 白盐山是如何得名的?
2. 瞿塘峡的景色是什么样的?

地球上最美丽的疤痕——马岭河峡谷

马岭河峡谷风景名胜区位于贵州省兴义市境内,是国家重点风景名胜区,分为马岭河峡谷、万峰林、万峰湖三大景区。马岭河峡谷位于整个景区的东北部,它的结构与一般峡谷不同,实际上是一条地缝,有人说这是"地球上最美丽的疤痕"。马岭河峡谷属于喀斯特地貌,集"黄果之壮、三峡之险、黄龙之奇、九寨之美、桂林之秀"为一体,是中国西部旅游资源的重要组成部分。

马岭河峡谷

词语注释一

1. 曲折	qūzhé	tortuous
2. 漂流	piāoliú	to drift about; to be driven by the current
3. 皮划艇	píhuátǐng	kayak
4. 橡皮艇	xiàngpítǐng	rubber dinghy
5. 石壁	shíbì	cliff; precipice
6. 险滩	xiǎntān	dangerous shoal
7. 彩虹	cǎihóng	rainbow
8. 尽收眼底	jìn shōu yǎndǐ	to have a panoramic view

9. 支撑	zhīchēng	to support
10. 显灵	xiǎn líng	a ghost show its presence or power
11. 捐	juān	to contribute; to donate; to present

词语注释二

1. 兴义市	Xīngyì Shì	位于贵州省西南部。
2. 黄果	Huángguǒ	即黄果树风景区,位于贵州省,景区内有著名的黄果树瀑布。
3. 黄龙	Huánglóng	即黄龙风景区,位于四川省西北部。
4. 九寨	Jiǔzhài	即九寨沟风景区,位于四川省西北部。
5. 桂林	Guìlín	即桂林漓江风景区,位于广西省。
6. 迎客关	Yíngkè Guān	景点名
7. 野马滩	Yěmǎ Tān	景点名。
8. 猛虎岸	Měnghǔ'àn	景点名。

练习

一、听后选择词语填空:

1. 马岭河峡谷是漂流探险的＿＿＿＿＿＿。(胜地、名胜、地区)
2. 马岭河峡谷现在已经＿＿＿＿＿＿了三条漂流航道。(开展、开拓、开辟)
3. 桥面是石块＿＿＿＿＿＿成的,桥两边是石栏杆。(建、修、铺)
4. 桥面两侧各有一个的圆孔,像一双亮晶晶的眼睛,似乎能把峡谷两岸的风光尽收＿＿＿＿＿＿。(眼里、眼底、眼前)
5. 原来这里没有桥,两边的山崖之间只＿＿＿＿＿＿起了一块儿木板,行人就从木板上行走。(搭、挂、拉)
6. 一个老母亲跟两个儿子过河,走到河的中间,母亲不小心＿＿＿＿＿＿到水里去了。(溜、下、滑)

二、听后选择正确答案:

1. 马岭河峡谷最适于做什么活动?
   A. 游泳　　　　　　B. 跳水　　　　　　C. 漂流
2. 在马岭河峡谷曾经举行过什么比赛?
   A. 国际皮划艇漂流赛　B. 国际橡皮艇漂流赛　C. 国际游艇漂流赛

3. 下面哪条线路是录音中介绍的游览顺序?
   A. 迎客关→野马滩→猛虎岸。
   B. 猛虎岸→野马滩→迎客关。
   C. 野马滩→迎客关→猛虎岸。
4. "古木桥"是用什么材料建成的?
   A. 木头　　　　　B. 石头　　　　　C. 水泥
5. "古木桥"是谁修建的?
   A. 一位母亲　　　B. 两个儿子　　　C. 当地百姓

三、请你介绍一下儿关于"古木桥"的传说。

虎跳峡

金沙江从丽江石鼓突然急转向北流约40公里后,在哈巴雪山与玉龙雪山之间形成了一个惊天动地的景观:虎跳峡。虎跳峡是世界上著名的大峡谷,以奇险雄壮著称。首先是山险,峡谷两岸高山耸立,其次是水险,险滩密布、浪花翻飞,构成了一个山水奇观。所在的三江并流景区2003年被列入《世界遗产名录》。

虎跳峡

词语注释一

1. 惊天动地	jīng tiān dòng dì	shaking heaven and earth
2. 雄踞	xióngjù	to crouch grandly
3. 奔涌	bēnyǒng	to flush
4. 阻力	zǔlì	obstruction
5. 滔天	tāotiān	(of billows, etc) to dash to the sky
6. 啸	xiào	to growl; to roar
7. 凿	záo	to dig
8. 蹲伏	dūnfú	to squat; to crouch
9. 犬牙	quǎnyá	dogtooth

10. 交错	jiāocuò	to interlock; to crisscross
11. 身体力行	shēn tǐ lì xíng	to set an example by personally taking part

词语注释二

1. 石鼓	Shígǔ	镇名，位于云南省丽江西北。
2. 哈巴雪山	Hābā Xuěshān	位于云南省西北部迪庆藏族自治州中甸县东南部，海拔5,396米。

练习

一、听后判断正误：

1. 虎跳峡平均深1,800~2,500米。　　　　　　　　　　（　）
2. 虎跳峡得名是因为那里经常有很多老虎出现。　　　　（　）
3. 虎跳峡中最为惊险的地方是下虎跳。　　　　　　　　（　）
4. 中虎跳的江岸绝壁上有一条人工凿成的栈道。　　　　（　）
5. 在虎跳峡可以买到具有纳西族特色的饰品。　　　　　（　）
6. 现在还常常可以看到老虎通过"虎跳石"过江。　　　　（　）

二、听后把下面的各个景点与它所在的景区连接起来：

上虎跳　　　　　　大具
　　　　　　　　　一线天
中虎跳　　　　　　虎跳石
　　　　　　　　　高峡出平湖
下虎跳　　　　　　峡口
　　　　　　　　　满天星

三、听后回答问题：

1. 虎跳峡是怎样得名的？
2. 游虎跳峡的路线有哪几种？各有什么特点？

虎跳峡

说话部分

一 大宁河小三峡

要求：

　　大宁河是长江三峡的一条支流，大宁河上也有一个三处相连的峡谷，风光幽静秀丽。请根据所提供的材料，参考所给的词语和句式，说一段关于小三峡的介绍词（300~500字左右）。

参考词语及句式：

> 称为　俗称　精华　秀美　雄奇　林立　延伸
> 有……的说法　由……组成　南起……北到……　有……之称
> ……之名由此而来　故名……　以……为特色

材料：

地理位置：　巫峡的支流大宁河上，南边从巫山县起，北边到大昌古城。

概　　况：　全长60公里左右，包括龙门峡、铁棺峡和滴翠峡。

特　　点：　峰秀、景幽、滩险、石美，"不是三峡胜似三峡"。

龙 门 峡：　长约3公里，峡口很像三峡的"夔门"，所以这里被称为"小夔门"。两岸的岩壁上有400公里长的两排方孔，一直到了陕西、湖北省，这些方孔是古代栈道的遗迹，古栈道在古代曾经起过重要作用。

铁 棺 峡：　长约10公里，两岸的石头形状奇特，像是天然的雕塑，很多景点都以神仙或动物命名，如：猴子捞月、马归山、龙进虎出、回龙洞、观音坐莲台、白蛇出洞等。河东岸四五米高的绝壁石缝中有一具黑色的悬棺，当地人叫做"铁棺材"。这是古时巴人的悬棺，但这个悬棺并不是用铁铸成的，只是颜色像铁的颜色。

滴 翠 峡：　长约20公里，是小三峡中最长最美的一段。因为峡中有很多钟乳石，石石滴水，峡谷中到处都是翠绿色，所以叫滴翠峡。

滴翠峡

二 怒江大峡谷

要求：

怒江大峡谷是"三江并流"世界自然遗产和中国香格里拉生态旅游区的重要组成部分。请根据所提供的材料，参考所给的词语和句式，介绍一下怒江大峡谷（300~500字）。

参考词语及句式：

{ 达 位于 险峻 汹涌 精品景点 可以说
  被称为…… 由……组成 有……的说法 以……为特色
  由于……的影响 }

材料：

地理位置： 云南西北部横断山区"三江并流"地带。

形成原因： 怒江流过海拔4,000多米的高黎贡山和碧罗雪山而形成。

别　　名： 东方大峡谷。

概　　况： 长约300多公里，平均深度2,000米，最深处有3,500米，在贡山丙中洛一带。

特　　点： 山高、谷深、水急，险滩很多。

景　　点： 双纳洼地嶂峡、利沙底石月亮、月亮山、马吉悬崖、丙中洛石门关、腊乌崖瀑布、子楞母女峰等。

著名景点：

1. 怒江第一湾：位于怒江刚刚流入云南境内的地方，看起来为"U"。是怒江大峡谷的精品景点。当地人说"到了大峡谷，不到第一湾，白来怒江玩"。这里江面很宽阔，江水平静，当地政府在江边的一个大石头上，刻下了"怒江第一湾"5个大字。

怒江第一湾

2. 石月亮：是山峰上自然形成的一个"圆洞"，这里海拔3,500米以上，很像一个月亮，世上罕见。

气　　　　候：受印度洋西南季风气候的影响，"一山分四季，十里不同天"。谷中翠绿如碧，山顶却冰雪层叠。

最佳旅游季节：夏季炎热多雨，到怒江峡谷旅游最好是10月至次年4月。

交　　　　通：可乘班车到贡山，然后沿江徒步前往丙中洛。各景点交通不便，最好自驾车，并有登山装备。

你喜欢探险旅游吗？

探险旅游是以探险为目的的旅游。探险旅游的特点有：①以探险大自然为目的，所以富有冒险性和刺激性；②以进入险恶的环境探险为核心内容，包括登山探险，穿越极地、高原、沙漠、戈壁、峡谷以及海洋、洞穴等特殊环境下的探险；③对于某些特别危险的地区，无法做到人身安全保证时，旅游组团单位往往要与旅游者签订相应的合同与协议；④探险旅游一般收费较高。

中国地形独特，地貌类型复杂，气候类型繁多，拥有很多世界性的险恶环境与自然奥秘，具有开发探险旅游的良好条件，尤其是中国西部地区是主要的旅游地，特别是云南、贵州乃至新疆、西藏已成为"最令人神往"的地方。目前探险旅游的主要项目有高山探险、山间徒步、江源探险、峡谷探险、水上漂流等等。

长江三峡

第九课

中国湖泊景观

概说部分

　　湖泊(húpō)是一种水体旅游景观。低洼(dīwā)的地方积水形成比较宽阔的水域,四周被陆地环绕,这样就形成了湖泊。

　　中国是个湖泊众多的国家,大大小小的天然湖泊有 24,880 多个,其中 1 平方公里以上的有 2,800 多个,100 平方公里以上的有 120 多个,超过 1,000 平方公里的有 10 多个。另外中国还有人工湖泊(水库)约 90,000 个,如浙江的千岛湖。

　　在中国,湖泊的名称共有 30 种左右。湖在古代称为"泽(zé)";现在一般称"湖"。有的湖称"池",如长白山天池、天山天池、云南滇池(Diān Chí);有的称"海"或"海子",如云南洱海(Ér Hǎi)、九寨沟长海、北京北海;有的称"泊",如新疆的罗布泊;有的称"淀(diàn)",如河北的白洋淀,还有的称"潭(tán)",如台湾的日月潭。湖还可称"错",如世界上最高的大湖——纳木错等,"错"是藏语的音译。

　　中国天然湖泊的分布大致划分为 5 个比较集中的区域,即东部平原区、青藏高原区、东北湖区、云贵高原区和内蒙、新疆一带,其中又以东部平原区、青藏高原区的湖泊为最多,占全国湖泊总面积的 74%。东部平原地区,气候湿润,湖泊大都属于外流湖或淡水湖,如著名的五大淡水湖——鄱阳湖(Póyáng Hú)、洞庭湖(Dòngtíng Hú)、太湖、洪泽湖(Hóngzé Hú)、巢湖(Cháo Hú)等。西部高原地区,处在干旱的环境下,多为内陆湖,主要是咸水湖(xiánshuǐhú)或盐湖,如青海湖、纳木错(Nàmùcuò)等。

　　中国最大的湖是位于青海省东北部的青海湖,面积 4,635 平方公里,也是最大的咸水湖。位于江西省北部、长江南岸的鄱阳湖,是中国第一大淡水湖,面积

实用综合旅游汉语 自然景观篇

为3,914平方公里。

西藏的纳木错湖面海拔4,718米,是世界上海拔最高的大湖。班公错(Bāngōngcuò)东西长约159公里,是中国最长的湖泊。海拔最低的湖泊是新疆吐鲁番(Tǔlǔfān)盆地最低洼处的艾丁湖(Àidīng Hú)。吉林长白山天池,最大水深204米,是中国最深的湖。

太湖

江河的美是动态的,而湖泊的美是静态的。湖泊的存在,给大自然增添了无限的风采,因而人们常用"一颗明珠"、"一面明镜"、"一颗宝石"等来形容一个个湖泊。湖泊所在的地方一般都是著名的旅游胜地,如太湖、滇池、洱海、天池、哈纳斯湖(Hānàsī Hú)、西湖、泸沽湖(Lúgū Hú)、千岛湖等等。

阅读部分

长白山天池

长白山位于吉林省东南边陲,与朝鲜接壤,是中朝两国的界山。长白山是一座著名的休眠火山。在漫长的地质年代,长白山经历过多次火山爆发,山顶上堆积了灰白色的浮石,加上长白山有8个月以上的冬季,长年覆盖着白雪,远远望去,山峰白雪皑皑,因此叫长白山。长白山风光奇绝,它完整的垂直景观和原始生态系统是典型的大自然综合体,是中国最大的国家级自然保护区之一,并于1980年加入国际生物圈保护网。

长白山是中国东北地区最高的山峰。天池位于长白山主峰顶上。天池是中朝两国的界湖,它以湖心为界,两边分别属于中朝两国,北部在中国境内。长白山天池及其周围地区是松花江、鸭绿江、图们江三条江的发源地。

天池湖面海拔2,194米,湖水平均深度204米,最深处达373米,是中国东部少有的高山湖泊,并以全国最深的湖泊而著称。天池呈椭圆形,南北长约5公里,东西宽约3公里,面积超过9平方公里,比杭州西湖几乎大一倍。湖水30%是从泉眼里涌出来的地下水,70%是由雨水汇集成的,因此湖水显得幽深清澈,水质非常好。

天池

天池的形成与火山活动密切相关。长白山地区发生过多次大规模剧烈的火山喷发,16世纪以来它又爆发了3次。火山停止喷发后,火山口处形成盆状洼地,时间一长,积水成湖,便形成了现在的天池。火山喷出的物质堆积在四周,形成了环抱着天池的16座雄伟的山峰。这16座山峰都在海拔2,500米以上,构成一个巨大的山顶盆地,天池就像一块瑰丽的碧玉镶嵌在这盆地的中央。

长白山多云,多雾,多风,多雨,多雪。多变的气候使得天池的景色变幻万千。天池无风的时候,湖水晶莹如镜,天光云影、悬崖峭壁倒映在水面上,显得雄奇壮丽。不过由于经常云雾弥漫,并常有暴雨冰雹,天池秀丽的容颜并不是任何时候都能欣赏到的。

天池北侧有一缺口,天池水由此而下,流出约1,000多米后,从悬崖上跌落直下,形成高达68米的著名的长白山大瀑布。

词语注释一

1.	边陲	biānchuí	border area; frontier
2.	接壤	jiērǎng	border on; to be contiguous to
3.	界	jiè	boundary
4.	休眠	xiūmián	dormant
5.	浮石	fúshí	float stone; pumice stone
6.	皑皑	áiái	pure white
7.	椭圆	tuǒyuán	oval-shaped ellipse
8.	碧玉	bìyù	jasper
9.	变幻万千	biànhuàn wànqiān	to be eternally changing
10.	晶莹	jīngyíng	sparkling and crystal-clear; glittering and translucent
11.	冰雹	bīngbáo	hail

12. 缺口	quēkǒu	breach; gap
13. 跌落	diēluò	to fall; to drop

词语注释二

1. 朝鲜	Cháoxiǎn	国名。位于亚洲东部朝鲜半岛上,北同中国相邻,东北与苏联接壤。
2. 长白山	Chángbái Shān	辽宁、吉林和黑龙江三省东部和中、朝边境东北部山地的总称。
3. 东北	Dōngběi	辽宁省、吉林省和黑龙江省以及内蒙古自治区东部的总称。
4. 松花江	Sōnghuā Jiāng	黑龙江最大的支流,发源于天池,全长1,927公里,沿江重要城市有哈尔滨等。
5. 鸭绿江	Yālù Jiāng	中、朝两国界河,源于长白山,全长795公里,入黄海。
6. 图们江	Túmén Jiāng	源出长白山,全长520公里,入日本海。下游一小段为朝、苏界河,其余部分为中、朝界河。

练习

一、解释句中加点部分的词语:

1. 长白山位于吉林省东南边陲,与朝鲜接壤,是中朝两国的界山。
2. 长白山有8个月以上的冬季,长年覆盖着白雪。
3. 火山停止喷发后,火山口处形成盆状洼地,时间一长,积水成湖,便形成了现在的天池。
4. 火山喷出的物质堆积在四周,形成了环抱着天池的16座雄伟的山峰。
5. 天池无风的时候,湖水晶莹如镜。

二、模仿例句改写所给的句子:

1. 位于……,与……接壤

   例句:长白山位于东北地区,与朝鲜接壤,是中朝两国的界山。

   新疆地处中国西北边陲,边境线长5,600公里,北部、西北部、西部、西南部分别和8个国家相邻。

   河北位于首都北京的周围,东南部和南部与山东、河南两省相接。

2. 以……为界……

例句:天池以湖心为界,两边分别属于中朝两国。

中越两国人民在归春河两岸隔河相望。

从气候带和生物分布来说,一般以秦岭-淮河一线为中国南北分界线。

3. 比……形容词＋数量补语

例句:天池的面积超过9平方公里,比杭州西湖几乎大一倍。

峨眉山最高峰海拔3,099米,泰山海拔1,545米。

黄果树瀑布宽81米,诺日朗瀑布宽度达320多米。

三、读后回答问题：

1. 在中国东部,高山湖泊是不是很多?
2. 长白山的得名原因是什么?
3. 天池的成因及特点是什么?
4. 在中国的湖泊中,天池在哪一方面是全国冠军?

听力部分

杭州西湖

杭州西湖又称西子湖,被国务院列为第一批国家重点风景名胜区,也是中国十大风景名胜区之一。西湖山清水秀,名胜古迹众多。下面就请导游来给我们介绍一下其中的两个景点——白堤和断桥。

西湖

词语注释一

1. 不下	búxià	no less than
2. 临	lín	to be close to; to border on
3. 周	zhōu	circuit
4. 堤	dī	dyke; embankment

5. 柳	liǔ	willow tree
6. 锦带	jǐndài	brocade ribbon
7. 碧绿	bìlǜ	dark green
8. 交相辉映	jiāoxiāng huīyìng	add radiance and beauty to each other
9. 尽头	jìntóu	the end (of the road)
10. 融化	rónghuà	to melt away; to thaw out

词语注释二

1. 苏杭	Sū Háng	指苏州和杭州。
2. 岳庙	Yuè Miào	为了纪念南宋有名的将领、民族英雄岳飞(1103年~1142年)而建立的庙。
3. 钱塘	Qiántáng	课文中指杭州。
4. 南宋	Nán Sòng	朝代名(1127年~1279年)
5. 白堤	Bái Dī	堤名,景点名。
6. 唐朝	Táng Cháo	朝代名(618年~907年)
7. 白居易	Bái Jūyì	唐朝著名诗人(772年~846年)
8. 苏堤	Sū Dī	堤名,景点名。
9.《白蛇传》	《Báishé Zhuàn》	民间故事,很多传统戏曲都有此剧目。
10. 白娘子	Bái Niángzǐ	《白蛇传》中女主人公
11. 许仙	Xǔ Xiān	《白蛇传》中男主人公

练习

一、听后判断正误:

1. 就是因为有了西湖,所以人们把杭州说成是天堂。　　　　　　(　)
2. 游西湖的时候,导游带着游客边走路边讲解。　　　　　　　　(　)
3. 白堤一带是西湖最漂亮的地方。　　　　　　　　　　　　　　(　)
4. 白堤的得名跟《白蛇传》有关。　　　　　　　　　　　　　　(　)
5. 雪后断桥的景色是西湖十处有名的风景之一。　　　　　　　　(　)

二、听后填空:

1. 全国以"西湖"命名的湖泊_____数十处,但最著名的是杭州西湖。
2. 西湖位于杭州城西,三面_____,东临市区。
3. 西湖最深处在2.8米左右,最浅处_____1米。

4. 白堤与苏东坡主持建造的苏堤，_____两条锦带漂浮在碧绿的湖水中，交相辉映。

5. 大家再往前看，在白堤的_____有一座桥，那就是断桥。

6. 白堤的名字和《白蛇传》故事联系在一起，因而成了西湖中_____的一座桥。

三、模仿例句改写所给的句子：

1. 上有天堂，下有苏杭。

在山顶的湖常常称为"天池"。中国有10多个天池，最有名的是西部的天山天池和东部的长白山天池。

在明清之际，因为经商致富而名满天下的，有南方的徽商和北方的晋商。

2. 人们把杭州比喻成天堂，一个很重要的原因就是因为有了西湖。

中国古老的文明主要发源于黄河流域，中国人称黄河为母亲河。

重庆、武汉、南昌、南京夏季炎热，号称"四大火炉"。

3. 白堤原名"白沙堤"，后来改称白堤，是为了纪念对杭州做出杰出贡献的唐朝著名诗人白居易。

朝阳门是明朝初年南京20余座城门中的东部主大门，半个世纪前因孙中山先生而改名为中山门。

天安门是皇城正门，1651年以前叫承天门；重建后叫天安门，包含有皇帝替天行使权力，天下长治久安的期望。

4. 堤的尽头有一座桥，那就是断桥。

海南岛在广东省的南边。

天池位于长白山主峰顶上。

5. 这座桥并没有断，为什么要叫"断桥"呢？

"京"指首都，北京是中国的首都；而南京则只是江苏省的省会。

九寨沟大小湖泊有100多个，不叫湖，而叫海，如长海、五花海等。

西湖断桥

实用综合旅游汉语 自然景观篇

二 九寨沟的海子

　　九寨沟风景区位于四川省西北部，距离成都450公里。因为景区内居住着九个藏族村寨而得名。九寨沟集湖、瀑、滩流、雪峰、原始森林、藏族风情为一体。九寨沟以其罕见奇异的自然美被誉为"人间仙境"、"童话世界"，并于1992年列入《世界遗产名录》。

　　接下来导游将给我们介绍的是九寨沟的湖泊——海子。

九寨沟

词语注释一

1. 寨	zhài	stockaded village; a fenced hamlet
2. 纵深	zòngshēn	depth
3. 谷地	gǔdì	valley; gorge
4. 静谧	jìngmì	calm; quiet; still
5. 孪生	luánshēng	twin
6. 结晶	jiéjīng	crystalline
7. 过滤	guòlǜ	to filter; to filtrate
8. 能见度	néngjiàndù	visibility
9. 叶绿素	yèlǜsù	chlorophyll
10. 橙红	chénghóng	orange-red
11. 绚丽夺目	xuànlì duómù	to be bright and colourful
12. 叹为观止	tàn wéi guān zhǐ	acclaim as the acme of perfection

词语注释二

1. 阿坝州	Ābà Zhōu	全称阿坝藏族羌族自治州，位于四川西北部。

2. 青藏高原	Qīngzàng Gāoyuán	在中国西部和西南部,是世界最高和最年轻的高原,号称"世界屋脊",包括西藏自治区、青海省、四川省西部、甘肃省西南部和新疆南部山地。平均海拔4,000米以上。
3. 四川盆地	Sìchuān Péndì	在四川省东部,面积约20万平方公里。
4. 嘉陵江	Jiālíng Jiāng	长江上游支流,在四川省东部。
5. 长海	Cháng Hǎi	湖泊名。
6. 镜海	Jìng Hǎi	湖泊名。
7. 五花海	Wǔhuā Hǎi	湖泊名。
8. 熊猫海	Xióngmāo Hǎi	湖泊名。
9. 箭竹海	Jiànzhú Hǎi	湖泊名。
10. 沃诺色姆	Wònuòsèmǔ	传说中的人名。

练 习

一、听后填空:
 1. 希望我们的服务能为你们的九寨沟_____增添一份美好的回忆。
 2. 九寨沟风景以水景为_____,水是九寨沟的_____,被_____为"天下第一水"。
 3. 九寨沟从海拔1,800米的沟口到海拔3,000米左右的沟顶,_____地分布着10多个湖泊。
 4. 九寨沟的湖水_____雪山融水和森林中的流泉。
 5. 湖中长着很多水生植物,不同的植物所含的叶绿素_____。

二、解释句中加点部分的词语:
 1. 进入九寨沟,你们就是九寨沟童话世界里的公主和王子,就是最尊贵的客人。
 2. 九寨沟属长江水系嘉陵江源头的一条支沟。
 3. 这114块碎片便变成了114个明镜似的海子。
 4. 湖和瀑布好似一对孪生姐妹,构成了静中有动、动中有静、动静结合的奇景。
 5. 在同一个海子中,有的地方水色碧绿,有的橙红,有的淡紫,有的浅蓝,绚丽夺目;再加上蓝天、白云、雪山、森林一起倒映在湖水中,令人叹为观止。

三、听后回答问题:
 1. 九寨沟的位置在哪儿?
 2. 九寨沟为什么被称为"天下第一水"?
 3. 说说关于九寨沟海子的神话传说。

三 千岛湖

钱塘江的上游称新安江,千岛湖是拦截新安江上游流水的一个大型水库。千岛湖坐落在浙江省境内,西北面与安徽省黄山市相接,是国务院首批公布的44处国家级风景名胜区之一。凡是来千岛湖观光过的人,都说千岛湖美得像一幅山水画。现在就让我们来欣赏这幅美丽的山水画吧。

千岛湖

词语注释一

1. 拦截	lánjié	to intercept; to hold up
2. 蓄水量	xùshuǐliàng	pondage; water storage
3. 浩淼	hàomiǎo	(of water) extending into the distance; vast
4. 绝	jué	extremely
5. 丰饶	fēngráo	rich and fertile
6. 蚕	cán	silkworm
7. 桑	sāng	mulberry
8. 参与	cānyù	to participate in

词语注释二

1. 钱塘江	Qiántáng Jiāng	浙江省最大河流,全长605公里,注入杭州湾。
2. 新安江	Xīn'ān Jiāng	钱塘江的上游,长373公里,建有新安江水库,为全国重点风景名胜区。

练习

一、听后选择正确答案：

1. 千岛湖的面积是杭州西湖的多少倍？
   A. 108　　　　　B. 573　　　　　C. 3,000
2. 千岛湖的形状怎么样？
   A. 呈树枝形　　　B. 类似西湖　　　C. 类似太湖
3. 千岛湖水质纯净，能见度可达多少米？
   A. 7 米　　　　　B. 34 米　　　　C. 81 米
4. 下面哪种物产文中没有提到？
   A. 茶叶　　　　　B. 毛竹　　　　　C. 淡水虾
5. 千岛湖旅游在什么季节较为适宜？
   A. 春、夏、秋　　B. 夏、秋、冬　　C. 春、秋、冬
6. 千岛湖的哪个湖区目前没有开放？
   A. 中心区　　　　B. 东南区　　　　C. 西南区
7. 下面哪一项是游客可以参与的旅游项目？
   A. "春到千岛湖"　B. "历史文化专题游"　C. "巨网捕鱼"

二、听后回答问题：

1. 千岛湖得名原因是什么？
2. 为什么说千岛湖是"西子三千"？
3. 为什么说千岛湖是绿色千岛湖？

千岛湖

说话部分

一 哈纳斯湖

要求：

　　哈纳斯湖是哈纳斯风景区的组成部分，是该风景区的灵魂。请参考所给的词语和句型，利用提供的材料说一段关于哈纳斯湖的导游词（300 字左右）。

参考词语与句式：

{ 距　神秘　丰富　综合　罕见　珍稀　变幻　美不胜收
与……接壤　集……于一体　以……而著称　适宜……的生长 }

材料：

哈纳斯风景区

级　　别：	国家级自然景观保护区。
地理位置：	位于新疆北部阿勒泰地区布尔津县境内，距离阿勒泰市约200公里，距乌鲁木齐1,400多公里。西北与俄罗斯及哈萨克斯坦交界，东北与蒙古相连。
面　　积：	5,588平方公里。
气　　候：	长冬无夏，春秋相连，空气温凉，7月平均气温15.9℃，十月封山。最佳旅游时间：7、8月。
生态环境：	是中国唯一的欧洲——西伯利亚动植物分布区，也是中国寒温带植物种类最多的地区，落叶松、云杉、五针松、冷杉以及欧洲山杨、桦树林等构成了植被的主体。
景观特点：	冰川、湖泊、森林、草原、牧场、河流、民族风情、珍稀动植物等多种景观相互交融。主要景观有哈纳斯湖、月亮湾、卧龙湾、友谊峰、白桦林、变色湖奇观、神秘的湖怪、千里枯木长堤、云海佛光、图瓦人村落等。

哈纳斯湖：

1. 成因：20万年前巨大山谷冰川强烈刨蚀，加上高山河流的拓宽、加深而形成。中蒙边界的友谊峰海拔4,374米，是阿尔泰山主峰，终年积雪不化。周围冰川众多，其中最长的一条10余公里，其融水成为哈纳斯湖的主要水源。

2. 哈纳斯湖概况：哈纳斯是蒙语"美丽富饶而神秘"的意思。位于阿尔泰深山密林带中部、布尔津河上游支流哈纳斯河的中段。湖面海拔1,374米，南北长25公里，东西宽1.6~2.9公里，形状像弯月，面积44.78平方千米，最大水深188.5米，它是中国第二深湖泊。

3. 评价：联合国环保官员说：哈纳斯美得让人窒息。

哈纳斯湖

特有景观举例：

1. 变色湖：不同的季节、不同的天气、一天中不同的时间、不同的观看位置，湖水的颜色都会改变：或湛蓝、或碧绿、或灰白……有时几种颜色同时呈现，浓淡相间。
2. 枯木长堤：由于强风的吹送，倒入喀纳斯湖的枯木，会逆水上漂，在湖的上游湾处堆成宽 100 多米、长 1,000 米的浮木带。
3. 湖怪：湖中常有声响和突起的水柱，并有游动的红色巨影。据说，"湖怪"出现时，湖边的牧民和牲畜就会失踪。研究发现，"湖怪"是湖中一种凶狠的冷水大红鱼——哲罗鲑。哲罗鲑是世界内陆湖泊中最大的珍贵鱼种。

二 泸沽湖

要求：

请根据提供的材料，参照所给词语和句式，说一段关于泸沽湖的导游词，注意突出当地独特的民风民俗(300 字)。

参考词语与句式：

{ 达　保留　古老　神秘　民风　风情　母系社会　湖光山色
向……前看　以……为……　素有……之称　随……走进…… }

材料：

泸沽湖风景区位置：云南省宁蒗县与四川省盐源县交界处。

面　　　积：　约 50 多平方公里。

景区居民：　摩梭人(20,000 人)，是纳西族的一个支系。偏僻的生活环境使他们在经济和文化生活方面都逐渐形成了自身的特点，人们习惯把它作为一个单独的民族来看待。

景区特点：　自然景观和人文景观相结合，摩梭人独特的文化和风俗使其成为在全国乃至全球都不可替代的世界文化遗产。仍然保留着古老的"母系"社会，一家之中以母亲为首，以女性为主，实行"走婚"

泸沽湖

实用综合旅游汉语 自然景观篇

的婚姻形态。

走　　婚：男不娶女不嫁,男方到女方家走访、住宿,早晨回到自己家中。因为是由男方的"走"而实现的婚姻,故称"走婚"。所生子女属于女方,采用母亲的姓氏,男方一般不承担抚养的责任。

泸沽湖概况：泸沽湖是泸沽湖风景区的重要组成部分,被摩梭人称为"母亲湖",被称为"高原明珠"。面积达 58 平方公里,泸沽湖形似一只大葫芦,海拔 2,688 米,平均水深 45 米,最深处 90 余米,透明度高达 11 米。湖水湛蓝,湖周围青山环绕,风景秀丽。川格姆女神山似一位躺在湖中的温柔女子。

主要景点：

1. 落水村,在泸沽湖西岸,可欣赏湖景,可乘猪槽船游湖上岛屿,看木楞子房和四合院,了解走婚等风俗风情。
2. 永宁(北距落水村 20 公里),可看摩梭人的藏传佛教——喇嘛教艺术,还可了解历史上的摩梭民风。

评　　价：神奇的"东方女儿国"。

猪槽船

什么叫自然保护区？

为了保护自然环境和自然资源,将一定面积的陆地和水体划分出来进行特殊保护和管理的区域。自然保护区可简单理解为"受到人为保护的特定自然区域"。这些地域具有一定的代表性、稀有性和生物多样性,包括各种典型的重要生态系统、珍稀濒危动物和植物的天然分布区、天然风景区、水源涵养区及具有特殊意义的自然遗迹等。世界上第一个自然保护区是美国黄石国家公园。中国第一个自然保护区是 1956 年建立的广东鼎湖山自然保护区。截至 2004 年底,中国共建立各种类型、不同级别的自然保护区 2,194 个,其中国家级 226 个,总面积为 14,822.6 万公顷,占陆地国土面积的 14.8%。中国自然保护区分 3 个类别、9 个类型:自然生态系统类(森林、草原与草甸、荒漠、内陆湿地和水域、海洋和海岸)、野生生物类(野生动物、野生植物)、自然遗迹类(地质遗迹、古生物遗迹)。

第十课

中国瀑布景观

概说部分

　　流水从陡壁(dǒubì)或断崖(duànyá)上突然下落，便形成瀑布。瀑布所在的位置，一般上下河床的高度差异较大。瀑布飞泻(fēixiè)而下，形状如白布悬挂，故名"瀑布"。

　　瀑布是山水完美结合的产物。与湖泊的静态美不同，瀑布以其晶莹的水帘、飞动的形态、轰鸣的响声和磅礴(pángbó)的气势构成形、色、声俱佳的壮观景象。

　　中国地域辽阔，地势起伏多变，河流众多，孕育了大量的瀑布。据统计，较有名的瀑布达200多个。瀑布分布较多的省区是：安徽、浙江、福建、台湾、广东、广西、贵州、云南和四川，其中以贵州、台湾两省为最多。最大的瀑布是贵州黄果树瀑布，它也是世界上第四大瀑布。黄河壶口(Húkǒu)瀑布、牡丹江(Mǔdān Jiāng)吊水楼瀑布分别是第二、第三大瀑布。吉林长白山天池瀑布是海拔最高的瀑布。其他著名的瀑布还有庐山瀑布群、雁荡山瀑布群、九寨沟瀑布群、天柱山瀑布群、西樵山(Xīqiáo Shān)瀑布群、黄山三瀑、崂山双瀑、云台山瀑布、娘子关瀑布、德天瀑布、大叠水(Dàdiéshuǐ)瀑布等等。台湾岛雨量充沛，山地分布较广，瀑布众多，而且瀑布的落差都较大，如台湾西部的蛟龙(Jiāolóng)瀑布，总落差达1,000多米。台北市东南的乌来(Wūlái)瀑布则是台湾最负盛名的瀑布。

　　瀑布的成因有多种：不同硬度的岩层交替出现在河床中，产生不同程度的侵蚀(qīnshí)，这是中国大多数瀑布形成的原因；断层、冰川、裂谷造成河床的不连续从而形成瀑布，如黄河壶口瀑布、庐山三叠泉(Sāndiéquán)瀑布；由于火山喷发或泥石流(níshíliú)等阻塞水流而成瀑布，如吊水楼瀑布。在云南、贵州以及

实用综合旅游汉语 自然景观篇

华南一些地区,瀑布大多是因为水流的溶蚀作用形成的喀斯特瀑布。实际上,瀑布的形成往往并非由于单一的因素,有时是多种因素共同作用的结果。

按景观的特点,中国的瀑布大致可分为河流瀑布、山岳瀑布和洞穴瀑布。

河流瀑布主要形成于江河的中上游河段。这类瀑布一般水帘宽,水量大,气势宏大。著名的河流瀑布有黄果树瀑布、壶口瀑布、吊水楼瀑布等。山岳瀑布一般落差较大,水帘不宽但造型丰富,水量受降雨影响,增减的变化较大,如庐山瀑布、雁荡山瀑布。

喀斯特瀑布既有地表瀑布,如黄果树瀑布;又有深藏在洞穴中的暗瀑,如贵州安顺龙宫的龙门飞瀑、浙江金华冰壶洞瀑等都是著名的洞穴瀑布。

西樵山瀑布

阅读部分

黄河壶口瀑布

在黄河中游的晋陕峡谷有一个著名的大瀑布,这就是黄河壶口瀑布。壶口瀑布是万里黄河上唯一的瀑布,也是中国第二大瀑布。

黄河壶口瀑布位于陕西和山西两省的交界处。黄河流经这一带地区,水面渐渐变窄。两岸由于河床下切而形成峡谷。峡谷河床宽度250~300米,河水在平整的谷底冲出一条深槽,宽度只有30~50米,滔滔的黄河水从宽阔的地方突然收缩,倾泻到狭窄的深槽中,就像一把巨大的茶壶向下倾倒着沸腾的黄河水,水势越来越大,流速越来越快,河水飞奔而下,波浪翻滚,惊涛震天,于是形成了气势壮观的壶口瀑布。

壶口瀑布的落差一般在15~20米之间,宽度30~50米。它的高度在中国众多的瀑布中不算很大,但壶口瀑布位于黄河主河道上,上游巨量的河水到这里猛然收缩,水流量十分巨大。如就水量而言,壶口瀑布应算是中国最大的瀑布。游人在离壶口瀑布几里之外的地方,就能听到震耳的水声;走在附近的岩石上,会感觉到大地在剧烈地颤抖,山谷中始终回荡着雷鸣般的轰隆声。

黄河壶口

壶口瀑布随着季节的变化呈现出不同的风光。初春时节,上游冰雪消融,冰凌随着波浪漂浮而下,汇聚在壶口瀑布上段宽阔的河道上,继而跌落下来,激起无数的冰晶。无数的冰晶四处抛洒,在阳光的照射下,闪闪发光。秋高气爽的时节,秦晋高原上万里无云,登高望远,壶口瀑布的走势一览无余。尤其是秋雨过后,壶口瀑布好像一条黄色的巨龙在翻腾。冬天,壶口瀑布河水冻结,变成了悬挂着的一匹白练,景色神奇。夏季来临,黄河进入丰水期,黄河的水位普遍上涨,降低了瀑布原有的落差,壶口瀑布变成了一滩急流。与一般的瀑布不同,壶口瀑布在枯水期观赏反而比丰水期更佳。

词语注释一

1. 下切	xiàqiē	to cut downwards
2. 平整	píngzhěng	neat; smooth
3. 槽	cáo	trough
4. 沸腾	fèiténg	to boil
5. 震	zhèn	to quake; to shock
6. 颤抖	chàndǒu	to quiver; to shake
7. 雷鸣	léi míng	peal of thunder
8. 消融	xiāoróng	to melt
9. 冰凌	bīnglíng	icicle
10. 继而	jì'ér	then; afterwards
11. 冰晶	bīngjīng	ice crystal
12. 秋高气爽	qiū gāo qì shuǎng	sky in autumn is high and atmosphere pleasant
13. 走势	zǒushì	run; trend, alignment
14. 练	liàn	white silk

| 15. 丰水期 | fēngshuǐqī | high water period; rainy period |
| 16. 枯水期 | kūshuǐqī | low flow period; low water season |

词语注释二

1. 晋	Jìn	山西省的简称。
2. 陕	Shǎn	陕西省的简称。
3. 秦	Qín	陕西省的简称。

练习

一、读后判断正误：
1. 壶口瀑布处于黄河中游的峡谷地带。　　　　　　　　　　　　（　）
2. 壶口瀑布是黄河干流上众多的瀑布之一。　　　　　　　　　　（　）
3. 壶口瀑布形成的原因就是由于黄河的流量巨大。　　　　　　　（　）
4. 壶口瀑布的得名是因为它的形状。　　　　　　　　　　　　　（　）
5. 壶口瀑布的落差、宽度和水量在中国众多瀑布中都位居第二。　（　）
6. 壶口瀑布在枯水期更具特色，很值得观赏。　　　　　　　　　（　）

二、模仿例句改写所给的句子：
1. 在黄河中游的晋陕峡谷有一个著名的大瀑布，这就是黄河壶口瀑布。
　　泰山在山东省中部，是一座融自然科学与历史文化价值于一体的名山。
　　鄱阳湖位于江西省北部、长江南岸，是我国第一大淡水湖。
2. 如就水量而言，壶口瀑布应算是中国最大的瀑布。
　　新疆维吾尔自治区面积166万平方公里，占全国的六分之一，是中国面积最大的省区。
　　上海总面积0.58万平方公里，其中市区面积220多平方公里，为中国人口最多的城市。
3. 壶口瀑布随着季节的变化呈现出不同的风光。
　　哈纳斯湖晴天的湖水呈蓝绿色，像一颗闪光的宝石；阴天则呈灰绿色，像一匹素雅的绸缎。
　　由于海拔高度不同，气候相差悬殊，长白山划分为四个垂直景观带。
4. 夏季来临，黄河进入丰水期。
　　冰雪节即将来临，哈尔滨旅游接待高峰将至。
　　从春节前开始，前往海南岛的游客越来越多。

5. 与一般的瀑布不同,壶口瀑布在枯水期观赏反而比丰水期更佳。

　　地球上北回归线穿过的地方大都是沙漠或干旱的草原,鼎湖山却覆盖着茂密的森林,蕴藏着丰富的泉水。

　　盛夏时,长江中下游河谷和鄱阳湖盆地一片热浪,而庐山虽处于这片夏热中心,却是清凉的避暑胜地。

三、读后回答问题:
　　1. 壶口瀑布在哪方面是中国瀑布之最?
　　2. 壶口瀑布在什么季节不太适合游览?为什么?

听力部分

一　黄果树瀑布

　　黄果树瀑布群位于贵州省镇宁、关岭两县交界处,距离贵阳市约150公里。黄果树瀑布群发育在世界上最大的喀斯特地区最中心的部位,是世界上最典型、最集中的喀斯特瀑布群,其中黄果树瀑布最壮观,故统称为黄果树瀑布群。下面导游给大家介绍的就是黄果树瀑布。

黄果树瀑布

词语注释一

1. 统称	tǒngchēng	to be called by a joint name; to be generally called
2. 蜡染	làrǎn	wax printing
3. 凌空	língkōng	to be high up in the air; to soar or tower aloft
4. 激	jī	to dash
5. 开外	kāiwài	over; above
6. 浮游	fúyóu	to float
7. 比比皆是	bǐbǐ jiē shì	can be found everywhere
8. 半腰	bànyāo	half; middle; midway
9. 惊心动魄	jīng xīn dòng pò	soul-stirring; heart-shaking; thrilling

词语注释二

1. 镇宁	Zhènníng	县名,位于贵州省。
2. 关岭	Guānlíng	县名,位于贵州省。
3. 布依族	Bùyīzú	中国少数民族之一,主要分布在贵州南部和西南部。
4. 苗族	Miáozú	中国少数民族之一,约50%分布在贵州,其余分布在湖南、云南、广西、四川、广东、湖北等省区。
5. 天星桥	Tiānxīngqiáo	景点名。
6. 银链坠潭	Yínliànzhuìtán	瀑布名。
7. 犀牛潭	Xīniú Tán	潭名。
8. 陡坡塘	Dǒupōtáng	瀑布名。
9. 螺蛳滩	Luóshītān	瀑布名。
10.《西游记》	《Xīyóu Jì》	中国古代著名长篇神话小说,作者为明代吴承恩,被改编成戏曲、电影、电视剧等。

练习

一、听后判断正误:

1. 黄果树景区处于亚热带地区。　　　　　　　　　　　　　( )
2. 黄果树瀑布是中国首批国家级重点风景名胜区。　　　　( )
3. 黄果树瀑布水量稳定,季节变化不明显。　　　　　　　( )
4. 黄果树瀑布地区大多是阴雨天气。　　　　　　　　　　( )
5. 景区共有地表瀑布18个、地下瀑布14个,各有各的特点。( )
6. 景区风光优美,所以《西游记》在这里拍了很多场戏。　( )

二、听后选择正确答案:

1. 关于黄果树瀑布群,下面哪一种描述可能不正确?
   A. 景区内主要居民是少数民族。
   B. 处于喀斯特典型发育的地区。
   C. 是世界上瀑布数量最多的瀑布群。
2. 游客们在黄果树景区游览的顺序是:
   A. 黄果树大瀑布→天星桥景区→蜡染馆。
   B. 天星桥景区→黄果树大瀑布→蜡染馆。
   C. 黄果树大瀑布→蜡染馆→天星桥景区。

3. 导游在讲解过程中没有提到哪个瀑布？
   A. 珍珠瀑布　　　　B. 陡坡塘瀑布　　　C. 银链坠潭瀑布
4. 水帘洞的位置在哪儿？
   A. 瀑布的顶端　　　B. 瀑布的后边　　　C. 瀑布的底部
5. 在水帘洞观赏哪类风景角度最好？
   A. 日出　　　　　　B. 瀑布　　　　　　C. 日落

三、听后回答问题：
   1. 黄果树景区瀑布集中，其主要原因是什么？
   2. 黄果树瀑布有哪些特点？

吊水楼瀑布

吊水楼瀑布又名镜泊湖瀑布，位于黑龙江省宁安县西南、牡丹江上游。吊水楼瀑布与贵州黄果树瀑布、黄河壶口瀑布并称为中国三大瀑布。吊水楼瀑布是中国纬度最高的瀑布，是到镜泊湖旅游的人必游的景点。请听（水声）：

吊水楼瀑布

词语注释一

1. 冷却	lěngquè	to cool off; to quench
2. 坝	bà	dam
3. 甘心	gānxīn	to be contend with; to reconcile oneself to
4. 拦腰	lányāo	by the waist; by the middle
5. 熔岩	róngyán	lava
6. 汛期	xùnqī	flood season
7. 波澜	bōlán	great waves
8. 衬托	chèntuō	to serve as a foil to
9. 正逢其时	zhèng féng qí shí	to happen to be at the very right time
10. 景致	jǐngzhì	view; scenery; scene
11. 颇	pō	considerably; fairly; quite

词语注释二

1. 镜泊湖　　Jìngpō Hú　　　　湖名。
2. 宁安县　　Níng'ān Xiàn　　 位于黑龙江省。
3. 观瀑亭　　Guānpù Tíng　　　亭名。
4. 牡丹江　　Mǔdān Jiāng　　　松花江支流，在黑龙江省东南部，长715公里。

练习

一、听后填空：

1. 镜泊湖景区著名的景点共有_____个。
2. 长白山天池瀑布和吊水楼瀑布都在中国的_____。
3. 吊水楼瀑布形成的最根本的原因是_____。
4. 吊水楼瀑布的高度为_____米，丰水期宽度为_____米。
5. 吊水楼瀑布是中国地理位置最_____的瀑布，因而夏季是最好的旅游季节。
6. 镜泊湖地区在_____风力最小。
7. _____的镜泊湖把吊水楼瀑布衬托得无比_____。
8. 冬天的吊水楼瀑布_____有_____景致。

二、听后回答问题：

1. "吊水楼"有什么含义？
2. 牡丹江、镜泊湖、吊水楼瀑布三者有什么关联？
3. 哪个季节去镜泊湖旅游最合适？为什么？
4. 在吊水楼瀑布附近，还有哪些独特的景观？其成因是什么？

吊水楼瀑布

庐山三叠泉瀑布

庐山位于江西省北部，北濒长江，东南临鄱阳湖，是国家级重点风景名胜区，也是世界文化景观，1996年列入《世界遗产名录》。庐山雄奇秀拔，云雾缭绕，山中多飞泉瀑布和奇洞怪石。庐山瀑布多姿多彩，著名的有三叠泉、开先、石门涧、黄龙潭、乌龙潭等瀑布。下面要介绍的是三叠泉瀑布。

庐山三叠泉瀑布

词语注释一

1.	秀拔	xiùbá	elegant and tall
2.	造就	zàojiù	to bring up; to train
3.	断层	duàncéng	geological fault
4.	溪涧	xījiàn	mountain stream
5.	隐居	yǐnjū	to withdraw from society and live in solitude
6.	失之交臂	shī zhī jiāo bì	just miss the person or opportunity at close range
7.	传诵千古	chuánsòng qiāngǔ	to chant the praises of someone or something for ages
8.	佳作	jiāzuò	a fine piece of writing
9.	俊雅	jùnyǎ	graceful; elegant
10.	万马奔腾	wàn mǎ bēnténg	ten thousand horses galloping ahead-all going full steam ahead

词语注释二

1.	三叠泉	Sāndiéquán	瀑布名。
2.	开先	Kāixiān	瀑布名。
3.	石门涧	Shíménjiàn	瀑布名。

4. 黄龙潭	Huánglóngtán	瀑布名。	
5. 乌龙潭	Wūlóngtán	瀑布名。	
6. 李白	Lǐ Bái	唐代著名诗人(701年~762年)。	
7. 香炉峰	Xiānglú Fēng	山峰名。	
8. 宋光宗	Sòng Guāngzōng	宋朝皇帝(1147年~1200年)。	
9. 绍熙	Shàoxī	宋光宗年号。	
10. 屏风叠	Píngfēngdié	地名。	
11. 大月山	Dàyuè Shān	山峰名。	

练习

一、听后选择正确答案：

1. 关于庐山,下面哪一种说法不正确？
   A. 气候复杂多样　　　　B. 是一座古老的山　　　C. 溪涧瀑布众多
2. 唐朝诗人李白为什么没有赞美过三叠泉？
   A. 三叠泉是宋朝才形成的。
   B. 他住的地方远离三叠泉。
   C. 他去世后三叠泉才被发现。
3. 李白长住庐山的主要目的是什么？
   A. 旅游　　　　B. 隐居　　　　C. 写诗
4. 三叠泉瀑布是谁发现的？
   A. 唐朝的诗人　　B. 宋朝的皇帝　　C. 宋朝伐木人
5. 三叠泉瀑布是哪一种类型的瀑布？
   A. 单级瀑布　　　B. 多级瀑布　　　C. 瀑布群
6. 三叠泉瀑布的落差有多少？
   A. 80 米　　　　B. 155 米　　　　C. 300 米
7. 游客们观赏三叠泉的角度主要是
   A. 仰视　　　　B. 俯看　　　　C. 平视

二、听后选择词语填空：

1. 庐山大约是 7000 万年前强烈的地壳运动所_____的。（造成、变成、造就）
2. 庐山地形地貌复杂多样,地处亚热带,雨水_____。（充沛、充分、充满）
3. 我们再换一个角度,请大家到石桌子的边缘_____。（看望、观望、观光）
4. 潭水很清澈,大家可以喝上一口,品尝一下,是不是很_____？（清甜　清洁、洁净）

三、听后回答问题：
1. "未到三叠泉，不算庐山客"，这句话的意思是什么？
2. 三叠泉瀑布有什么特点？

说话部分

诺日朗瀑布

要求：

请根据提供的材料，参照所给的词语和句式介绍一下九寨沟诺日朗瀑布的情况（300字）。

参考词语与句式：

{ 精华　连同　宽阔　美誉　交界处　自然美　原始美　尽收眼底
故名……　呈……形　或……或……　由……组成　有……之说 }

材料：

九寨沟简介：　九寨沟是岷山山脉中树正、日则、则查洼三条沟谷的总称，这三条沟谷看起来就像"Y"，总长55.5公里。因沟内分布有9个藏族村寨，所以被叫做九寨沟。

风光特点：　有呈梯级分布的大小湖泊114个，湖泊之间有17组瀑布群，11段激流，5处钙化滩流，相互串联，形成了以高山湖泊群为特色，集湖、瀑、滩、流、雪峰、森林、藏族风情为一体的人间仙境，极具原始美、自然美。水景是九寨沟景观的主角，被称为"中国水景之冠"，有"九寨归来不看水"说法。

瀑布特点：　瀑布众多，其中著名的有树正瀑布、诺日朗瀑布和珍珠滩瀑布。瀑布从长满树木的悬崖或河滩上流出，往往被分成无数股水流，有的轻盈缓慢，有的急流直泻，加上四周群山环抱，满目青翠，景色神奇秀丽。

游　　程：　树正瀑布→诺日朗瀑布→珍珠滩瀑布。

重点讲解的景点：诺日朗瀑布。

诺日朗瀑布位置：九寨沟由树正群海沟、则查洼

诺日朗瀑布

沟、日则沟三条主沟组成,诺日朗瀑布在九寨沟中部,位于九寨沟三条主沟交叉处,是九寨沟的象征。

诺日朗瀑布特点:

1. 九寨沟瀑布群中最大的瀑布,也是中国最宽的瀑布,宽度达320多米。"诺日朗"三字,在藏语中的意思是男神,也是雄伟壮观的意思。

2. 水流从灌木丛中悄然滑出,至断层突然跌下。断层下花草繁茂,绿色的植被像柔软的海绵,把飞瀑跌落的气势和水声吸收了许多,使整个景观显得阔大而又秀丽。晴天的时候,阳光斜射在水雾上常会出现一道道彩虹。

观景地点: 瀑布对面的观景台。

 二　德天瀑布

要求:

请根据提供的材料,参照所给的词语和句式介绍一下德天瀑布的情况,可与其他瀑布作比较,突出其特点(300字)。

参考词语:

{ 展现　横跨　界河　气势　吸引　仰视　俯视　平视　一览无余
从……角度　无论……也……　既……也……还……
与……连为一体　大家注意到没有…… }

材料:

地理位置: 位于广西壮族自治区西南山区,中越边境的大新县,距离县城78公里,距南宁市140多公里,距中越边境53号界碑约50米。

景点级别: 国家特级景点,横跨中国、越南两个国家,是亚洲第一、世界第二大的跨国瀑布。

景观特点: 主体瀑布宽100米,落差70米,与越南的板约瀑布紧紧相连,两条瀑布总宽208米。河水分三级落下,水势激荡,声闻数里,远看近观,都很壮观!两条瀑布的二十多条瀑链像是洁白的绸缎挂在青翠的山前,聚成山崖之下绿宝石般的

深潭,然后蜿蜒成归春界河。

形成原因： 德天瀑布位于归春河上游。自北南流的归春河水,被江心的岛所阻挡,水石相激,遇到了一个断崖,形成了德天瀑布和板约瀑布的二十多条瀑链。

四季特点： 春天,归春河两岸火红的木棉花盛开,在红花万朵中,德天瀑布犹如一匹素洁的白练;夏季,洪流滚滚,水声隆隆,如万马奔腾,震撼山谷;秋季,河谷山地上,梯田片片金黄,天高云淡,水清沙少;冬季,瀑布没有往日的雄壮气势,飘飘洒洒,变得妩媚清秀。

神话传说： 德天瀑布下面水潭的一侧,有两块礁石峙立着,形状似两只小天鹅在水中追逐游戏。相传在很久以前,天上有两个美丽的仙女,因羡慕人间的欢乐,一起下凡到德天瀑布处洗涤蚕丝,她们被瀑布美景深深吸引,再也不愿回到天上去了,于是就化成了两只美丽的天鹅,定居在此。

观赏角度： 归春河谷内很开阔,可坐乘竹排在河面上仰视它,可以在河岸上平视,还可以在两侧的山坡上俯视,还可从山崖下沿台阶而上,级级观赏。

其 他： 归春河对岸有一个小岛,属于越南。可乘竹排到岛上,能近距离地欣赏越南的板约瀑布,但是时间不能长,也不允许再往前。

什么是湿地？

国际上通常把森林、海洋和湿地并称为全球三大生态系统。湿地一般指陆地与水域间全年或间歇地被水淹没的土地。湿地包括了所有的陆地淡水生态系统。

《国际湿地公约》1971年2月2日在伊朗拉姆萨尔签署,是为保护和可持续利用湿地设立国家保护行动及国际合作的大纲。自1975年生效至今,已有超过120个缔约国。中国1992年加入《湿地公约》。列入国际湿地公约国际重要湿地名录的湿地即为国际重要湿地,目前全球约1,000个。按照湿地公约对湿地类型的划分,31类天然湿地和9类人工湿地在中国均有分布。中国湿地的主要类型包括沼泽湿地、湖泊湿地、河流湿地、河口湿地、海岸滩涂、浅海水域、水库、池塘、稻田等自然湿地和人工湿地。到2005年2月,中国列入国际重要湿地名录的湿地已达三十处,如黑龙江扎龙自然保护区、青海鸟岛自然保护区、海南东寨港红树林保护区、江西鄱阳湖自然保护区、湖南东洞庭湖自然保护区、吉林向海自然保护区、香港米埔湿地等。

2月2日是世界湿地日。

第十一课

中国泉水景观

概说部分

  地下水在适宜的地形、地质、水文等条件下自然地涌出地表,就成为泉水。泉水是一种具有多种功能的水体,不仅提供了理想的水源,还能用于疗养,同时又能美化大地,具有造景功能。

  中国幅员(fúyuán)辽阔,自然条件复杂多变,根据粗略的统计,中国泉水的总数约10万处,比较集中地分布在西藏、云南、广东、福建和台湾五省区。其中因水质好、水量大或水奇泉怪而闻名遐迩(wénmíng xiá'ěr)的"名泉"也有百处之多。济南(Jǐ'nán)趵突泉(Bàotū Quán)、无锡惠山泉(Huìshān Quán)、杭州虎跑泉、大理蝴蝶泉、临潼(Líntóng)华清池以及福州温泉、台湾温泉等都是著名的泉水。

  泉水的分类有多种。按温度可分成冷泉、温泉、热泉、沸泉(fèiquán)。按水质或形态特征,有矿泉、甘泉、苦泉、乳泉(rǔquán)、间歇泉(jiànxiēquán)、喷泉、气泉、喊泉等。

  泉水一般在地表下的岩层中,在贮存(zhùcún)和移动的过程中溶解了岩石中的一些矿物质。含有大量矿物质的泉水称矿泉。根据统计,中国矿泉有1,700多处,著名的如内蒙古阿尔山、江西庐山、黑龙江五大连池等矿泉。矿泉的一个功能是沐浴疗养。矿泉中一些微量元素(wēiliàng yuánsù)不同比例的搭配,可以治疗不同的疾病,如黄山泉水可治疗关节、皮肤、神经多方面的疾病;庐山泉水可治疗风湿病、皮肤病等。矿泉的另一个功能是饮用,也可以作为原材料制作饮料或酿(niàng)酒,青岛啤酒就是用崂山泉水酿造而成的。

  温泉的功能主要在于疗养。许多泉水既是矿泉又是温泉,疗养功能更好。中国的温泉初步统计有 2,600 多处,资源十分丰富,著名的有华清池、黄山、庐山、广东从化的温泉以及福州温泉群、台湾温泉群等。

阿尔山温泉

中国人有饮茶的习惯,普通的泉水矿化度低于矿泉,用来泡茶,口感会更好。自古以来,众多"天下名泉",就是根据泡茶的口感来认定的。杭州虎跑泉,水质纯净,矿物质含量低,"龙井茶叶虎跑泉"成为"西湖双绝"。

泉水涌出的地方,大多流水潺潺(chánchán),树木苍翠,绿草如茵(yīn),环境清幽(qīngyōu),而名泉一般开发历史悠久,文化内涵(nèihán)丰富,与周围的名胜古迹融为一体,形成独特的旅游资源。

阅读部分

泉城济南

山东省最重要的旅游资源被概括为"一山、一水、一圣人"。"山"指的是位于山东省中部的泰山;"圣人"说的是孔子,孔子是山东曲阜人,是山东人的骄傲;"水"指的则是济南的泉水。济南是山东省的省会,它以泉水众多、泉形优美而闻名于世,自古就有"泉城"的美称。

济南之所以有众多的泉水,是和济南特殊的地质、水文条件分不开的。济南南面是低山丘陵,北面是华北平原,济南位于两者的交界线上。丘陵地区地下的岩石有很多孔隙和溶洞,能够贮存和输送大量的地下水,地下水便沿着倾斜的地势向北边较低的地方流去。到了济南一带,地下水受到平原区地下坚硬的岩层的阻挡,聚集起来,产生向上的压力。地下水越集越多,压力越来越大,于是就沿着一些裂缝喷涌而出,这样就形成了泉水。济南的泉水到底有多少,谁也说不清。有人做过统计,济南的名泉就有 100 多

实用综合旅游汉语 自然景观篇

处。济南的泉眼之多,水量之大,国内罕见。过去济南每天涌出的泉水,可供几十万人饮用。

济南的泉水分布有一定的规律,主要集中在城南的低地中。在这一地带又可分为趵突泉、珍珠泉、黑虎泉、五龙潭四大泉群。四大泉群各有特色,其中趵突泉最为著名。

趵突泉

趵突泉在旧城的西南角城外,泉水分成三股从地下的裂缝中喷出,昼夜不停,浪花四溅,势如鼎沸,露出的高度可达26.49米,景象壮观。"趵突"形容泉水跳跃着猛烈地冲出。趵突泉一年四季温度保持在18度左右。趵突泉水清澈透明,水质好,是十分理想的饮用水,长期饮用或沐浴对一些慢性病有一定的疗效。用趵突泉的水泡茶,味道醇美。相传清朝的乾隆皇帝下江南,出北京时带的是北京玉泉水;到济南品尝了趵突泉水后,便立即改带趵突泉水南下,并封趵突泉为"天下第一泉"。

济南众多的泉水还造就了另一个著名的景点——大明湖。大明湖就是四大泉群汇入济南盆地的最低处而形成的。

词语注释一

1.	省会	shěnghuì	the provincial capital
2.	孔隙	kǒngxì	a hole; a small opening
3.	贮存	zhùcún	to store
4.	岩层	yáncéng	a rock layer; a rock stratum
5.	喷涌	pēnyǒng	to gush out
6.	昼夜	zhòuyè	day and night; round the clock
7.	溅	jiàn	to spatter; to splash
8.	势	shì	momentum; tendency
9.	鼎沸	dǐngfèi	noisy and confused like a seething cauldron
10.	水质	shuǐzhì	water quality
11.	沐浴	mùyù	to take a bath
12.	醇美	chúnměi	pure and nice
13.	封	fēng	to confer (a title, etc.) upon

词语注释二

1. 珍珠泉　Zhēnzhū Quán　　泉名。
2. 黑虎泉　Hēihǔ Quán　　　泉名。
3. 五龙潭　Wǔlóng Tán　　　泉名。
4. 江南　　Jiāngnán　　　　长江下游以南地区，即江苏、安徽两省的南部和浙江省的北部。
5. 玉泉　　Yù Quán　　　　泉名，在北京西郊玉泉山东麓。
6. 大明湖　Dàmíng Hú　　　天然湖泊，位于济南市区的偏北地区。

练习

一、模仿下面的例句造句：

1. 济南之所以有众多的泉水，是和济南特殊的地质、水文条件分不开的。
2. 济南的泉眼之多，水量之大，国内罕见。
3. 济南的泉水到底有多少，谁也说不清。
4. 过去济南每天涌出的泉水，可供几十万人饮用。
5. 在这一地带又可分为趵突泉、珍珠泉、黑虎泉、五龙潭四大泉群。
6. 四大泉群各有特色，其中趵突泉最为著名。
7. 大明湖就是四大泉群汇入济南盆地的最低处而形成的。

二、读后回答问题：

1. 文中"一山、一水、一圣人"指的是什么？
2. 济南为什么被称为"泉城"？
3. 济南为什么有丰富的泉水资源？
4. 大明湖和泉水有什么关系？

大明湖

听力部分

一 大理蝴蝶泉

在云南省西部大理，有一个风光秀丽的湖叫洱海。在洱海的西侧，躺卧着一座雄伟的山——点苍山。在点苍山最北峰下的绿树丛中，有一处奇特的泉——蝴蝶泉。蝴蝶泉距大理古城24公里，风光秀丽，水质清冽，独具天下罕见的奇观——"蝴蝶会"，是著名的游览胜地。

蝴蝶泉

词语注释一

1.	清冽	qīngliè	chilly; cool
2.	闻名遐迩	wénmíng xiá'ěr	well-known far and near
3.	对歌	duì gē	to sing antiphonally
4.	补给	bǔjǐ	reinforce; supply
5.	含水层	hánshuǐcéng	water-bearing layer
6.	鹅卵石	éluǎnshí	cobble(stone); pebble(stone)
7.	镁	měi	magnesium
8.	无臭	wú xiù	without any odor or smell
9.	砌	qì	to build by laying bricks or stone
10.	漫山遍野	màn shān biàn yě	to be found everywhere
11.	棕榈	zōnglǘ	palm
12.	合欢树	héhuānshù	silk tree
13.	竞相	jìngxiāng	to try to outdo the others; to compete
14.	巴掌	bāzhang	palm; hand
15.	盛况空前	shèngkuàng kōngqián	an exceptionally grand occasion
16.	沿袭	yánxí	to carry on as before
17.	四起	sìqǐ	to rise from all directions

词语注释二

1. 大理	Dàlǐ	市名,位于云南省中部偏西、大理白族自治州中部。
2. 洱海	Ěr Hǎi	云南省第二大淡水湖泊,是大理风景区的主要风景资源,也是白族祖先最主要的发祥地。
3. 点苍山	Diǎncāng Shān	又名苍山,是云岭山脉南端的主峰。
4. 郭沫若	Guō Mòruò	杰出的作家、诗人和戏剧家,历史学家和古文字学家(1892年~1978年)。
5.《五朵金花》	《Wǔ Duǒ Jīnhuā》	著名影片,创作于1959年,是当时电影艺术的代表作。
6. 徐霞客	Xú Xiákè	明代著名旅行家和地理学家(1586年~1641年),所著《徐霞客游记》以日记的形式详细地记录了他一生旅行中的所见所闻。
7. 白族	Báizú	中国少数民族之一,主要聚居在云南大理白族自治州。

练习

一、听后判断正误:
1. "蝴蝶泉"三个字是郭沫若亲自写在大理石上的。　　　　　(　)
2. 蝴蝶泉因为《五朵金花》变得更有名。　　　　　　　　　(　)
3. 蝴蝶泉的泉池面积约50平方米。　　　　　　　　　　　　(　)
4. 蝴蝶泉的四周种的都是合欢树。　　　　　　　　　　　　(　)
5. 蝴蝶泉所处的自然环境非常适合蝴蝶的繁殖和生长。　　　(　)
6. 合欢树花的形状很像蝴蝶,而蝴蝶的形状像花,真假难辨。(　)
7. 游客们游览蝴蝶泉的时间正好是春末夏初。　　　　　　　(　)
8. 此次游程是先游蝴蝶泉,再游蝴蝶馆。　　　　　　　　　(　)

二、听后回答问题:
1. 蝴蝶泉的水有什么特点?
2. 蝴蝶泉的树在景观的构成中起什么作用?
3. 蝴蝶泉得名的主要原因是什么?
4. 什么是"蝴蝶会"?为什么会很热闹?

实用综合旅游汉语 自然景观篇

二 月牙泉

位于大西北的甘肃敦煌,不仅拥有举世闻名的莫高窟,还有一处沙山和泉水共同构成的奇妙景象,这就是鸣沙山和月牙泉。美丽的月牙泉、轰鸣作响的鸣沙山和莫高窟的壁画艺术被称为"敦煌三绝"。下面我们将听到的是关于月牙泉的导游词。

月牙泉

词语注释一

1. 弯	wān	measure word
2. 荡漾	dàngyàng	to ripple; to undulate (gently)
3. 依偎	yīwēi	to lean close to; to nestle to
4. 顾名思义	gù míng sī yì	to think what a name or title should imply
5. 酷似	kùsì	to be exactly like; be the image of
6. 名副其实	míng fù qí shí	the name matches the reality
7. 隔水层	géshuǐcéng	water-resisting layer
8. 平衡	pínghéng	balance; equilibrium
9. 结伴	jié bàn	to go in company with
10. 赐予	cìyǔ	to bestow; to grant; to deign

词语注释二

1. 大西北	Dàxīběi	包括陕西、甘肃、宁夏、青海、新疆五省(区),面积共计304.3万平方公里,地域辽阔,占全国陆地面积的31.7%。
2. 敦煌	Dūnhuáng	市名,在甘肃省西部,是古代通往中亚和欧洲的交通要站。
3. 莫高窟	Mògāo Kū	敦煌市境内,是中国四大石窟之一,也是世界上现存规模最宏大,保存最完好的佛教艺术宝库。

4. 鸣沙山　　　Míngshā Shān　　　沙山名。
5. 月牙泉　　　Yuèyá Quán　　　泉名。

练习

一、听后填空：
1. 阳光下的山坡，那一道道连绵起伏的沙峰像大海中_____。
2. 月牙泉，顾名思义，是说它的_____酷似一弯新月。
3. 自然界的泉水虽多，但是和沙山共存的情形却_____。
4. 月牙泉虽经常遇到强风却没有被流沙_____，地处干旱的沙漠戈壁却始终没有_____。
5. 月牙泉_____、_____、_____三面都是山，只有_____面是风口。
6. 沙山在人沿沙面_____时才会产生鸣响。

二、听后选择正确答案：
1. 游客观赏月牙泉是在什么地方？
　　A. 月牙泉边　　　B. 鸣沙山上　　　C. 鸣沙山下
2. 关于月牙泉，下面哪一种说法是正确的？
　　A. 月牙泉四面都是沙山。
　　B. 月牙泉在两座沙山中间。
　　C. 月牙泉三面是沙山。
3. "鸣沙山和月牙泉是大漠戈壁中的一对孪生姐妹"这句话的意思是
　　A. 沙山和泉水互相依靠。
　　B. 沙山和泉水共同存在。
　　C. 沙山和泉水同时产生。
4. 下面哪一点不是月牙泉的主要成因？
　　A. 地处沙漠之中。　　B. 不同的气流保持平衡。　　C. 地下有含水层。

三、听后回答问题：
1. 月牙泉和鸣沙山的得名原因各是什么？
2. 月牙泉和鸣沙山沙与泉共存的地貌景观是如何形成的？

鸣沙山与月牙泉

三 腾冲热海

中国著名的火山、地热资源集中于黑龙江五大连池、西藏羊八井、云南腾冲和台湾。腾冲地处云南西部边疆,处处留下了火山活动的遗迹。地热与火山是相伴而生的。腾冲是中国著名的地热风景区,地热资源极其丰富且景象壮观。腾冲热海和火山群一起,被列为国家级风景名胜区。

腾冲热泉

词语注释一

1.	地热	dìrè	heat of the earth's interior; terrestrial heat
2.	呼呼	hūhū	onomatopoeia
3.	沸水	fèishuǐ	boiling water
4.	直径	zhíjìng	diametre
5.	噗噜	pūlū	onomatopoeia
6.	蒸腾	zhēngténg	(of steam) to rise
7.	牧童	mùtóng	cowboy; buffalo boy
8.	柴草	cháicǎo	firewood
9.	间歇	jiànxiē	intermission

词语注释二

1.	羊八井	Yángbājǐng	位于拉萨西北约90公里处,念青唐古拉山下的盆地内,占地面积约15平方公里。
2.	腾冲	Téngchōng	县名,位于云南西部边陲,距昆明700公里。
3.	大滚锅	Dàgǔnguō	泉名。
4.	蛤蟆嘴	Hámazuǐ	泉名。

练习

一、听后选择正确答案：

1. 腾冲的温泉、热泉大约有多少处？
   A. 40　　　　　B. 60　　　　　C. 80
2. 传说中"牛掉进沸泉"的故事发生在哪儿？
   A. 大滚锅　　　B. 蛤蟆嘴　　　C. 珍珠泉
3. 大滚锅的水温最高达多少度？
   A. 95 ℃　　　　B. 97 ℃　　　　C. 102 ℃
4. 在腾冲，人们是如何发挥地热资源的优势的？
   A. 在泉水中游泳　B. 用泉水治病　C. 在热泉中烧牛肉
5. 关于腾冲，下面哪一点是不正确的？
   A. 泉水多且集中　B. 泉水类型丰富　C. 到处可以洗浴

二、解释句中加点部分的词语：

1. 大家好，欢迎你们来到地热之乡——腾冲旅游。
2. 云南热泉最多最集中的地方当数腾冲。
3. 腾冲以温泉遍布、泉水热力强大且外观奇特著称于世。
4. 这是热海之中最为壮观的一个盆形的沸水池。
5. 池内泉水不分昼夜地猛烈翻滚，发出"噗噜、噗噜"的声音，就像水烧开的大滚锅。

三、听后回答问题：

1. 腾冲地热景观除了温泉多、热力强大，还有什么特点？
2. 同样是热泉，"大滚锅"和蛤蟆嘴有什么不同？
3. 腾冲地热对哪些疾病有疗效？

大滚锅

说话部分

一 华清池

要求：

骊山风景区是国家首批公布的风景名胜保护区之一，华清池是其中景点之一。请参考提供的词语和句式，根据提供的材料介绍一下华清池（400字）。

参考词语与句式：

依 临 距 优越 相传 请抬头看 闻名遐迩 千百年来
一边……一边…… 一处……另一处……

材料：

地理位置：	南边靠骊山，北边面对渭水，西边离西安30公里。
景区特点：	风景秀丽，名胜古迹、名人轶事众多，温泉日夜涌流。
历史沿革：	2700年前的西周时，温泉已被发现。唐玄宗天宝六年（747年），兴建行宫，改名为"华清宫"，因建在汤池上，又名"华清池"。华清池华丽宏伟。安史之乱后遭毁坏。现在的建筑只是唐华清宫的一小部分，是在清代重建的基础上不断整修扩建而成的，占地面积85,560平方米。其中许多亭台楼阁和泉池，都是1949年后修建恢复的。近年来，唐华清宫遗址区域内先后发掘、出土了中国现存唯一的一处皇家汤池群落。
相关典故：	从公元714~755年，唐玄宗36次来华清宫"避寒"。上演过唐明皇与杨贵妃的千古爱情传奇。
华清池游览顺序：	九龙汤→飞霞殿→汤殿遗址→飞霞阁→温泉源头。
九龙汤：	湖面5,300平方米，有杨玉环雕像，好像刚洗完温泉出来，低头含笑。
飞霞殿：	曾是唐玄宗和杨玉环居住过的地方。
汤殿遗址：	在华清池中区，1982年考古专家在4,200平方米的面积内发现了5个汤池遗址，并确认它们

华清池杨贵妃塑像

	是历史上记载的星辰汤、莲花汤、海棠汤、太子汤和尚食汤。在这些遗址上建成的仿汤殿群于1990年正式对外开放。星辰汤是唐太宗沐浴的地方。传说可看见日月星辰。莲花汤是唐玄宗沐浴的地方。海棠汤,是唐玄宗专为杨玉环修建的,也称贵妃池。唐玄宗每次来避寒总带有大量的随从,尚食汤是供他们洗浴的汤池。
飞霞阁:	据传杨玉环每次洗浴后,都要登上亭子晾头发,同时观看风景,所以又叫"晾发台"。
温泉源头:	共有四处矿泉,一处是西周时开发的,三处是1949年以后挖的。长年恒温43摄氏度,水质纯净温和,富含47种矿物质和微量元素,具有较高的医疗价值,特别适宜洗浴,现设有公共浴池。

二 天下第二泉

要求:

　　江苏省无锡市西部的惠山,泉水众多,"天下第二泉"就在惠山脚下。请根据提供的材料,参考所给的词语和句式说一段"天下第二泉"的导游词(300字)。

参考词语与句式:

> 位居　甘美　称赞　杰出　名扬天下　最负盛名　驰名中外
> 也就是……　数……最……　出自……之手　请跟……往下走

材料:

锡惠公园概况:	位于惠山脚下,距市中心约2.5公里,是集清幽的山林、众多的文物古迹和休闲游乐设施于一体的综合性大型园林,有惠山、龙光塔等胜迹,有传统的惠山泥人。惠山岩石层为石英砂岩,地下水从地层中涌向地面时,水中的杂质被过滤掉,无色透明,含矿物质少,水质好。
惠山泉水:	惠山多清泉,历史上传说有"九龙十三泉",其中二泉最有名。二泉的开凿,是在唐大历末年,原名惠泉。唐朝茶圣陆羽《茶经》,排列天下名泉20处,以惠山泉为第二,故又名"陆子泉"。
二泉概况:	分上、中、下三池。上池八角形,水质最好,表面张力大,水满杯隆起数毫米而不外流,水色透明,甘冽可口。周围青石围栏磨得十分光滑,特别是脚

天下第二泉

踩的位置,石栏深陷成几个缺口,是近千年以来,人们取泉煮茶的结果。中池方形,水质较差。宋高宗,筑亭于二泉上,名"二泉亭"。现在的亭子是清同治初年(1862年)重建的。泉亭上有元朝著名书法家赵孟頫所书"天下第二泉"石刻。下池最大,约50平方米,长方形,凿于宋代。每到秋季农历15的晚上9时至11时,一轮明月就会倒映在清池中。

游览顺序:　　上池→中池→下池。

相关典故:

1. 唐代时无锡地方官把"二泉"水送往长安。宋朝苏东坡饮"二泉"水后,评价"色味两奇绝"。宋徽宗时"二泉"水被列为贡品,每个月要供应朝廷100坛二泉水。清代康熙、乾隆两帝都是六次下江南,每次都到"二泉"赏泉品茶。
2. 民间音乐家瞎子阿炳(1893年7月~1950年12月),曾在惠山一带艰难地生活,创作出乐曲《二泉映月》。音乐表达了对黑暗社会的控诉和对光明的憧憬。阿炳共留下《二泉映月》、《听松》、《寒春风曲》等三首二胡作品和《大浪淘沙》、《龙船》、《昭君出塞》等三首琵琶作品,其中《二泉映月》获二十世纪华人经典音乐作品奖,是世界十大名曲之一。惠山东麓有阿炳墓,公园内有他的铜像。

你去过中国的森林公园吗?

森林公园是为人们提供旅游观光、科普教育、休息、娱乐等户外活动的场所。它以森林(天然林或者人工林)为主体,还包含有受到保护的自然景观,如瀑布、湖泊、温泉、岩洞、特殊地貌等,建有完善的生活服务设施,有便利的交通。有些森林公园与当地的人文景观、文化历史遗迹相辉映,增加了森林公园的文化内涵。森林公园的建立始于20世纪初。中国地域辽阔,地形复杂、气候多变,为建立各种特色鲜明的森林公园提供了优越的条件。中国第一个森林公园是建于1982年的湖南省张家界国家森林公园,至2005年10月,中国已经建立各类森林公园1,771处,其中国家级森林公园565处,11处森林公园被联合国列入世界遗产保护名录,7处森林公园被列入世界地质公园。

除了张家界国家森林公园外,其他有名的森林公园还有:陕西宝鸡的太白山国家森林公园、云南西双版纳的西双版纳国家森林公园、重庆的四面山森林公园、四川甘孜的海螺沟森林公园、安徽滁州的琅琊山森林公园、吉林长春的净月潭森林公园、浙江杭州的千岛湖森林公园、新疆伊犁的那拉提森林公园、山东日照的日照海滨公园等。

第十二课

中国海岸景观

概说部分

　　海岸连接着大陆和海洋,是陆地和海洋相互作用的地带。浩瀚(hàohàn)的大海和各式各样的海岸地貌,构成一幅幅壮丽的图画,让人流连忘返。

　　翻开中国地图,我们可以看到一条长长的海岸线,自辽宁省的鸭绿江(Yālù Jiāng)口朝西南方向蜿蜒(wānyán)而下,绕过辽东半岛,经河北,过天津,向东经过山东半岛,沿上海、江苏、浙江、福建东部,一路南下,在广东汕头(Shàntóu)附近,转变为朝西的方向,顺着广东、广西的南部边缘(biānyuán),曲曲折折地走向中越边界。中国东临太平洋,沿岸有渤海、黄海、东海和南海四大边缘海。海岸线蜿蜒绵长,仅大陆海岸线就有18,000公里,加上沿海的大小岛屿,海岸线总长达32,000公里。

　　中国海岸线从南到北跨越了一系列地质构造带和温带、亚热带、热带三个气候带,自然条件复杂,海岸地貌类型齐全,拥有许多旅游价值很高而且各具特色的风景区。在海水的冲蚀(chōngshí)下,海岸上形成奇异的海蚀崖、海蚀洞、海蚀平台、海蚀柱等,如大连金石滩、普陀山的梵音洞和潮音洞、青岛沿岸的石老人、海南岛的南天一柱等。而沙质海岸,往往沙滩平缓,沙质细软,海水清澈,是进行日光浴、游泳和各种海上体育运动的好地方。在中国,这种海滩很多,如大连海滨、青岛海滨、北戴河海滨、昌黎(Chānglí)黄金海岸、普陀山海滨、海南三亚海滨、广西北海银滩等都是著名的旅游胜地。中国北方地区多低平的淤泥(yūní)质海岸,如辽东湾、渤海湾和江苏北部海岸等。退潮时,可到海滩上挖贝壳、捉螃蟹(pángxiè),观看各种海鸟等等。

在中国北回归线以南的部分地区，还发育着珊瑚礁海岸和红树林海岸。珊瑚礁海岸和红树林海岸属于生物海岸。

珊瑚是生长在热带和亚热带地区的海洋生物，需要浪平水清、阳光充足的浅水环境。珊瑚礁海岸有极高的观赏价值，在台湾、海南岛、广西沿岸均有广泛分布。南海诸岛大多由环礁组成，以东沙群岛最为典型。海南岛和雷州半岛沿岸，由珊瑚礁构成的平台宽达500~2,000米，上面生长着各种形状的活珊瑚。五彩缤纷的珊瑚引来各种美丽的热带鱼，成为极具魅力的风景资源。

珊瑚

海南岛文昌、三亚、雷州半岛，福建南部和珠江口都有红树林分布。红树林组成一条绿色的海洋林带，护卫着海堤和农田免受海浪冲击，同时也为当地海岸增添了独特的风光。

阅读部分

钱塘江大潮

到过海边的人，都会看到这样的景象：海水有时候像野马，向岸边奔来；有时候又像逃兵，退到离岸很远的地方。海水这种有规律的涨落，就叫做潮汐。在中国，浙江省海宁县钱塘江的潮汐可不同一般，它声势浩大，汹涌澎湃，自古就被称为"天下奇观"。钱塘江与南美洲的亚马逊河、南亚的恒河，并称世界三大强流涌潮河流。在世界三大强流涌潮中以海宁的涌潮最为雄奇、优美。每年农历八月十五到八月十八是钱塘江潮汐最大的时候，浙江海宁盐官镇一带则是观潮的最佳地点。

潮来的时候，只看见远远的天边，有一条白线在微微抖动，同时还传来细微的声响。瞬间，那条白线已变成千万匹并驾齐驱的白马，用极快的速度向岸边奔跑过来。潮水越来越近，迅速形成一堵8米左右的"高墙"，以排山倒海之势推进，最快可达每小时24公里。潮水发出雷鸣般的响声，方圆几十公里内都可听见。这就是闻名天下的钱塘江大潮。

潮汐是地球、月亮与太阳之间引力关系的变化引起的，这种现象在世界上各个海湾都有。那么为什么钱塘江的潮汐会如此壮观，而且在八月十五前后会最大

一线潮

呢？这是因为农历每月的初一前后和十五前后，太阳、月亮和地球排列在一条直线上，太阳和月亮的引力合在一起，吸引地球表面的海水，所以每月初一和十五的潮汐比较大。特别是中秋节前后，是一年中地球离太阳最近的时候，因此每年农历八月十五前后的潮汐是一年中最大的。

为什么钱塘江大潮比其他河口的潮水更加壮观呢？这显然与它特有的自然条件有关。杭州湾钱塘江入海口的形状像一个大喇叭，外面宽、里面窄，出海处宽达100公里，而往西逐渐收缩为20公里左右，最狭窄处盐官镇附近，差不多只有3公里宽。海水刚进江口，水面宽，越往里就越受河流两岸地形的约束，海水只好涌积起来，并且越积越高；加之钱塘江流出的河水受到阻挡，又促进水位增高，好像一道道直立的水墙。另外由于潮流的作用，大量泥沙不断地被海水带到杭州湾来沉积下来，在钱塘江口形成一个体积巨大的沙堆。潮来的时候，当海水推着江水涌向钱塘江江口的时候，沙堆挡住了潮头，就使得潮头越涌越高。当后面的海水不断涌入时，就形成了后浪赶前浪、一浪叠一浪波澜壮阔的钱塘江大潮。

词语注释一

1. 规律	guīlǜ	rule; law; discipline
2. 潮汐	cháoxī	tide
3. 声势浩大	shēngshì hàodà	great in strength and impetus
4. 汹涌澎湃	xiōngyǒng péngpài	surging; turbulent; tempestuous
5. 瞬间	shùnjiān	in a instant
6. 并驾齐驱	bìng jià qí qū	to run neck and neck; to keep pace with sb.
7. 堵	dǔ	quantifier (of walls)

8. 排山倒海	pái shān dǎo hǎi	overwhelming; gigantic
9. 喇叭	lǎba	trumpet; bugle; horn
10. 约束	yuēshù	restriction
11. 波澜壮阔	bōlán zhuàngkuò	surging forward with great momentum; unfolding on a magnificent scale

词语注释二

1. 亚马逊河	Yàmǎxùn Hé	世界上流量最大、流域面积最广的河流。位于南美洲,全长6,400多公里,为世界第二大河。
2. 恒河	Héng Hé	南亚地区最长、流域面积最广的河流。发源于喜马拉雅山南坡,流经印度和孟加拉国,全长2,580公里。
3. 海宁	Hǎiníng	地名,地处浙江省北部,南部濒临钱塘江。
4. 杭州湾	Hángzhōu Wān	位于中国浙江省东北部,有钱塘江注入,是一个喇叭形海湾。
5. 盐官	Yánguān	镇名,位于浙江海宁县。

练习

一、读后判断正误：
1. 钱塘江大潮形成于杭州湾。　　　　　　　　　　　　　　（　）
2. 钱塘江潮在世界三大强流涌潮中是最大的。　　　　　　　（　）
3. 钱塘江的潮汐一年四季都有,最大的是夏潮。　　　　　　（　）
4. 农历八月十五,地球离太阳和月亮最近,故中秋节前后的潮汐最大。（　）
5. 钱塘潮特别壮观,钱塘江的流速和水量是其主要原因。　　（　）

二、模仿例句改写所给的句子：
1. 浙江海宁的钱塘江与南美洲的亚马逊河,南亚的恒河,并称为世界三大强流涌潮河流。

中国的四大石窟指山西大同的云冈石窟、河南洛阳的龙门石窟、甘肃敦煌的莫高窟以及甘肃天水的麦积山石窟。

泰山、华山、恒山、衡山、嵩山一起被称为五岳。

2. 浙江海宁的钱塘江潮汐非同一般,它声势浩大,汹涌澎湃,自古就被称为"天下奇观"。

路南石林的奇石参差峥嵘,千姿百态,很长时间以来就被人们称为"天下第一奇观"。

鸣沙山由于其景色奇特,长期被人们称为"沙漠奇观"。

3. 在世界三大强流涌潮中以海宁的涌潮最为雄奇、优美。

在江南园林中,苏州的园林是最有名的。

巫山十二峰,各具特点,其中神女峰是最秀丽的。

4. 浙江海宁一带则是观潮的最佳地点。

观瀑亭和观瀑台是观看黄果树瀑布最好的位置。

在庐山观看日出最好的位置是含鄱口和五老峰。

三、读后回答问题:

1. 钱塘大潮为什么自古被称为"钱塘奇观"?
2. 钱塘江的大潮是如何形成的?什么时候是理想的观潮时间?

听力部分

一 请到天涯海角来

我们都知道天和地都是无边无际的,但在海南省三亚市却有一个地方被人们称为"天涯海角",因为在古代,在当时人的眼中,那里就是天地的边际。今天导游就要带我们去那里看一看。

天涯海角

词语注释一

1. 宇宙	yǔzhòu	universe
2. 流放	liúfàng	to banish; to exile
3. 恶劣	èliè	wicked; vile

4. 眼帘	yǎnlián	eyesight
5. 支撑	zhīchēng	to sustain; to support
6. 化身	huàshēn	embodiment; incarnation
7. 安居乐业	ān jū lè yè	to live and work in peace and contentment
8. 感慨	gǎnkǎi	sigh with emotion

词语注释二

| 1. 三亚市 | Sānyà Shì | 位于海南省最南部。 |
| 2. 程哲 | Chéng Zhé | 人名。 |

练 习

一、听后判断正误：

1. 过去人们认为，天和地是没有边际的。　　　　　　　　　　（　）
2. 海南在古代交通不便，环境恶劣，远离都城。　　　　　　　（　）
3. 在唐宋时期，罪犯们常流放海南地区。　　　　　　　　　　（　）
4. 在"天涯海角"的东、西、南、北四个方向分别有四根大柱子。（　）
5. "南天一柱"是支撑着一块巨石的一根大柱子。　　　　　　（　）
6. "天涯"、"海角"两块巨石都超过 10 米。　　　　　　　　　（　）
7. "天涯"、"海角"四个字被刻在巨石上已经 260 多年了。　　（　）

二、模仿例句改写所给的句子：

1. 为什么这个地方会被称为"天涯海角"呢？这还得从中国古人的宇宙观说起。
   蛇岛是怎么被人发现的呢？那就要说一说 20 世纪 30 年代的一件事。
   要知道"雅丹"这一名称的由来，就要先回到 19 世纪末叶至 20 世纪初叶。
2. 请大家看正前方，首先映入我们眼帘的是一块参天巨石。
   我们已经进入了石林景区，我们首先看到的是石林第一景"出水观音"。
   登上石阶，来到孙中山先生的墓室，我们首先看到的是一尊孙中山先生的塑像。
3. 此事距今已有 260 多年的历史了。
   南京的古城墙历史悠久，建于 600 多年前的明朝。
   青岛的天后宫是青岛最古老的建筑群，是 500 多年前建造的。

三、请说说"天涯海角"得名的由来。

北 海 银 滩

广西北海银滩,以"滩长、沙白、水净、浪软、空气好、无鲨鱼"而被称为"中国第一滩"。光着脚走在二十多公里长的银滩上,宽阔、平坦的沙滩一定会让你觉得身体舒适、心情愉快。这里是极为理想的海滨浴场和海上运动场所。

北海银滩

词语注释一

1. 鲨鱼　　　shāyú　　　　shark
2. 海滨　　　hǎibīn　　　　plage; seashore
3. 总和　　　zǒnghé　　　 summation
4. 人次　　　réncì　　　　 person-time
5. 泛　　　　fàn　　　　　 to drift out; to spread out
6. 循环　　　xúnhuán　　　circulation
7. 淹没　　　yānmò　　　　to submerge; to flood
8. 急不可待　jí bù kě dài　　extremely anxious

练习

一、听后判断正误:
1. 银滩国家级旅游度假区始建于1992年10月。　　　　　　( )
2. 很久以前,在银滩曾经出现过大白虎。　　　　　　　　( )
3. 银滩长100多米,宽20多米。　　　　　　　　　　　　( )
4. 银滩每天可以接纳14万至15万人次下海游泳。　　　　( )
5. 北海银滩度假区适合各种类型的病人来疗养。　　　　　( )

二、听后选择正确答案:
1. 银滩度假区位于北海市( )。
　A. 东南部　　B. 西南部　　C. 北部

2. 银滩的得名是因为(　　)。
    A. 这里的沙是银白色的。
    B. 这里的沙在阳光下泛出银光。
    C. 太阳照在海面上,泛出银色的光。
3. 银滩非常适合游泳,最主要的原因是(　　)。
    A. 海滩又长又宽,可容纳很多人。
    B. 沙又细又白,而且柔软。
    C. 地势平坦,海水由浅入深。
4. 银滩被称为"南方北戴河"主要是因为它(　　)。
    A. 适合游泳。
    B. 适合疗养。
    C. 适合日光浴。

三、模仿例句改写所给的句子:

1. 北海银滩就是以"滩长平、沙细白、水温净、浪柔软、无鲨鱼、空气好"被称为"中国第一滩"的。

    石林被称为"天下第一奇观"的原因是这里奇石林立,怪石峥嵘。

    趵突泉被称为"天下第一泉",是因为它的泉水清澈透明,味道甘美。

2. 银滩有100多米宽,绵延20多公里,面积超过北戴河、青岛、大连、烟台、厦门海滨浴场的总和。

    香港岛的南区位于香港岛南部,是香港四区中面积最大的一区,它的面积比其他三个区的总面积还大。

    人民大会堂是一座伟大的建筑,它的建筑面积比故宫内所有殿堂的总面积还大。

3. 在阳光的照射下,洁白的沙滩泛出银光,这正是为什么这里被改称为"银滩"的原因。

    这里的五个池子通过白河连接起来,形状就像五个串起来的珠子,所以人们称之为五大连池。

    这座观景楼之所以命名为"六奇阁",是因为这里可以看到六种奇特的景观,即奇山、奇水、奇石、奇云、奇特的植物、奇特的动物。

北海银滩

三 大连的"后花园"——金石滩

金石滩国家旅游度假区由东部半岛、西部半岛及两个半岛之间的平地和海水浴场组成。温暖、湿润的气候使这里被称作"东北小江南",全区绿化覆盖率46.2%,这里空气清新,海域清洁度属国家一类,是当之无愧的"大连后花园"。诞生于六亿年前的岩石散落在绵延的海岸线上,形态各异,被世界地质学界称为"天然地质博物馆"、"神力雕塑公园"。

金石滩

词语注释一

1.	当之无愧	dāng zhī wúkuì	to be worthy of
2.	毗邻	pílín	to be adjacent to
3.	海蚀	hǎishí	to be washed and eroded by sea water
4.	海藻	hǎizǎo	marine alga; seaweed
5.	纹理	wénlǐ	veins; grain
6.	盛开	shèngkāi	to be in full bloom
7.	龟裂	jūnliè	(of skin) to chap
8.	乌龟	wūguī	tortoise
9.	壳	ké	carapace
10.	方格	fānggé	check
11.	沉积岩	chénjīyán	sedimentary rock
12.	标本	biāoběn	exemplar; sample

词语注释二

1.	大连	Dàlián	市名,位于辽宁省辽东半岛南端。

| 2. 黄海 | Huáng Hǎi | 黄海位于中国东部，西临山东半岛和苏北平原，东边是朝鲜半岛，北端是辽东半岛。 |

练习

一、听后判断正误：

1. 金石滩在大连东北部，濒临黄海。　　　　　　　　　　　（　　）
2. 大连有很多美丽的花园，"玫瑰园"就是其中之一。　　　（　　）
3. 在金石滩度假区有很多沙滩雕塑。　　　　　　　　　　　（　　）
4. 金石滩以这里各种奇形怪状的礁石而闻名。　　　　　　　（　　）
5. "龟裂石"其实就是乌龟背上的壳。　　　　　　　　　　　（　　）

二、听后选择正确答案：

1. 金石滩旅游度假区的陆地面积为（　　）平方公里。
   A. 50　　　　B. 58　　　　C. 62
2. "玫瑰园"得名是因为（　　）。
   A. 这里种植了大片的玫瑰。
   B. 大片的海藻看起来很像玫瑰。
   C. 有一种海藻，名字叫"玫瑰"。
3. "天下第一奇石"指（　　）。
   A. 珍藏在"奇石馆"中的一块石头。
   B. "玫瑰园"中的一块长满海藻的石头。
   C. 外形奇特的"龟裂石"。
4. "奇石馆"中收藏的珍品大概有（　　）多种。
   A. 200　　　　B. 500　　　　C. 1,000
5. 下面的说法中不正确的是（　　）。
   A. 金石滩是国家级风景名胜区。
   B. 金石滩的海岸线上，有100多处海蚀景观。
   C. "龟裂石"形成于3亿年前。

三、模仿例句改写所给的句子：

1. 金石滩国家旅游度假区，位于大连市东北端的黄海之滨，毗邻大连经济技术开发区。

   宁波市与东海相连，靠近上海。

   承德市与渤海相连，与北京、天津等市靠近。

2. 众所周知,大连是一个美丽的花园城市。
   泰山是"五岳之首",这是大家都知道的事情。
   很多人都知道,南京是中国的"四大火炉"之一。
3. 玫瑰园占地千余平方米,由一百多块高达数丈的怪石组成。
   稻城亚丁这块美丽的土地面积大概在 7,323 平方公里左右。
   武夷山风景区的面积为 60 平方公里。

说话部分

一 黄金海岸

要求:

请根据提供的材料,参照所给的词语和句式介绍一下昌黎黄金海岸的情况(300字左右)。

参考词语及句式:

占　适宜　罕见　吸引　巨大　平坦　独特　容纳　海岸线
自古就是……　和……相比　由于……的作用　两者不同的是……
相当于……　以……吸引

材料:

地理位置:　位于河北省东北部秦皇岛市昌黎县沿海,东接渤海。

相关背景:　20 世纪 80 年代初期,中国科学院地理研究所的旅游地理专家对华北地区沿海旅游资源进行调查时,"黄金海岸"被发现了。此后,逐渐变得非常有名。

景区特点:　其他海滨一般具有的是秀美的峰峦和礁石,而这里海岸上分布着一道道沙山,起伏的沙丘、连绵的沙滩和碧蓝的大海构成了世界罕见的海洋大漠风光。自然条件优越,海水、沙滩、森林、阳光、空气五个方面的条件都完全具备,非常适合避暑。

成　因:　在海潮和季风作用下,在海

昌黎海岸沙堤

岸边形成了一道道非常巨大的沙山,这些沙山有的高达 30~40 米。

海 岸 线: 长 52.1 公里,是河北省海岸线总长度的 10.7%,其中 26.8 公里属优质沙底海岸,可发展为近百个浴场,同时可以有 30 万人下海,差不多是北戴河海滨浴场的 3.6 倍。

级 别: 是国务院 1990 年 9 月 30 日批准建立的首批五个国家海洋类型自然保护区之一。

评 价: 中国的"黄金海岸",可与澳大利亚著名的黄金海岸媲美,是"东方的夏威夷"。

二 红树林

要求:

请根据提供的材料,参照所给的词语和句式介绍一下湛江红树林自然保护区的情况(300 字左右)。

参考词语及句式:

分布　公顷　面积　特有　防护　繁殖　调节　纵横交错　生态平衡
……被定为……　　不仅……而且……　　是……的重要因素

材料:

景点名称:　　　　　　湛江红树林自然保护区。
地理位置:　　　　　　广东省湛江市境内。
红树林生长环境:　　　生长在热带和亚热带沿海地区,中国南部海岸河川出口处的浅滩处常常可以看到,是南方特有的植物。
保护区面积:　　　　　1.9 万公顷,是中国面积最大的红树林带。
受保护情况:　　　　　1997 年成为国家级自然保护区,2002 年 1 月被列入国际重要湿地名录,成为中国 21 个国际重要湿地之一。
红树林的外部形状:　　一年四季都是绿的。它们的根往往交叉、夹杂地生长在污泥中,形成一大片一大片非常密集的植物群落。潮水涨时,树冠好像浮在水面,很像绿色的岛屿。
形态特点:　　　　　　在形态上较为突出的特征是具有发达的支持根、板根和呼吸根。红树林的支持

红树林

得名原因：根稳固地扎根在水中；板根则使其树干基部扩大，可以抵挡风浪的冲击；呼吸根外表常具有粗大的气孔，利于气体交换。
外表并不是红色的。外皮中的韧皮部分含有一种特殊的物质——丹宁，可提炼红色染料；刮开皮后，树干是红色的。

生态功能：

1. 可以保护海岸，使海岸避免受到海水和风暴侵蚀，是很好的"海岸卫士"。
2. 也是"陆地建造者"。红树林不断生长繁殖，促使海岸扩展，形成新的陆地，因而也是调节海湾河口生态平衡的重要因素。
3. 也是动物最好的栖息场所。如今，保护区内拥有数量和种类众多的鹤类、鹳类、鹭类等水禽及其他湿地动物，据初步统计，仅鸟类就有82种，其中留鸟38种、候鸟44种。

你喜欢避暑旅游吗？

夏季来临，人们为了躲避居住地的高温到气候凉爽的地方避暑，或者到海、湖、河、溪戏水降温，这种消夏休闲的季节性旅游方式就是避暑旅游。

中国具有避暑旅游的优越条件。中国的避暑旅游区大体包括三类：一是山地、高原型。该型利用气候的垂直变化规律，为旅游者提供了躲避酷暑的好去处，如江西庐山、井冈山，湖北神农架、九宫山，湖南张家界，浙江天目山，福建武夷山，河南鸡公山等。云贵高原、内蒙古和青藏高原区的河、湖、林地也都属于此种类型。二是海滨型。由于海洋的影响，海滨夏季气温比内陆低，以温和湿润为特点，如青岛、大连、北戴河、厦门都是这种气候类型的旅游城市。三是高纬度型。东北高寒地区，如哈尔滨、镜泊湖一带都是很好的避暑胜地。

金石滩

第十三课

中国岛屿景观

概说部分

　　中国的东部,是一望无垠(yí wàng wú yín)的大海,6,000多个大大小小的岛屿,犹如一粒粒的珍珠,散落在波涛汹涌的大海上。这些岛屿总面积约8万平方公里,占全国领土总面积的0.8%。

　　中国的岛屿按照成因可分为基岩岛(jīyándǎo)、火山岛、冲积岛(chōngjīdǎo)和珊瑚岛(shānhúdǎo)四种。

　　基岩岛原来是沿海山地的一部分,后来因为地壳下降或海水上升,低处被水淹没,高处突出海中而成为岛屿。这种岛屿数量最多,地形也最复杂,如长山群岛、庙岛群岛、舟山群岛、台湾岛、海南岛都属于这一类型。台湾岛在中国诸多(zhūduō)的岛屿中,面积最大,为35,788平方公里;海南岛是中国第二大岛,地势是中央高、四周低。海南岛属于热带气候,是中国发展热带作物种植事业的重要基地。舟山群岛位于杭州湾以东的浙江北部沿海,由大小600多个岛屿组成,面积1,200平方公里,是中国沿海最大的群岛,其中舟山岛面积最大,约500多平方公里,是中国第四大岛。

　　冲积岛主要分布在河口处,它们是河中的泥沙在河水、海水共同作用下沉积而成的,这种岛屿的地形以平坦为特征。中国的冲积岛较少,主要分布在冲积平原的临海地区,以长江口的崇明岛(Chóngmíng Dǎo)最为典型。由于长江泥沙的大量堆积,崇明岛目前仍然在不断扩大。珠江口外、台湾西海岸、滦河(Luán Hé)三角洲及韩江三角洲等地区都有一些冲积岛。

　　由海底火山爆发(bàofā)喷出的岩浆(yánjiāng)物质堆积而成的岛屿叫火山

岛。中国的火山岛较少,主要分布在台湾周围,如火烧岛、兰屿、棉花屿以及澎湖列岛(Pénghú Lièdǎo)的大部分。

珊瑚岛是由珊瑚的骨骸(gǔhái)及其他贝壳(bèiké)堆积起来的岛屿。珊瑚岛具有地势低平、面积较小的特点。中国的珊瑚岛主要分布在海南岛以东和以南的南海海域,主要岛屿有东沙群岛、西沙群岛、南沙群岛以及中沙群岛等,这四大群岛与黄岩岛一起构成了南海诸岛。

南沙群岛

中国沿海的岛屿分布很不均匀,主要集中在浙江、福建、广东、海南四省,其次是辽宁、山东、台湾三省。上述(shàngshù)各省岛屿之和,占中国全部岛屿的90%以上。除南海诸岛距离大陆较远外,绝大部分岛屿环绕在中国内地海岸线的东南边缘。

江河和湖泊中被水环绕的陆地也叫岛屿,著名的有青海湖中的鸟岛、洞庭湖中的君山岛、太湖中的西山岛等等。

阅读部分

蛇岛

在辽东半岛南部、距旅顺港不远的地方,有一个小岛,全岛呈不规则长方形,西高东低,长1,500米,宽700米,面积0.8平方公里。岛上风景秀丽、草木丛生,却没有人居住。原来这个岛是蝮蛇的王国,岛上生活着成千上万的蝮蛇。因此人们送它一个名字——"蛇岛"。

蛇岛的最高处海拔大约215米,西面和北面都是光秃秃的悬崖和峭壁,岛的东南部分布着四条山沟,山沟里草木茂盛,看起来非常平静,可实际上,在这些草丛中却盘踞着许许多多的蛇,可以说,这里就是一个蛇的世界。60年以前,当地人都知道这个岛的存在,却没有人上去过,至于岛上生存着成千上万条蛇,就更鲜为人知了。20世纪30年代初,当时需要在岛上修建一座灯塔,人们上岛勘察,才发现岛上遍地是蛇,从此"蛇岛"之名闻名于世。1963年,这里建立起了自然保护区,保护蛇岛上的蛇类。1980年,该保护区成为全国重点自然保护区之一,保护区内严禁捕杀蛇类等生物。

蛇岛

这个小小的蛇岛上,究竟有多少蛇,至今仍然没有确切数字。过去有人猜测蛇岛上共有50万条蛇,之后又有30万条、15万条、5万条、3万条等种种估计数字。这些数字相差很大,令人怀疑。直到1984年底,科研人员在蛇岛采用科学方法,确认蛇岛目前有蝮蛇约1.2万条,每年产幼蛇1,000条左右。显然,这一数字较为可靠。尽管前人估计的数字偏大,但蛇岛上蝮蛇数量逐年减少,却是事实。在1963年自然保护区建立之前,当地人去蛇岛捕杀蝮蛇的现象十分严重,有的人一次捕捉蝮蛇竟达1,000多条!很显然,这样的人为捕杀,严重地破坏了蛇岛上的生态系统。现在,自然保护区建立起来了,原来的生态平衡才得以渐渐维持与恢复。

词语注释一

1.	规则	guīzé	regular; inerratic
2.	丛生	cóngshēng	to grow thickly
3.	蝮蛇	fùshé	viper
4.	光秃秃	guāngtūtū	bald; bare
5.	盘踞	pánjù	to be entrenched; to occupy illegally or forcibly
6.	鲜为人知	xiǎn wéi rén zhī	to be known by few people
7.	严禁	yánjìn	to prohibit strictly
8.	生态系统	shēngtài xìtǒng	ecosystem
9.	生态平衡	shēngtài pínghéng	ecological balance

词语注释二

1. 辽东半岛　　Liáodōng Bàndǎo　　中国第二大半岛,位于辽宁省南部。
2. 旅顺港　　　Lǚshùn Gǎng　　　　地处黄海、渤海交接处,是京津重要门户,历来为军事要港。

练 习

一、读后选择正确答案:

1. 蛇岛被许多人知道是在(　　)。
   A. 60 年以前　　　B. 20 世纪 30 年代　　　C. 1963 年
2. 关于蛇岛上的蛇的数量,准确的数字是(　　)条。
   A. 1.2 万　　　　B. 15 万　　　　C. 50 万
3. 关于蛇岛,下列说法不正确的是(　　)。
   A. 蛇岛上四面有悬崖和峭壁
   B. 蛇岛蝮蛇的数量越来越少
   C. 蛇岛的形状是不规则的
4. 蛇岛建立自然保护区,主要是为了(　　)。
   A. 保护海洋景观
   B. 保护蛇类
   C. 保护岛上风景
5. 关于蛇岛自然保护区,下列说法正确的是(　　)。
   A. 是在 1980 年建立的。
   B. 是国家级自然保护区。
   C. 使生态环境迅速恢复。

二、读后选择词语填空:

1. 在辽东半岛南部、_____旅顺港不远的地方,有一个小岛。(朝、距、向)
2. 岛的东南部_____着四条山沟,草木茂盛,群蛇盘踞,是一个蛇的世界。(分散、散布、分布)
3. 60 年以前,当地人都知道这个岛的存在,却没有人上去过,_____岛上面生存着成千上万条蛇,就更鲜为人知了。(关于、对于、至于)
4. 保护区内_____捕杀岛类和蛇类等生物。(严肃、严格、严禁)
5. 1984 年底,科研人员确认蛇岛目前有蝮蛇约 1.2 万条,每年产幼蛇 1,000 条左右。显然,这一数据较为_____。(信任、相信、可靠)

三、读后回答问题:
1. 蛇岛位于什么地方?是怎么被发现的?
2. 蛇岛老铁山自然保护区建立以后,产生了什么影响?

听力部分

 长江口的明珠——崇明

　　地处长江口的崇明岛,面积1,000余平方公里,是中国几大岛屿中唯一的由泥沙堆积而成的冲积岛。崇明岛的形状东西长,南北窄。崇明岛的形成与长江口的变化是紧密联系在一起的。由于长江口在不停变化,所以崇明岛的形状也仍处于不断变动之中。

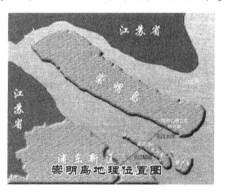

崇明岛地理位置图

词语注释一

1. 堆积	duījī	to pile up; to deposit
2. 次于	cìyú	inferior to
3. 螃蟹	pángxiè	crab
4. 黑压压	hēiyāyā	a dense mass of
5. 趋势	qūshì	trend; direction
6. 候鸟	hòuniǎo	a bird of passage; migratory bird
7. 美不胜收	měi bú shèng shōu	more beauty than one can take in
8. 定位	dìngwèi	to fix position; to orientate

词语注释二

1. 启东	Qǐdōng	县名,地处长江三角洲,长江入海口的北岸,三面环水,形似半岛。
2. 华东	Huádōng	指中国东部地区,包括山东、江苏、浙江、安徽、江西、福建、台湾七省和上海市。

练 习

一、听后判断正误:
1. "蟹岛"是人们对崇明岛的美称。　　　　　　　　　　(　　)
2. 崇明岛的四面都是海。　　　　　　　　　　　　　　(　　)
3. 崇明岛是世界上第三大冲积岛。　　　　　　　　　　(　　)
4. 崇明岛上到处都长满了芦苇。　　　　　　　　　　　(　　)
5. 崇明岛的形状一直都在变化。　　　　　　　　　　　(　　)
6. 将来,崇明岛有可能不再是岛屿了。　　　　　　　　(　　)

二、听后选择正确答案:
1. 崇明岛的土地总面积为(　　)平方公里。
 　　A. 1,229　　　B. 1,329　　　C. 2,229
2. 崇明岛形成的主要原因是(　　)。
 　　A. 海底的地质运动造成的。
 　　B. 入海口的泥沙沉积形成的。
 　　C. 海岸的礁石不断堆积形成的。
3. 崇明岛的三大奇景是(　　)。
 　　A. 森林多、芦苇多、泥沙多。
 　　B. 螃蟹多、候鸟多、芦苇多。
 　　C. 螃蟹多、芦苇多、岛的形状不断变化。
4. 如今,崇明岛位置变动的趋势是(　　)。
 　　A. 向东靠　　B. 向西靠　　　C. 向北靠
5. 上海市政府把"崇明岛"定位为(　　)。
 　　A. "后花园"　B. 森林公园　　C. 生态岛

"蟹岛"崇明的螃蟹

三、模仿例句改写所给的句子：

1. 崇明岛的面积仅次于台湾岛和海南岛，是中国的第三大岛。

   山东曲阜的孔庙是中国规模最大的孔庙，它的规模仅仅比故宫的建筑群小一些。

   中国拥有草原近4亿公顷，居世界第二位，澳大利亚居世界第一位。

2. 作为世界最大的泥沙冲积岛，崇明岛有着自己独特的资源和景观。

   北京是中国的首都，它有着悠久的历史和文化。

   上海是中国最大的现代工业城市，它有着东西方文化的交流，也有着传统文化和现代文化的融合。

3. 岛上不仅有历史悠久的古迹，更有华东最大的东平国家森林公园和亚洲最大的候鸟保护区。岛上的风景，真可谓美不胜收。

   武夷山有奇秀的山水，而且还有中国东部保存最为完整和典型的中亚热带森林系统，风景美丽。

   五台山的自然风景壮美，而且还有著名的佛教景观，景色迷人。

四、两个人一组，口头讲述一下崇明岛的三大特点。

 鼓浪屿的风情

鼓浪屿在厦门市西南，四面环海，呈椭圆形。这里环境安静，道路清洁，树木葱郁，空气清新，有"海上花园"的美誉。现在，鼓浪屿被列为国家重点风景名胜区。

鼓浪屿日光岩

词语注释一

1.	岩洞	yándòng	cave; grotto
2.	擂	léi	to beat (a drum)
3.	异国	yìguó	exotic
4.	追溯	zhuīsù	to trace back to; to date from
5.	领事馆	lǐngshìguǎn	consulate
6.	华侨	huáqiáo	overseas Chinese
7.	别墅	biéshù	villa
8.	码头	mǎtou	dock

9. 演奏	yǎnzòu	to play (music)
10. 教会	jiàohuì	the Christian Church
11. 密度	mìdù	density
12. 轮	lún	measure word

词语注释二

1. 鼓浪屿	Gǔlàng Yǔ	岛名，位于厦门市西南。
2. 清朝	Qīng Cháo	朝代名，公元1636年~1911年。
3. 日光岩	Rìguāng Yán	景点名。
4. 郑成功	Zhèng Chénggōng	明清之际收复台湾的名将（1624年~1662年）。

练 习

一、听后判断正误：

1. 鼓浪屿整个岛的形状是半圆形的。（   ）
2. 鼓浪屿的交通很方便，岛上开通了很多公共汽车。（   ）
3. 鼓浪屿面积不大，坐旅游车只需一个小时就可以环岛一周。（   ）
4. "钢琴家"是鼓浪屿的美称之一。（   ）
5. 鼓浪屿上有很多具有中国古典特色的建筑。（   ）

二、听后选择正确答案：

1. 鼓浪屿的得名是因为(   )。
   A. 岛上的一个岩洞里有一个鼓。
   B. 岛上的人们喜欢擂鼓。
   C. 海浪拍打岩洞的声音像擂鼓。
2. 鼓浪屿富有异国情调的建筑是(   )建造的。
   A. 外国政府和华侨。
   B. 外国政府和外国商人。
   C. 外国富商和华侨。
3. 下面哪一个不是鼓浪屿的美称(   )。
   A. 海上花园   B. 圆沙洲   C. 万国博物馆

4. 关于鼓浪屿,下面说法不正确的是( )。
   A. 现在很多国家在岛上建领事馆。
   B. 明朝以前没有"鼓浪屿"这个名字。
   C. 日光岩是有名的观看日出的地方。

三、模仿例句改写所给的句子:
1. 这是什么原因呢?这就要追溯到清朝末年的时候。
   为什么海南岛被称为"天涯海角"?这要从中国古代说起。
   "五大连池"这个名字怎么来的呢?这要从很久以前的地质运动说起。
2. 如今这里钢琴多达几百架,其密度居全国之冠。
   浙江省的风景名胜区的数量在全国是最多的。
   北京今年的降水量在这五年中是最多的。
3. 山顶上有两块巨大的岩石,一高一低,高的一块直立,低的一块横躺,称为骆驼峰,它也是鼓浪屿的标志。
   袋鼠是最能代表澳大利亚的动物。
   黄山松是最能代表黄山的旅游景观之一。

海上仙山——嵊泗列岛

嵊泗列岛位于浙江省北部海域,由404个岛屿组成。岛上的礁石星罗棋布,滩地类型复杂多样,沙滩绵长,树木茂密,风光独特,常可见各种海鸟在海面上飞翔。嵊泗列岛历来被人们誉为"海上仙山"。

嵊泗列岛

词语注释一

1. 星罗棋布	xīng luó qí bù	scattered all over like stars in the sky
2. 列岛	lièdǎo	island chain
3. 弧形	húxíng	arc; camber
4. 内陆	nèilù	inland
5. 日照	rìzhào	sunshine
6. 海蚀洞	hǎishídòng	sea cave; marine cave

7. 元宝　　　　　yuánbǎo　　　　　shoe-shaped gold or silver ingots
8. 晃动　　　　　huàngdòng　　　　to rock; to shake

词语注释二

1. 嵊泗　　　　Shèngsì　　　　　岛屿名。
2. 黄龙岛　　　Huánglóng Dǎo　　嵊泗列岛中的岛屿之一。
3. 花鸟岛　　　Huāniǎo Dǎo　　　嵊泗列岛中的岛屿之一。
4. 穿心洞　　　Chuānxīn Dòng　　景点名。
5. 泗礁岛　　　Sìjiāo Dǎo　　　　嵊泗列岛中的岛屿之一。
6. 穿鼻洞　　　Chuānbí Dòng　　 景点名。
7. 礁岩洞　　　Jiāoyán Dòng　　 景点名。
8. 大洋岛　　　Dàyáng Dǎo　　　嵊泗列岛中的岛屿之一。
9. 通天洞　　　Tōngtiān Dòng　　景点名。
10. 通海洞　　Tōnghǎi Dòng　　 景点名。

练习

一、听后判断正误：
1. 游船停靠的码头在一个海湾内。　　　　　　　　　　　　（　　）
2. 嵊泗列岛气候温和，冬冷夏凉。　　　　　　　　　　　　（　　）
3. 嵊泗列岛与上海隔海相望，属于上海市。　　　　　　　　（　　）
4. 嵊泗列岛是国家级风景名胜区。　　　　　　　　　　　　（　　）
5. 古代的文人，在嵊泗列岛留下了不少诗句。　　　　　　　（　　）

二、听后填空：
1. 嵊泗列岛位于浙江省_____海域。
2. 嵊泗列岛一年四季气候温和，最冷的月份平均气温为_____℃，最热的月份平均气温_____℃。
3. 岛上阳光_____，全年日照长度为 2,150 小时。
4. 礁石、岩洞，是嵊泗列岛风景资源最重要的_____部分。
5. 黄龙岛的元宝石，它位于黄龙岛的_____，是两块外形_____的巨石。
6. 嵊泗列岛不仅有着优美的自然景观，而且_____也十分丰富。

三、听后回答问题：

1. 嵊泗列岛的海湾是什么形状的？
2. 嵊泗列岛的气候有什么特点？
3. 嵊泗列岛最重要的风景资源有哪些？

说话部分

一 海南岛

要求：

海南岛是中国第二大岛，请你参考所给的词语和句式，利用提供的材料说一段关于海南岛的导游词(300字左右)。

参考词语和句式：

{ 出产　充足　位于　降水量　仅次于　平均气温　温暖如春
长……公里，宽……公里　　居……之冠　　与……隔海相望
面积……平方公里　　以……最为 }

材料：

地理位置： 雷州半岛的南边，北与雷州半岛之间隔着琼州海湾。琼州海峡宽约20公里，是海南岛和大陆间的海上"走廊"，又是北部湾和南海之间的海运通道。

基本情况： 东北—西南向长约300多公里，西北—东南向长约180公里。形状像一个梨，面积为3.22万平方公里，仅仅比台湾岛小。人口724万，有汉、黎、苗、回等民族。环岛海岸线长达1,580公里，处处有椰林，水清沙细，是中国南方美丽的度假胜地。

地　　形： 以南渡江中游为界，北部大部分是台地和火山风光。南部则多山地，著名的有五指山。

气　　候： 年平均气温在24℃左右，是全国年平均温度最高的地方。7月份温度最高，但平均温度只有28.4℃；1月份最冷，但

海南岛海边

平均气温为17.2℃。"四时常花,长夏无冬",雨水很丰富,8、9月份雨水最多,年降水量为1,600毫米左右。

物　　产：　矿产丰富,还有多种多样的热带植物,如:橡胶、咖啡、可可、椰子、槟榔、胡椒等。此外,渔业资源丰富,如热带海洋中的各种鱼类,以及龙虾、对虾等。

二　永兴岛——南海中最大的珊瑚岛

要求：

在中国的南海中,散布着无数个大大小小的珊瑚岛。请你根据指定的词语和句式,利用提供的材料说一段关于永兴岛的导游词(300字左右)。

参考词语和句式：

{ 丰富　迷人　温和　盛产　此外　又称为……

不仅……而且……　除了……还……　由……堆积而成 }

材料：

珊瑚岛形成原因：珊瑚是生长在热带和亚热带地区的海洋生物。珊瑚喜欢群居。珊瑚虫到处漂游,一旦碰到海岸边的岩石或礁石就会稳定下来,开始生长,并分泌出石灰质形成骨筋与外壳。它们死后,骨骼和遗骸堆积起来,其后代又在上面继续繁殖,慢慢地就形成了坚硬的珊瑚礁和珊瑚岛。珊瑚岛一般分布在海洋中较浅的水域。

永兴岛：

地理位置：　南海中的岛屿自北向南分为东沙群岛、西沙群岛、中沙群岛和南沙群岛,总称为南海诸岛。西沙群岛位于南海中部,永兴岛位于西沙群岛中。

气候条件：　热带海洋性季风气候,常年炎热、湿润,但无酷暑。年平均温度26~27℃。

景点概况：　面积1.85平方公里,永兴岛虽是西沙群岛中最大的岛,也是南海诸岛中最大的岛。东西长1,950米,南北宽1,350米,平均海拔5米。西沙、南沙、中沙群岛办事

空中看永兴岛

实用综合旅游汉语 自然景观篇

|周围环境：|处设在该岛上。岛上已经修建起商店、银行、邮局等各种设施。景色迷人，海产品也丰富多样。除了珊瑚以外，这里还有种类多样的珊瑚礁鱼类。这些鱼色彩艳丽，外形奇特。此外，这里还盛产各种藻类和贝类。珊瑚、海鱼、藻类和贝类共同组成了一个绚丽的海底世界。|

最佳旅游时间：每年的 11 月到次年的 4 月底，这段时间气候温和，海上风浪小。

交通情况：
1. 飞机：从三亚、陵水起飞，用不了一小时就到，单程费用 400 元。
2. 舰船：有每月从文昌出发的补给船和不定期从三亚的补给舰，航程约十五小时左右。
3. 渔船：在海南包渔船去乐趣更多，但是风险较大，费用较高，时间很长。

你去过哪些旅游度假区？

　　旅游度假区（holiday resorts）是以娱乐、度假、休养为主要功能的旅游地类型，也称为休假地。旅游度假区一般修建在自然环境优美的海边、湖边、矿泉或森林区，为旅游度假的人们提供自成系统的休闲、娱乐活动和餐饮、住宿服务。各种类型的饭店是旅游度假区的核心部分。

　　最早的旅游度假区起源于欧洲的矿泉区，主要为社会上层人物服务。在英国、德国、瑞士、澳大利亚等国家，早在 18 世纪度假旅游就已经十分广泛。20 世纪开始，西方国家大众化度假旅游的需求迅速增加，旅游度假区进入飞速发展的时代，涌现出一批著名的海滨和山区度假胜地。从 80 年代开始，随着亚太地区经济的发展，度假旅游也开始在这一地区兴盛，并逐渐成为国际度假旅游的热点地区。进入 90 年代，中国的旅游业也开始从观光型向观光度假型转变，并建设了一批旅游度假区。1992 年 10 月 4 日，国务院正式批准建立 11 个国家旅游度假区。它们是：大连金石滩国家旅游度假区、青岛石老人国家旅游度假区、江苏太湖国家旅游度假区、上海佘山国家旅游度假区、杭州之江国家旅游度假区、福建眉洲湾及武夷山国家旅游度假区、广州南湖国家旅游度假区、北海银滩国家旅游度假区、昆明滇池国家旅游度假区、三亚亚龙湾国家旅游度假区。

第十四课

中国生物景观

概说部分

　　生物景观是由动植物构成的景观类型。动植物是自然界中最活跃、最有生机的因素。它们是自然生态环境的主体,也是自然景观的重要组成部分。中国由于土地广袤(guǎngmào),地形复杂,气候类型多样,因而生物景观异常丰富。

　　中国自然植被有着明显的地带性。东南部主要以森林为主,西北部主要是草原和荒漠。在东部湿润和半湿润地区,从北到南分布着寒温带落叶针叶林区、中温带针叶阔叶林(kuòyèlín)混合林区、暖温带落叶阔叶林区、亚热带常绿阔叶林区、热带季风雨林区。

　　东北的大小兴安岭和长白山区,是中国最大的天然林区,到处是红松、落叶松等针叶林和白桦(báihuà)、杨树等阔叶林。在西南天然林区,主要有云杉(yúnshān)、冷杉、云南松,还有珍贵的紫檀(zǐtán)、红木、金钱松、水杉、珙桐(gǒngtóng)、杜仲(dùzhòng)、香果树等。西双版纳(Xīshuāng Bǎnnà)是中国少有的热带阔叶林区,有"植物王国"之称。

　　西北部的干旱区、半干旱区域分布着温带森林草原和草原区、温带荒漠和半荒漠区以及高寒草原灌丛区。

　　中国的草地多分布在北部和西部。在从东北到西南绵延3,000多公里的广阔草原上,分布着许多畜牧业基地。内蒙古草原是中国最大的天然牧场,新疆天山南北也是重要的天然草场。

　　在中国各地还有着数以千万计的花卉(huāhuì)植物,梅、菊(jú)、荷(hé)等都是中国的名花,牡丹(mǔdān)更有国花之称。

中国动物资源同样十分丰富。东北林区有耐寒动物紫貂(zǐdiāo)、黑熊、棕熊等；在小兴安岭和长白山区，生活着一类保护动物——东北虎；嫩江(Nèn Jiāng)中下游沼泽地带有珍稀鸟类丹顶鹤(dāndǐnghè)。西北和青藏高原，动物以耐寒耐旱为特色，如牦牛(máoniú)、羚羊(língyáng)；半沙漠地带的野马、野骆驼等大型动物全球仅见于新疆和内蒙。青藏高原东沿的横断山区，气候和植被的垂直分布十分明显，这里是大熊猫、金丝猴、白唇鹿等珍稀动物的原产地。这里还有闻名的药材动物麝(shè)以及多种鸟类。南方热带、亚热带地区动物种类多而个体数目少。最珍贵的热带典型动物是长臂猿(chángbìyuán)、亚洲象和绿孔雀。长江中下游地带，水域广大，生活着白鳍豚(báiqítún)、扬子鳄(yángzǐ'è)等国家一类保护动物。

牦牛

中国候鸟资源也十分丰富。新疆巴音布鲁克(Bāyīnbùlǔkè)天鹅保护区、青海湖鸟岛、贵州威宁草海等，都是著名的鸟类王国。

多种类型的植被和各种珍禽异兽，使各地的自然景观呈现出不同的特色，避免了单调感，为开发生物景观特色旅游提供了丰厚的物质前提。

阅读部分

卧龙自然保护区

卧龙自然保护区东西长52公里，南北宽62公里，面积70万公顷，位于四川省汶川县境内，离成都市区120公里左右，1975年经国务院批准建立国家级保护区，1980年加入联合国教科文组织国际"人与生物圈"保护区网，主要保护大熊猫及高山森林生态系统。

本区地处岷江上游、邛崃山的东坡，为青藏高原向四川盆地过渡的高山峡谷区，最高峰海拔6,250米，最低海拔1,150米。海拔超过5,000米的山峰就有101座，有众多的"V"字形山谷和梳齿状、峰林状地貌。这里群山环抱，溪水长流，云雾缭绕，景色宜人。

由于北、西、南三面环山，保护区形成了一个半封闭的地形，冬季阻止了南下的寒流，夏季的东南季风则可以从东部进入，带来了充沛的雨水，所以夏季凉爽湿润，而冬季并不特别寒冷，给植物的生长创造了有利条件。本区属亚热带湿润气候，但随着海拔的升高，植被类型出现有规律的

雪豹

垂直变化。独特的自然条件使该区保存下来不少古老的孑遗物种和特有物种。又由于人为影响相对较弱，从而为多种生物的生存和繁衍提供了良好的环境。保护区内生长着近4,000种植物，其中国家重点保护植物有珙桐、红豆杉等珍贵树种。

本区野生动物资源丰富，是"天然动植园"，仅高等动物就约450种，既有猕猴、云豹等喜温湿的南方动物，也有马麝、雪豹等耐寒的高原和北方动物。其中被列为国家重点保护动物的除了大熊猫还有金丝猴、白唇鹿等四五十种。

卧龙更是以"熊猫之乡"享誉中外。这里地势较高而湿润，十分适宜竹子的生长。保护区有8种竹类可供大熊猫食用，为大熊猫生存繁衍提供了优越条件。卧龙是中国最大的大熊猫保护区，是地球上仅存的几处大熊猫栖息地之一。区内野生大熊猫占全国总数的10%，圈养大熊猫数量约占全世界的40%。保护区内设有大熊猫研究中心、大熊猫繁殖饲养场和大熊猫野外生态观察站。

卧龙是典型的自然生态旅游区，不仅可以观赏、了解大熊猫等珍稀动物，还可以亲身领略原始森林、高山草甸、瀑布等奇妙的自然景观。卧龙变化多样的森林植被和稀有的动植物资源吸引着无数中外游客和科学工作者前来游览。

词语注释一

1. 梳齿	shūchǐ	the teeth of a comb
2. 垂直	chuízhí	perpendicular; vertical
3. 变迁	biànqiān	change; transition
4. 孑遗	jiéyí	the sole survivor

5. 繁衍	fányǎn	to breed; to reproduce
6. 珙桐	gǒngtóng	Chinese dove tree
7. 红豆杉	hóngdòushān	Chinese yew; one of the rarest herbal trees
8. 猕猴	míhóu	macaque; rhesus monkey
9. 云豹	yúnbào	clouded leopard
10. 马麝	mǎshè	a type of big musk deers
11. 雪豹	xuěbào	snow leopard
12. 金丝猴	jīnsīhóu	golden monkey; smub-nosed monkey
13. 白唇鹿	báichúnlù	white-lipped deer, one of the rare animals in (china)
14. 享誉	xiǎngyù	to enjoy high prestige
15. 栖息	qīxī	to dell; to stay
16. 圈养	juànyǎng	to feed in a pen
17. 饲养	sìyǎng	to raise; to rear

词语注释二

| 1. 汶川县 | Wènchuān Xiàn | 位于四川省阿坝州东南部。 |
| 2. 邛崃山 | Qiónglái Shān | 位于四川省西部,南北延伸,是四川盆地和川西高原的分界,海拔 4,000 米左右,最高峰四姑娘山海拔 6,250 米。 |

练 习

一、读后判断正误:

1. 卧龙保护区属四川省,地处四川盆地内。　　　　　　　　　　　(　　)
2. 卧龙只有野生大熊猫,没有人工培育的大熊猫。　　　　　　　　(　　)
3. 卧龙保护区保护的不只是大熊猫。　　　　　　　　　　　　　　(　　)
4. 卧龙属于亚热带湿润气候,所以没有耐寒动物。　　　　　　　　(　　)
5. 大熊猫的主食是竹子,卧龙竹资源丰富,适宜熊猫的生存繁衍。　(　　)
6. 卧龙不仅有动植物旅游资源,还具有其他类型的自然景观。　　　(　　)
7. 到卧龙保护区来参观的都是游客。　　　　　　　　　　　　　　(　　)

二、解释句中加点部分的词语：

1. 1975年经国务院批准建立国家级保护区。
2. 海拔超过5,000米的山峰就有101座，有众多的"V"字形山谷和梳齿状、峰林状地貌。
3. 既有猕猴、云豹、水鹿、灵猫等喜温湿的南方动物，也有白唇鹿、岩羊、马麝、豹等耐寒的高原和北方动物。
4. 卧龙更是以"熊猫之乡"享誉中外。
5. 卧龙是中国最大的大熊猫保护区，是地球上仅存的几处大熊猫栖息地之一。
6. 卧龙变化多样的森林植被和稀有的动植物资源吸引着无数中外游客和科学工作者前来游览。

三、读后回答问题：

1. 卧龙为什么会有丰富的动植物资源？
2. 卧龙保护区在哪些方面发挥作用？

听力部分

一 呼伦贝尔草原

呼伦贝尔草原风光绮丽，是成吉思汗的故乡。它位于内蒙古东北部，面积为25万平方公里，因呼伦湖和贝尔湖而得名。呼伦贝尔草场质量极好，是内蒙古主要的畜牧区，出产著名的三河马、三河牛；由于未受到污染，被人称为"绿色净土"。

呼伦贝尔草原

实用综合旅游汉语 自然景观篇

词语注释一

1.	绮丽	qǐlì	beautiful; enchanting; gorgeous
2.	畜牧区	xùmùqū	pastoral area
3.	浩瀚	hàohàn	vast; immense
4.	辽阔	liáokuò	extensive; vast
5.	丰美	fēngměi	lush; luxuriant
6.	骏马	jùnmǎ	fine horse; gallant horse
7.	游牧	yóumù	to rove around as a nomad
8.	缕	lǚ	measure word
9.	炊烟	chuīyān	chimney smoke
10.	蒙古包	měnggǔbāo	Mongolian yurt
11.	垒	lěi	to build by piling bricks, clay, stone, etc.
12.	房基	fángjī	foundation of a building
13.	毛毡	máozhān	felt
14.	手扒肉	shǒupáròu	stewed meat eaten with hands, traditional Mongolian food
15.	哈达	hǎdá	a piece of silk used as a greeting gift among the Zang and Monggol nationalities
16.	悠扬	yōuyáng	(of music, etc.) melodious; mellifluous
17.	马头琴	mǎtóuqín	a well-knon Mongolian musical instrument, bowed stringed instrument with a scroll carved like a horse head

词语注释二

1.	呼伦贝尔	Hūlún Bèi'ěr	中国最大的草原。
2.	成吉思汗	Chéngjísīhán	蒙古开国君主,蒙古族和中华民族的英雄。
3.	呼伦湖	Hūlún Hú	中国第五大淡水湖,总面积2,339平方公里。
4.	贝尔湖	Bèi'ěr Hú	呼伦贝尔草原的西南部边缘,是中蒙两国共有的湖泊。
5.	三河马	sānhémǎ	名种马,体型健美,速度极快。
6.	三河牛	sānhéniú	名种牛,优良的乳、肉兼用品种。
7.	勒勒车	lèlèchē	蒙古式牛车,北方草原上的古老交通运输工具。

练习

一、听后判断正误：
1. 游客们到草原的时候一些牧民已开始做饭。（　）
2. 勒勒车是牧民的交通工具，是一种特殊的汽车。（　）
3. 蒙古包是圆形尖顶的一种民居。（　）
4. 草原上的年轻人能歌善舞，老年人擅长弹奏马头琴。（　）

二、听后选择词语填空：
1. 女士们，先生们，你们好。欢迎你们来到呼伦贝尔草原_____。（光临、观光、观赏）
2. 呼伦贝尔草原_____辽阔，水草丰美。（领域、地方、地域）
3. 呼伦贝尔是中国生态保持较好、_____受污染的大草原之一。（未、没、不）
4. _____过后，到处是成群的牛羊和骏马。（春风、大风、微风）
5. 坐上草原的"勒勒车"走一走，同样可以找到游牧生活的_____。（乐趣、快乐、兴趣）
6. 主人_____上奶茶和各种奶制品请大家品尝。（拿、端、托）

三、听后回答问题：
1. 蒙古包有哪些优点？
2. 在草原什么时候可见"到处是成群的牛羊和骏马"的景象？
3. 好客的牧民会怎么招待客人？

蜀南竹海

中国有着十分丰富的竹林资源，分布区域东起台湾，西到西藏，北到山西，南及海南。国家级风景名胜区蜀南竹海，位于四川西南部，距宜宾市81公里，面积120平方公里，海拔600~1,000米，是以竹景为主要特色、兼有文物古迹的风景名胜区。景区内28座山岭全是茂密的竹林，犹如绿色的海洋，绿透了天府的南端。

翡翠长廊

词语注释一

1. 端	duān	end; terminal; extremity
2. 竹笋	zhúsǔn	bamboo shoots
3. 硬度	yìngdù	hardness
4. 韧性	rènxìng	toughness
5. 遮天蔽日	zhē tiān bì rì	to blot out the sky and the sun (said of a dense forest)
6. 砂石	shāshí	grit; sand
7. 心旷神怡	xīn kuàng shén yí	carefree and joyous; relaxed and happy
8. 登高望远	dēng gāo wàng yuǎn	to ascend a height to enjoy a distant view
9. 万顷	wànqǐng	vast expanse
10. 大饱口福	dà bǎo kǒufú	to have the luck to eat sth. delicious; to have a hearty meal

词语注释二

1. 蜀南	Shǔ nán	四川南部。
2. 宜宾	Yíbīn	市名,在四川省南部。
3. 天府	tiānfǔ	指土地肥沃,物产丰富的地方,一般称四川为"天府"或"天府之国"。
4. 楠竹	nánzhú	竹名,即毛竹。
5. 黑竹	hēizhú	竹名。
6. 人面竹	rénmiànzhú	竹名。
7. 东汉	Dōng Hàn	朝代名(公元25年~220年)。
8. 观云亭	Guānyún Tíng	景点名。
9. 翡翠长廊	Fěicuì Chángláng	景点名。
10. 观海楼	Guānhǎi Lóu	景点名。

练习

一、听后判断正误:
1. 蜀南竹海的竹子的种类很多,楠竹是其中最珍贵的一种。 (　　)
2. 蜀南竹海的竹子是东汉时期开始人工种植的。 (　　)

3. 蜀南竹海在古代就已经有了一定的规模。　　　　　　　　　(　)
4. 翡翠长廊是蜀南竹海标志性景点,其红色路面是人工铺成的。(　)
5. 蜀南竹海一年12个月都可以吃到新鲜的竹笋。　　　　　　(　)

二、听后选择正确答案:
1. 导游着重介绍的是下列哪一个景点?
   A. 观云亭　　　　　B. 翡翠长廊　　　　C. 观海楼
2. 楠竹长出一个半月以后哪一方面不再发生改变?
   A. 高度　　　　　　B. 硬度　　　　　　C. 韧性
3. 下面哪种类型的景观蜀南竹海可能没有?
   A. 洞穴　　　　　　B. 瀑布　　　　　　C. 河流
4. "大家漫步在幽深秀丽的长廊中,一定会对'心旷神怡'四个字有更深的体会。"这句话的意思是
   A. 游览竹海的过程是学习的过程。
   B. 在实际生活中能更好地理解成语。
   C. 翡翠长廊让游人感觉身心愉悦。
5. 游客游览竹海的时间应该是什么时候?
   A. 上午　　　　　　B. 中午　　　　　　C. 下午

三、听后回答问题:
1. 蜀南竹海为什么以"海"命名?
2. 为什么说"美丽的竹海真是处处有美景"?
3. 为什么导游说在竹海可以大饱口福?

热带雨林奇观

西双版纳地处云南省最南端,是全国唯一的热带雨林自然保护区。景区内分布着大量的热带及亚热带雨林、原始森林,蕴藏丰富的生物宝藏,生物种类占全国总数的四分之一以上,珍禽异兽比比皆是,奇花异草随处可见。

西双版纳

实用综合旅游汉语 自然景观篇

词语注释一

1. 奇花异草	qí huā yì cǎo	exotic flowers and rare trees
2. 北回归线	běihuíguīxiàn	Tropic of Cancer
3. 稻	dào	paddy; rice
4. 绞杀	jiǎoshā	to strangle; to choke to death
5. 望天树	wàngtiānshù	Parashorea chinensis
6. 乔木	qiáomù	arbor
7. 病虫害	bìngchónghài	plant disease and insect pest

词语注释二

1. 西双版纳	Xīshuāng Bǎnnà	指西双版纳傣族自治州，是傣族聚居区之一。
2. 跳舞草	tiàowǔcǎo	植物名。
3. 落地生根草	luòdìshēnggēncǎo	植物名。
4. 勐腊	Měnglà	县名，位于西双版纳东南部。

练习

一、听后判断正误：

1. 西双版纳有 5,000 多种珍稀动物。（　）
2. 在本次的游程中，游客只观赏植物，不观赏动物。（　）
3. 望天树在高度上可以称为植物界的世界冠军。（　）
4. 1977 年建造毛主席纪念堂用了三棵望天树。（　）
5. 望天树最高可以长到 80 多米。（　）
6. "空中走廊"和"望天树"在同一个景区。（　）

二、听后填空：

1. 西双版纳有 20,000 平方公里的_____。
2. 人们称西双版纳为北回归线上的_____。
3. 热带雨林中的奇观异景将会让大家_____。
4. 望天树主干_____，极少分枝长杈，青枝绿叶聚集在_____，形成一个绿色伞罩。

5. 在"空中走廊"上，可以_____一下在高空摇荡的刺激，还可以_____热带雨林的全貌。

三、听后回答问题：
1. 你能说出几种西双版纳有名的植物和动物吗？
2. 望天树的名字有什么含义？它有哪些特点？
3. "空中走廊"在哪里？有什么功用？

说话部分

一 鹤乡扎龙

要求：
　　请根据提供的材料，参照所给的词语和句式介绍一下扎龙自然保护区的概况（250字左右）。

参考词语及句式：

{ 水禽　属于　拥有　栖息地　星罗棋布　黄金季节
距……公里　不仅……而且　以……为主题　享有……美誉 }

材料：

地理位置：	黑龙江省西部，齐齐哈尔市东南35公里处。
面　　积：	21万公顷。
级　　别：	1987年晋升为国家级自然保护区，1992年被列入"世界重要湿地名录"。
气　　候：	温带半湿润大陆性季风气候。
形成原因：	乌裕尔河流淌至此失去了河道，河水漫溢而成为一大片永久性沼泽区，在广阔的草甸、草原之间形成许多小型浅水湖

丹顶鹤

泊。大片的芦苇、碧蓝的湖水、湖中的小鱼、小虾吸引众多的鸟类。

受保护的动物情况： 独特的地理位置和典型的湿地生态系统使扎龙成为中国甚至世界知名的鸟类繁殖和生存的处所。有35种重点保护鸟类，其中国家一级保护鸟类8种，二级保护鸟类3种，省级重点保护鸟类17种。扎龙在世界鹤类保护中占有重要的地位，这里的鹤种类多，数量大。全世界现存鹤类15种，中国有9种，扎龙湿地就有6种，6种鹤类中有4种是世界濒危鸟类。

最佳旅游时间： 5月~7月(春天丹顶鹤从南方飞来,深秋南下。)

游客所在位置： 扎龙湖观鸟旅游区，长8公里，宽9公里。

游　　程： 看有关扎龙自然保护区和鹤的录像电影→登望鹤楼(远眺鹤类等水禽赖以生存的湿地景观)→参观鹤类驯养繁殖场(可以观赏到鹭、鹳、鹤、鹳等禽类)→到苗圃和草甸草原，看林栖鸟类和草原鸟类。

二 龙脊梯田

要求：

中国南方的山区广泛分布有梯田，其中最著名的有元阳哈尼梯田、广西龙脊梯田等。请根据提供的材料，参照所给的词语和句式说一段龙脊梯田的导游词(350字)。

参考词语及句式：

{ 分布　距今　浩瀚　精华　曲线　一览无余　满山遍野
集……于一体　请跟我登上……　请往东边看
在这里，你可以看到……可以听到…… }

材料：

地理位置： 位于广西龙胜县东南部和平乡境内，距龙胜县城27公里，距桂林市80公里。

面　　积： 66平方公里，其中最精彩的梯田景区20平方公里。

梯田历史： 壮族山民从元朝开始，世代耕种、开垦，完工于清初，有650多年历史。

景观特点： 梯田分布在海拔300至

龙脊梯田

1,100 米之间,坡度大多在 26 至 35 度之间,最大坡度达 50 度,集中,规模大,气势磅礴。高山深谷大落差,使得龙脊梯田周边远有高山云雾,近有河谷急流,形成了世界一绝的自然生态旅游资源。

梯田形状: 把一座座山峰环绕成一只只巨大的螺蛳,围成一座座宝塔。有的像巨扇一样半折半开;有的则像一面镜子被分割成多种图形的碎块。最大的一块田不超过一亩,大多数是碎田块,只能种一两行庄稼。田间小路像一根根细绳从山脚盘绕到山顶。

四季特点: 春如条条银带,夏滚道道绿波,秋叠层层金塔,冬天雪后则是一幅色彩分明的黑白版画。

评　　价: 杰出的稻作文化景观,"世界梯田之冠"。

景区人文景观: 景区内居住着壮、瑶两种民族,以壮族为主,可欣赏独特的服饰,优美的民间舞蹈和山歌,还有古朴的壮乡民居;可品尝龙脊茶和龙脊辣椒、龙脊水酒。

观景地点: 二号观景台,可看梯田全景。东边山峰,周围都是梯田,山顶上有著名景点——"七星伴月":共有七块水田,大小、形状都不相同,在阳光、月光下闪闪发光。

新的旅游形态——生态旅游

传统旅游业在旅游开发的同时,也破坏了当地的自然生态系统,污染了环境,冲击了当地居民的价值观念和文化传统。生态旅游作为一种新的旅游形态,是在 20 世纪 80 年代关注生态问题的国际大背景下产生的,由国际自然保护联盟(IUCN)特别顾问 Ceballas-Lascurain 于 1983 年首次提出。

生态旅游以认识自然、欣赏自然、保护自然、不破坏其生态平衡为基础,具有观光、度假、休养、科学考察、探险和科普教育等多重功能,以自然生态景观和人文生态景观为消费客体,在旅游中不损害环境、自然景观和野生动植物以及自然和文化生态系统。

生态旅游作为一种新的旅游形态,作为绿色旅游消费,已经迅速普及到全球,成为国际上近年新兴的热点旅游项目;同时,世界各国也都根据各自的国情,开展生态旅游,形成各具特色的生态旅游。

第十五课

中国气象气候景观

概说部分

　　气象气候旅游资源包括因天气变化形成的各种景色、不同气候条件下形成的各类旅游胜地。前者称为气象旅游资源,后者称为气候旅游资源。气象、气候是旅游业中不可缺少的一种资源。首先是气象、气候现象本身所具有的美感,如:春暖花开使人感到生机盎然(shēngjī àngrán);秋高气爽使人心情平静;夏日雷电惊心动魄,冬日雪景则能净化心灵;其次,在特殊气候条件下形成的特殊自然景观与人文景观,更是人们观赏的重要内容。

　　中国地域辽阔,气候更具多样性。从北到南,各地具有不同的气候特点,也形成了各具特色的气候景观。既有昆明四季如春的美景,又有哈尔滨银装素裹(yín zhuāng sù guǒ)的冰雪世界。除了纬度分布的不同形成不同的气候景观外,距海的远近、地形地势等的不同也使得各地气候差异很大,从而形成绚丽多姿(xuànlì duōzī)的气象气候景观。

　　云、雾、雨是许多风景名胜区的特色景观,以湿润的南方地区和东部沿海地区较为多见,如黄山、峨眉山、泰山、齐云山的云海,庐山的瀑布云、三清山的响云等都是云中奇景。中国江南,雨期较长,常常细雨如丝,呈烟雾状态,和山水园林相搭配,显得十分有意境。著名的雨景还有"麦积山烟雨"、"巴山夜雨"等。蓝山的"西山晴雪"、九华山的"平冈积雪"、西湖的"断桥残雪"等则是冰雪景观的代表。另外,冬季在北方和湿润的山区常出现雾凇(wùsōng)。雾凇俗称树挂,是雾和水汽遇冷凝结(níngjié)的一种气象景观,吉林市松花江畔的雾凇景观最为有名;黄山、峨眉山、五台山等地有时也有雾凇出现。

观赏日出、日落美景也是旅游中很有吸引力的一项活动。在中国的名山大川，如庐山、泰山、黄山、九华山、崂山、华山、峨眉山、中山等都可以看到壮美的日出日落景观。

庐山云雾

除了日出、日落的美景外，中国还有不少地方以月色而闻名，如北京的"卢沟(Lúgōu)晓月"、西湖的"三潭印月"、无锡的"二泉印月"以及漓江的"象山夜月"等等。

佛光是在山岳顶峰出现的一种气象景观，中国黄山、庐山、泰山、峨眉山等名山都可以观赏到佛光，其中尤以峨眉山金顶佛光最为著名。

蜃景，即海市蜃楼(hǎi shì shèn lóu)不仅出现在海面上，也会出现在沙漠、山顶等地区。观看海市蜃楼的有名之地是山东蓬莱(Pénglái)、江苏海州湾、庐山五老峰等地。

阅读部分

神秘的海市蜃楼

在沙漠中，有时会出现这样的情况：干渴、疲惫的旅行者发现在茫茫的大沙漠的前方突然出现了一片湖水，或是一片森林，或是一座城市，当他欣喜若狂地跑过去，才发现刚才看见的一切根本不存在，眼前仍然还是无边无际的沙漠。在平静的海面上，人们有时也会发现，在海天交接的地方突然出现了车马、房屋、城市等等，过了一会儿，这一切又都统统消失了。这种奇特的景观就是海市蜃楼，简称蜃景。

海市蜃楼是一种大气光学现象，它是大自然跟我们玩的光线的魔法。海市蜃楼常发生在海边和沙漠地区，也常发生在山地和极地冰原地区，偶尔也会出现在城市的上空。它是在大气密度有很大差异的情况下，光线经过大气，发生了折射和全反射的综合结果。海市是传说中海上神仙居住的地方，蜃是传说中的一种龙，它吐出来的气，可以变成楼台。古代的人们误以为，这种现象是蜃吐气而形成的，所以称之为海市蜃楼。海市蜃楼或蜃景都是虚无缥缈的景象。

蜃景，有两个特点，一个是在同一地点重复出现，比如中国的蓬莱、普陀山地区经常会出现蜃景；二是出现的时间比较固定，比如蓬莱的蜃景大多出现在每年的5、6月份。

海市蜃楼——楼群

中国能看到海市蜃楼景象的，有浙江普陀山、江苏连云港海州湾和山东蓬莱、长岛等地，其中尤以山东蓬莱最为有名。

蓬莱由于独特的地理位置和气象条件，成为中国乃至世界上蜃景奇观出现最频繁的地区之一。蓬莱地处山东半岛最北端，北临渤海和黄海。流动的海水将底层海水和海底的低温一起带出水面，海面低温和海峡两岸的高温为海市的出现创造了条件。另一方面，蓬莱、长岛一带多岛屿，岸边的景物相距较近，很容易就被光折射到海里。在日照充足的季节，接近海面的空气呈密度高、温度低的状态，空气密度由下而上陡然减小，光线透过这些不同密度的空气层时便发生折射或全反射，将远处的城市、房屋、树林投影在大气中，从而产生了似真非真、令人惊叹的景色。

词语注释一

1. 海市蜃楼	hǎi shì shèn lóu	mirage
2. 欣喜若狂	xīnxǐ ruò kuáng	jump out of one's skin
3. 蜃景	shènjǐng	mirage
4. 魔法	mófǎ	magic; witchcraft
5. 极地	jídì	polar region
6. 冰原	bīngyuán	ice field; firn
7. 折射	zhéshè	refraction
8. 全反射	quánfǎnshè	perfect reflection
9. 蜃	shèn	a kind of legendary dragon
10. 虚无缥缈	xūwú piāomiǎo	entirely imaginary; illusory
11. 频繁	pínfán	frequently; continually
12. 陡然	dǒurán	suddenly

词语注释二

1. 海州湾　　Hǎizhōu Wān　　位于中国江苏省东北部沿海。
2. 长岛　　　Cháng Dǎo　　　长岛,即庙岛群岛,又称长山列岛,由32个岛屿组成,位于蓬莱北面的海上。

练习

一、读后判断正误:

1. 海市蜃楼是一种奇特的光学现象。　　　　　　　　　　　　（　）
2. 海市蜃楼一年四季都可观赏到。　　　　　　　　　　　　　（　）
3. 海市蜃楼主要是大气密度的不同所造成的。　　　　　　　　（　）
4. 在世界上,蓬莱蜃景出现得最频繁。　　　　　　　　　　　　（　）
5. 海市蜃楼一般出现在日照比较充足的季节。　　　　　　　　（　）

二、解释句中加点部分的词语:

1. 当他欣喜若狂地跑过去才发现,刚才看见的一切根本不存在,眼前仍然还是无边无际的沙漠。
2. 人们有时也会偶然发现,在海天交接的地方突然出现了车马、楼阁、城市等等。
3. 蓬莱由于独特的地理位置和气象条件,成为中国乃至世界上蜃景奇观出现最频繁的地区之一。
4. 在日照充足的季节,接近海面的空气呈密度高、温度低的状态,空气密度由下而上陡然减少,光线透过这些不同密度的空气层时便发生折射或全反射。

三、读后回答问题:

1. 什么是海市蜃楼?有什么特点?
2. 中国哪些地方常常出现海市蜃楼?
3. 蓬莱具有什么条件使得海市蜃楼频繁出现?

听力部分

一 吉林的雾凇

雾凇俗称树挂，是雾和水汽遇冷凝结的一种气象景观，分粒状和晶状两种。粒状雾凇结构紧密，形成一粒粒小小的冰块，而晶状雾凇结构比较松散，呈较大的片状。吉林的雾凇就属于晶状雾凇。各种雾凇中最罕见的品种是毛茸形晶状雾凇，而吉林雾凇正是这种雾凇中厚度大、密度最小、结构最疏松的一种。这种雾凇的组成冰晶将光线几乎全部反射出来，显得格外晶莹剔透，真不愧为"精品中的精品"。

词语注释一

1.	凝结	níngjié	to coagulate; to condense
2.	毛茸	máoróng	trichome
3.	疏松	shūsōng	loose
4.	晶莹剔透	jīngyíng tītòu	glitter and translucent
5.	不愧	búkuì	be worthy of; to deserve to be called
6.	冻结	dòngjié	to freeze; to congeal
7.	苛刻	kēkè	harsh; severe; exacting
8.	朦朦胧胧	méngménglónglóng	dim; hazy; obscure
9.	脱落	tuōluò	to brush off; to break off
10.	诗意	shīyì	poetic quality or flavour

词语注释二

| 吉林 | Jílín | 市名,位于吉林省。 |

练 习

一、听后判断正误:
1. 雾凇是自然界中非常罕见的现象。　　　　　　　　　　　　(　)
2. 吉林市的雾凇的厚度达到了五六十毫米。　　　　　　　　　(　)
3. 寒冷和湿润是形成吉林雾凇的最重要的条件。　　　　　　　(　)
4. 观看松花江上雾景的时间大约在雾凇形成后的晚上。　　　　(　)
5. 欣赏树挂脱落的时间一般在上午10点左右。　　　　　　　　(　)

二、听后填空:
1. 每年最冷的时候,我们这里就会出现这种_____的景观——雾凇。
2. 公路两边的大树上,经过昨晚一夜的低温,雾、水汽被_____在树枝上,形成了一_____、一_____、一_____的雾凇。
3. 雾凇的降临要经历_____复杂的变化过程。
4. 松花江上开始有缕缕雾气,_____,雾越来越大,越来越_____。
5. _____的白雾从江面不停地向两岸飘流,江边的路上形成一条雾流,高楼和灯光在雾中都变得_____,路上的行人也仿佛进入了梦中。

三、模仿例句改写所给的句子:
1. 这种雾凇的组成冰晶将光线几乎全部反射,显得格外晶莹剔透,真不愧为"精品中的精品"。
   无锡惠山泉水质甘甜,被誉为"天下第二泉"。
   涿州市物产丰富、历史悠久,真配得上"天下第一州"这一称号。
2. 中国有不少地方都能看到雾凇,但是,其中尤以吉林市的雾凇最为有名。
   中国很多地方都能看到壮阔的潮汐现象,最有名的是浙江海宁的钱塘大潮。
   在中国,福建的武夷山、安徽的齐云山、江西的龙虎山、广东的金鸡岭、广东韶关的丹霞山都具有丹霞地貌的特征。最有名的是广东韶关的丹霞山。
3. 吉林市雾凇以其具有"冬天里的春天"般诗情画意的美,同桂林山水、云南石林、长江三峡一起被誉为中国四大自然奇观。
   九华山的佛教人文景观非常著名,它和五台山、普陀山、峨眉山一起成为最著名的佛教名山。
   庐山的景色雄奇秀丽、夏天气候凉爽宜人,它和河南鸡公山、浙江的莫干山、河北的北戴河一起是中国四个著名的避暑胜地。

实用综合旅游汉语 自然景观篇

二 黄山的云海

云海是山岳风景的重要景观之一。所谓云海,是指在一定天气条件下形成的云层,并且云层的高度低于山顶高度。当人们站在高山的山顶上俯视云层的时候,看到的是无边无际的云,就像站在海边,看到大海一望无际、波涛起伏,所以这一现象被称为"云海"。日出和日落时所形成的云海五颜六色,最为壮观。

黄山云海

词语注释一

1. 开阔	kāikuò	open; wide
2. 忽隐忽现	hū yǐn hū xiàn	appear faintly
3. 消散	xiāosàn	to scatter and disappear; to dissipate
4. 千军万马	qiān jūn wàn mǎ	a powerful and well-equipped army
5. 白茫茫	báimángmáng	(of mist, snow, floodwater, etc.) a vast expanse of whiteness

词语注释二

1. 光明顶	Guāngmíng Dǐng	黄山三大主峰之一,高1,860米,为黄山第二峰。顶部平坦,为观看日出和云海的最佳地点之一。
2. 天都峰	Tiāndū Fēng	黄山三大主峰之一,高1,810米。
3. 文殊台	Wénshū Tái	景点名。
4. 狮子峰	Shīzi Fēng	山峰名。
5. 始信峰	Shǐxìn Fēng	山峰名。
6. 清凉台	Qīngliáng Tái	景点名。
7. 白鹅岭	Bái'é Lǐng	山峰名。
8. 丹霞峰	Dānxiá Fēng	山峰名。
9. 飞来峰	Fēilái Fēng	山峰名。

练 习

一、听后判断正误：
1. 这篇导游词是在黄山的山脚下解说的。（   ）
2. 和其他地方的云海相比,黄山的云海更有自己的特点。（   ）
3. 黄山一年之中至少有一半的日子都有云雾。（   ）
4. 狮子峰顶和清凉台是观云海和日出的好地方。（   ）

二、听后填空：
1. 大家可以看看我们的脚下,正是大海一般_____的云雾,想必大家一定有心胸_____的感觉。
2. 一般在高山上都可以看见云海,但黄山的云海更具特色,加上_____、_____、_____在云海中_____,更增加了美感。
3. 阳光照耀下,云更_____、松更_____、石更_____。
4. 没有风的时候,云海像一_____铺得_____的棉被,让人想用手感觉一下它的柔软。

三、听后选择正确答案：
1. "黄山四绝"中,最有名最壮观的是（   ）。
   A. 云海　　　　B. 奇松　　　　C. 怪石
2. 黄山云海形成的原因是（   ）。
   A. 因为这里的山峰特别高,所以这里的云特别多。
   B. 这里的天气非常炎热,大量的水汽被蒸发而形成的。
   C. 大量水汽被蒸发,或者雨后雾气没有消散,就形成了云海。
3. （   ）前面为天海,位于前、后、东、西四海中间。
   A. 莲花峰　　　B. 狮子峰　　　C. 光明顶
4. 不能观看到全部五个云海的地方是（   ）。
   A. 狮子峰　　　B. 莲花峰　　　C. 光明顶
5. 观赏黄山云海的最佳季节是在（   ）。
   A. 每年的 5 月到 11 月。
   B. 每年的 5 月份。
   C. 每年的 11 月到次年 5 月。

黄山云海

三 金顶奇观

金顶是中国著名佛教名山和世界文化遗产之一的峨眉山的主峰。金顶海拔 3,077 米，是游峨眉山的终点。这里气候寒冷，四时如冬。这里是峨眉山寺庙和景观最集中的地方，也是峨眉山的精髓所在。

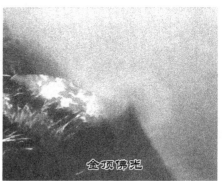

金顶佛光

词语注释一

1.	精髓	jīngsuǐ	marrow; quintessence
2.	魅力	mèilì	charm; fascination
3.	涂	tú	to spread out; to smear
4.	汇聚	huìjù	to assemble; to flock together
5.	延展	yánzhǎn	to extend
6.	地平线	dìpíngxiàn	horizon
7.	漂浮	piāofú	to float
8.	漆黑	qīhēi	as dark as night
9.	磷火	línhuǒ	phosphorescent light
10.	萤火虫	yínghuǒchóng	fireworm
11.	氧元素	yǎngyuánsù	oxygen element
12.	摩擦	mócā	to rub

词语注释二

舍身岩	Shěshēn Yán	景点名。

练 习

一、听后判断正误：
1. 只要登上金顶，游人就可以一次欣赏到金顶的四种奇特景观。（   ）
2. 在金顶，人们可以同时欣赏到彩霞、朝阳、雪山和金色山顶。（   ）
3. "佛光"是阳光照射下的云层的影子。（   ）
4. "圣灯"的产生跟空气中的一种特殊的物质有关。（   ）
5. "圣灯"在白天一般是看不到的。（   ）

二、听后填空：
1. 峨眉山日出却有它独特的_____。
2. 在峨眉山金顶，每当朝阳升上天空，大大小小的山峰立刻_____上了一层金色。
3. 站在金顶，白云从山下慢慢_____，很快_____成浩瀚的云的海洋，一直到天际，群山的峰顶则在云朵中忽隐忽现。
4. 有时，脚下是云，天空中是云，人站在两层云之间，真有一种在云中_____的感觉。
5. 太阳_____在舍身岩下的云层之上，你会看到一个红色_____，紫色_____，中心部分像一面发亮玻璃的彩色光环。你的身影_____光环之中，人动，影子也跟着动。
6. 在没有月光的金顶之夜，_____的舍身岩下，有时能看见一点微弱的亮光。

三、听后选择正确答案：
1. 峨眉金顶的四大奇观是（   ）。
   A. 日出 日落 雪景 佛光
   B. 日出 佛光 圣灯 云海
   C. 佛光 日落 雪景 云海
2. 佛光的景观一般出现在（   ）。
   A. 下雨或下雪的时候。
   B. 雨雪后的晴天。
   C. 多云多雾的天气。
3. "圣灯"的景象指的是（   ）。
   A. 在金顶上，俯视山下的灯光，非常漂亮。
   B. 晚上的时候，金顶上有许多萤火虫，它们发出点点亮光。
   C. 在漆黑的晚上，在舍身岩下，空中会出现悬浮的点点微弱的亮光，就像万家灯火。

峨眉山金顶

4. 关于"金顶四大奇观",下面说法不正确的是( )。
   A. 金顶的日出有自己独特的地方。
   B. 佛光出现在舍身岩下的云层上。
   C. 下雪时,金顶的景色十分壮观。

说话部分

一 四季如春的城市——昆明

要求:

昆明一向是以四季如春而闻名于世,也是重要的旅游城市。请你参考所给的词语和句式,利用提供的材料说一段关于昆明的导游词(300 字左右)。

参考词语及句式:

{ 地处　常年　海拔　宜人　平均气温　名副其实　名扬四海
　以……著称　位居……之首　受……影响 }

材料:

城市简介： 云南省省会,是云南省政治、经济、文化、科技、交通的中心,同时也是我国著名的历史文化名城和优秀旅游城市。昆明市总面积约 15,560 平方公里,其中市区面积约 98 平方公里,总人口 400 万,有许多少数民族。

地理概况： 地处云贵高原中部,南面濒临滇池,其余三面群山环绕。纬度低,海拔高。

气　　候： 由于受到印度洋西南暖气流的影响,日照长、霜期短。常年气候温暖,年平均气温为 14.5 度,最热月平均气温 19.7 度。最冷月平均气温 7.5 度。由于海拔较高,因此昼夜、晴雨之间温差很大,一旦下雨,气温便会明显下降。

特　　点： 常年鲜花盛开,有近三千种花卉品种,其中山茶花、杜鹃、玉

昆明全景

200

别　　称：	兰、报春、百合、兰花、龙胆花、绿绒蒿等是八大名花。昆明市的市花山茶花在云南八大名花中最有名、最有代表性。每年的12月到来年的3月，许多红嘴鸥到这里来躲避寒冷。这里一年四季的温差很小，四季都如春天般温暖，因此得名"春城"。
曾举办过的大型活动：	1999年曾举办过世界园艺博览会。
游览时间：	初春。
讲解地点：	汽车上。

二　亚布力滑雪旅游度假区

要求：

亚布力滑雪场是中国第一座符合国际标准的大型旅游滑雪场。请你参考所给的词语和句式，利用提供的材料说一段关于亚布力滑雪场的导游词（300字左右）。

参考词语及句式：

{ 位于　始建于　AAAA级　名闻遐迩　旅游度假村
被誉为……　每年的……至次年的…… }

材料：

地理位置：	位于哈尔滨市东南方向193公里处。
名称由来：	亚布力是俄语"亚布洛尼"的音译，是"果木园"的意思。
特　　点：	地形独特、雪质丰厚，有广阔的原始森林，还有许多珍贵的野生动物、植物；最高处海拔1,374.8米，最低气温是-44℃，平均气温为-10℃；每年11月中旬到第二年的3月下旬是最佳滑雪期。亚布力已成为集滑雪旅游、观光避暑、休闲度假为一体的四季滑雪旅游度假区，目前已跻身于世界十大名牌滑雪旅游度假区之列。
发展历史：	清朝的时候就是皇室和贵族狩猎的场所。至今，仍是230种动物、1,400种植物的乐园。1979年建成，1994年成为省级旅游度假区。后来被评为国家AAAA级生态休闲度假区；举办过第五届和

亚布力滑雪场

第七届全国冬季运动会;1996年举办了第三届亚洲冬季运动会。

滑雪设施： 雪道:亚布力滑雪中心初、中、高级雪道多达20条,最长的一条雪道总落差1,000.8米,总长度达40千米。

灯光雪场： 近年新建造的灯光雪场,是中国唯一的国内大型室外24小时全天候服务的灯光雪场。

滑　道： 滑雪中心还拥有一条长度和弯道数均为世界第一的滑道。滑道全长2,680米,落差570米,弯道数48个,平均坡度10度。

配套设施： 附近有三星级风车度假饭店、风车别墅、雅士奇青年公寓、风车网阵、天印湖、迷你高尔夫球场、康乐中心、网球场、跑马场、滑草、垂钓、草地摩托、热气球、滑翔伞及室内室外各种游乐设施。

评　价： "雪上亚运村"

交通情况： 1. 从哈尔滨火车站乘坐城际列车到亚布力镇。
2. 从哈尔滨火车站对面龙运客运站乘坐旅游班车到亚布力镇,再换乘小巴到亚布力滑雪场。
3. 从亚布力火车站乘小巴至亚布力滑雪场20分钟左右。
4. 从哈尔滨火车站乘坐豪华大巴至亚布力站3小时80元左右。

你有过避寒旅游的经历吗？

　　避寒旅游是指躲避居住地冬季的严寒而到气候温暖、阳光充足而且少雨的地方的一种旅游方式。世界避寒旅游目的地主要分布于北纬20°至南纬20°之间气候适宜的海滨地区。

　　中国东南沿海地区具备发展避寒旅游的自然条件,基本无冬季,如海南岛最冷月平均气温也在20℃。福建眉洲湾、厦门鼓浪屿海滨、深圳海上乐园、珠海海滨公园和海滨度假村、海南岛海口及三亚海滨都已形成避寒旅游区。

　　中国南方沿海岛屿众多,海岛风光别具特色,有很强的吸引力。普陀山、嵊泗列岛、台湾岛等都是滨海兼避寒的旅游资源。

亚布力滑雪场

听力参考文本

第一课

听力文本一

朋友们：

排云亭到了。这儿的奇石很多，素有"黄山奇石陈列馆"的称号。你们看，离我们较近的这块奇石，像一只雨靴倒放在悬崖上，这叫"仙人晒靴"。大家再看这边，有一个石与松组合的景观，像一个正在绣花的少女，这叫"仙女绣花"。在"仙女绣花"右侧的高峰上，有两块石头巧妙地组合在一起，大家能看出来它像什么吗？哦，这位朋友猜对了，像一个少女在弹琴，所以叫"仙女弹琴"。我们朝右下方看，也有两块石头，这两块石头像不像两个人，一个站着一个坐着？他们好像是被仙女的琴声迷住了似的，这叫做"二仙听琴"。我们再往"仙女弹琴"的左边看，那块石头就像躺在地上的一条狗，头向着仙女，那个样子好像也在听琴，这就是"天狗听琴"。看来这位仙女正在举行古琴音乐会，听众还真不少呢。那位绣花的仙女可能也在一边绣花，一边听琴。这里的奇石确实很多，一下子也介绍不完，我们再往前走，继续寻找更美的东西。

现在我们来到了大家都仰慕已久的"飞来石"的旁边了，电视或者画报里介绍黄山的时候，一般都会介绍这块石头，所以"飞来石"也可以说是黄山的一个标志。大家看，这块"飞来石"宽 7 米，厚 1.5~2.5 米，高 15 米，重量大约是 544 吨。巨石的底部和山峰连接面很小，而且向外倾斜，好像是从别的地方飞来的，所以叫它"飞来石"。如果站在南面稍远的地方向北看，它的侧面上面尖下面圆，形状像一个巨大的桃子，所以它又叫"仙桃石"或"仙桃峰"。大家都看过电视剧《红楼梦》吧，里面就可以看到这块巨石。主人公贾宝玉出生时嘴里含着一块玉石，这玉石后来就挂在他的脖子上，成了他最重要的东西。传说女娲补天时有两块石头没用完，一块儿落在青埂峰下，另一块落在黄山上成了"飞来石"，后来青埂峰下的那块石头投胎变成了人，那个人就是贾宝玉。拍电视剧《红楼梦》时没有找到青埂峰下的那块石头，所以就用这块"飞来石"来代替了。

"飞来石"上还刻有"画境"两个字。现在大家站这里,手扶栏杆向远处眺望,可以看见山峰起伏,松石相间,云雾缭绕,是不是像进入了画中的境界一样呢?

听力文本二

各位朋友:

因为刚刚下过雨,今天的天气不是很晴朗,所以大家可能会有点扫兴,但是,正是这样的天气我们才能看到庐山特有的瀑布云。我们现在是在牯岭镇的街心花园,大家朝我手指的方向看,有一股汹涌的云流,攀到山顶,又从高空垂落下来,倒挂在悬崖上,形状很像瀑布,但是它的落差却超过了一般的瀑布,气势很壮观,这就是庐山有名的瀑布云。为什么瀑布云会在庐山出现呢?这与庐山独特的地形、丰富的降水量有很大关系。

庐山一向以云海奇观著称,它的东面是中国最大的淡水湖——鄱阳湖,北面是世界第三大河——长江,因为水汽蒸发比较多,庐山气候湿润,云雾出现得极为频繁,每年平均有190多个云雾日,特别是在五月份,31天中就有20多天是云雾天气。

如果到了冬天,云层很低的时候,庐山好像是浮在云层上一样,从山下仰望,庐山时隐时现;从山上俯视,茫茫的云海在山腰间飘荡,山峰忽明忽暗。原来在山脚江边看到的白云,等你登上庐山后就都变成了眼前的迷雾了。人在山间游览,就像是腾云驾雾在空中行走,感觉非常美妙。

宋代著名文学家苏轼在庐山西林寺写了一首著名的《题西林壁》:"横看成岭侧成峰,远近高低各不同。不识庐山真面目,只缘身在此山中"。意思是说庐山不论是从前面看还是从旁边看,不论从远处看还是从近处看,都有不同的姿态,为什么总看不清庐山的真实面目呢,只是因为自身在这山中的缘故。古人认为因为身在其中,所以难以看见庐山的真面目,而我个人却认为,庐山多雾,应该也是"真面目"难以看清的原因之一吧。

听力文本三

各位团友:

接下来我们将要去的是缆车搭乘点,我们将乘坐缆车去云杉坪。云杉坪在玉龙雪山最高峰扇子陡的半山腰上,是个高山草甸。因为四周有很多天然云杉、冷杉,所以人们称它"云杉坪"。那里牛羊成群,云杉和冷杉笔直如箭,变幻的雪山就像一块硕大的背景,映衬出云杉坪奇丽的景色。在那里,我们可以充分领略大自然的宁静与淡泊。正因为云杉坪的自然、美丽、纯洁,千百年来,本地的纳西族人称它为通往"理想国"的入口。纳西族的青年男女,恋爱自由婚姻却不自由,当他们的婚姻受到阻碍时就会来到云杉坪,双双殉情。他们认为,云杉坪是通往天国的,在那儿殉情可摆脱世间的烦恼,得到理想的爱情。

现在大家朝车窗外看,前面有一条幽深的山谷,树林密布,溪水长流,这条溪水汇聚成河就成了白水河。河水现在看起来是碧绿色的,等到再靠近看,就是白色的了。这是因为,河床是由白色的石灰石组成的,因此河水仿佛也变成了白色,所以称为"白水河"。白水河的水来源于4,500米以上的冰川融水,冰凉干净、没有污染,是天然的冰镇饮料。白水河流过公路不远后,就与雪山上流下来的另一条河水交汇,那条河的水看起来是黑色的,所以称为"黑水河"。黑水河之所以黑,是因为河床上黑石头多,水的颜色就显得黑了。白水河和黑水河交汇,却因为河床石头的颜色不同,而显出黑白两种颜色,这也是自然界的一大奇观。纳西族喜欢用黑色和白色来解释世界上所有事情的对立统一,可能就是从黑水河、白水河得到的启示。黑水河这条旅游景点现在正在开发中,大家下次如果再有机会来云南就可以去欣赏了。

好了,我们已经到了缆车搭乘点,请大家自由组合,两人一组乘坐一辆缆车。

第二课

听力文本一

各位朋友:

我们一路走来,在山间路旁随处就可以看到石刻,岱庙是泰山碑刻保存最完整的地方。如果说雄伟壮丽的古建筑是岱庙的第一标志,那么历史悠久的碑刻就是岱庙的第二标志。这里保存了自秦、汉以来很多朝代、各种书体的碑刻184块,称得上是中国历代书法艺术的展览馆。

泰山碑刻中最古老、最珍贵的就是秦碑,也就是《秦泰山刻石》。刻石分为两部分,前半部分刻于秦始皇在位时,一共有144个字;后半部分刻于秦二世在位时,一共有78个字。这两部分都是秦国的丞相李斯刻写的,所以也叫《李斯篆碑》。《李斯篆碑》代表了秦代篆书的最高水平,被称为"天下第一碑"。只可惜,现在仅仅保存下来两块残石,上面还存有后半部分的10个字,因此这块碑刻又被称为《泰山残字》。

这块碑是宋徽宗立的《重修东岳庙碑》,它高9.25米,宽2.1米,很雄伟吧,尤其是碑的底座,是乌龟的样子,我们称为龟座。这个龟座是用一块石头雕刻成的,高近2米,长约5米,重达4万多斤,在历代的碑碣中都是少见的。从碑文中可以看出,岱庙在北宋末年已经有相当大的规模了,各种建筑一共有800多间,与现在的180多间形成鲜明的对比。

现在大家看到的是《乾隆重修岱庙碑》,它高5.2米,宽1.5米,厚0.5米。这块碑是清朝乾隆皇帝立的,打磨、雕刻得很精细,非常光滑,像一面镜子,所以又称"透明碑"。碑文有18行一共738字,都是汉字,旁边还刻着18行满文,内容与中文的相同。

……

好了,朋友们,现在我们来到了岱庙的北门——厚载门,上面有"望岳阁"。在那里可以看到泰山全貌,请跟着我登上城楼吧。站在城楼上向北看,泰山的雄姿就展现在我们的眼前了。因为泰山非常高大,古人认为登泰山就像登天一样,而岱庙正是在"登天"之路的起点上,它之所以修得这么高大雄壮,就是要让人们在没有登山之前,就体验一下不同于人间的仙境般的感觉。好了,朋友们,南天门正在召唤我们,让我们继续前进吧。

听力文本二

朋友们：

我们已经来到了今天要游览的景点——嵩山少林寺。这座寺庙因为建在嵩山最高峰少室山的茂密树林中而得名"少林寺"。少林寺占地3万多平方米，建于公元495年，至今已经有1500多年的历史了。它经受了很多次战火，寺内的很多建筑被毁掉。现在遗留下来的建筑中很多都是明清时代修建的。大家抬头看，大门的正上方黑底金字的匾额上"少林寺"三个字，是清朝康熙皇帝亲笔写的。那么，现在大家就跟我一块儿走进这座佛教古寺……

各位朋友，我们现在来到了少林寺的主体建筑——千佛殿，这是少林寺规模最大、保存最完整的佛殿。一走进来，大家有没有觉得站在这里脚有点儿不舒服？这是为什么呢？大家请低头看，殿内的地面几乎没有平展的地方，因为地面上有48个深约20厘米的陷坑，那么这些陷坑是怎么来的呢？刚刚我说过，少林寺是中国武术史上著名的"少林武功"的发源地。相传当年这里的和尚每天静坐，疲劳的时候要起来舒展身体，活动腿脚，这样慢慢地就形成了一套健身的武功，后来又经过充实、提高就发展成为闻名于世的少林功夫了。这些陷坑据说就是和尚们练功时留下的脚窝。武术界有个说法是"南拳北腿"，意思是说南方武功比较注重拳术手法，所以有"南拳"之称；北方武功比较重视腿法，所以有"北腿"之称。少林武功在北方功夫里又是最有代表性的，少林寺和尚们的腿功这么厉害就是这样不分冬夏、辛辛苦苦练出来的！

千佛殿最引人注目的就是这东、西、北三面墙壁连为一体的明代大型彩色壁画。它高7米，总面积为300多平方米，分为三层，画中的罗汉形态各异、形象生动。这500个罗汉脸上的肌肤有茶色、灰色、黑色等颜色，罗汉的脸上为什么会有这么多不同的颜色呢？原来画师在涂颜色的时候放了铅粉在里面，铅粉经过氧化后发生变化，形成了深浅不同的颜色。这幅壁画，线条简洁流畅、色彩丰富，表现了中国古代绘画大师的艺术才能，是中国艺术宝库中的珍品。

听力文本三

各位团友：

我们已经到达华山风景区脚下了，刚刚有位朋友问我华山为什么叫华山？要回答这个问题就得了解华山的概况。华山由东、西、南、北、中五座主要的山峰组成，中间的山峰像是莲花的花蕊，外面的东、西、南、北四座山峰如莲花的花瓣，整座华山就好似一朵青色的莲花在空中开放，又因为在中国古代"花"、"华"两个字是相通的，"华"的意思就是"花"，所以华山就因为形状像莲花而得名。

华山自古以来就以"险"而闻名于世，有"奇险天下第一山"的盛名。华山险峻是因为这里山峰众多而且非常陡峭。五峰之中的东峰也叫朝阳峰，因为最适合观赏日出而得名。西峰是华山最秀丽险峻的山峰，因为峰顶有一块形状像莲花的巨石，所以又叫莲花峰。莲花峰的西北面有个舍身崖，整座山崖就像是用刀削过一样直立着。南峰是华山的最高峰，由于山太高了，大雁到这里也飞不过去，必须休息一下，所以又叫落雁峰。南峰的山腰上有一个空中栈道,是在悬崖绝壁上开凿的,宽度不到一尺,是华山最险峻的地方。一会儿,我会带大家去看看。北峰也叫云台峰,虽然高度不如其他几座山峰,但因为它三面都是绝壁,只有一条山岭通向南面,所以也是华山的最险要的地方之一。中峰也叫玉女峰,每年年初,如果你在玉女峰的无量洞旁边,就会发现自己好像在七彩的光环之中,光环随着人移动,非常奇妙,这就是有名的华山佛光。佛光是由阳光和云雾的共同作用形成的,其实并不像传说中那样神秘。

华山在古代只有一条曲折艰险的羊肠小道通往山顶,所以会有"自古华山一条路"这一家喻户晓的俗语。这唯一的登山之路是在漫长的岁月中形成的,明代以前上华山的大多是当地的山民,游览者极为少见,直到明清时期,游览华山的人才渐渐增多。现在除了这条华山古道,又多了一条前几年开辟的缆车道。为了安全,我们将会乘坐缆车上山。

华山是一座奇险之山,也是一座神话之山。这里每一座山都有神话,每一座峰都有传说。下面就请大家跟随我,听着那些美丽的神话传说来游览这奇险的天下第一山吧。

第三课

听力文本一

朋友们:

刚刚游过了清音阁,看过了峨眉十景之一的"双桥清音",大家一定有些累了,我们走过前面的白云峡再休息。我听到有人问:"有一道高高的岩石横在前面挡住了去路,怎么过去呢?"大家别急,你们仔细看,岩石中间是有缝隙的,这就是峨眉山有名的白云峡了。

这里的路是从缝隙中通过的,请朋友们跟我一同走进去。大家有没有感觉到光线一下子暗了下来呢?我们可以看到这里宽的地方有五六米,窄的地方仅有两米,抬头只能看到一线的蓝天,一天当中也只有中午的时候才能看见太阳,所以这里又叫做"一线天"。两边的悬崖峭壁直立着,像是用刀和斧子砍出来的,最高的地方有160米。这里原来是没有路可走的,古代人经过这个地方,全靠一条栈道。栈道是在石壁上穿孔,把木桩穿进去,然后在木桩上铺上横木条做成的路。走在上面,摇摇晃晃的,不太安全,所以那时这个地方是很少有人来往的。现在,栈道已经改建成我们看到的钢筋水泥小桥了,两边还有栏杆围护,比过去宽敞了,也好走得多了。两旁树枝下垂,爬满了藤萝,我们走在桥上,脚下溪流飞溅,还可以看得到两边岩石的倒影。现在虽然是夏天,但是走在里面却像在凉爽的秋天。人们都说清音阁和一线天是峨眉山风景的精华,大家有没有同感呢?

好了,我们已经走过了"一线天",展现在我们眼前的是一片郁郁葱葱的树林。我们就在这里稍做停留,大家可以拍拍照,休息休息,二十分钟后在这里集合继续前进。

听力文本二

各位团友：

我们刚刚讲过，天台山有佛国仙山的美誉。天台山出名，很大程度上是因为这里是中国佛教天台宗的发祥地。天台山不仅是中国佛教天台宗的发祥地，还是日本佛教"天台宗"和"日莲宗"的发祥地。

天台山国清寺最早建造于公元598年，是一个拥有建筑面积2万多平方米的古建筑群。国清寺是佛教汉化后最有代表性的寺院，它与泰山灵岩寺、南京栖霞寺、湖北玉泉寺并称为寺庙中的"天下四绝"。

国清寺的主体建筑是大雄宝殿，大雄宝殿里面的释迦牟尼佛像是用青铜铸成的，重达13吨；释迦牟尼左右两边分别坐着十八罗汉，这些罗汉是用楠木雕成的，外面贴着真金。国清寺里珍藏着两千多件文物，大雄宝殿左边有一座梅亭，亭前的花坛里有一棵古老的梅树，苍老挺拔，是隋朝的时候种植的，距今已经有一千多年的历史了，俗称"隋梅"，这大概是中国现存最老的一棵梅树了，堪称国清寺一宝。这也是国清寺的一个"活文物"。

国清寺里还有大书法家王羲之书写的"鹅"字碑。这个"鹅"字碑有它的独特之处：碑分成了两半，可以看出中间的痕迹，但又浑然一体，从笔法来看，是王羲之写的，但实际上"鹅"字碑却出自两人之手。右半边是王羲之所写的，左半边则是天台人曹抡选补写的。传说曹抡选发现这个碑后决心补全这个残碑，于是日夜临摹王羲之的碑帖，整整练了七年，终于补上了这个残缺的半边，并达到了以假乱真的程度。一会儿我们就会看到这块奇特的碑了。

听力文本三

各位来自南京的朋友们：

我们已经来到了天台峰脚下，那么我先向各位简单介绍一下天台峰。天台峰，海拔略低于九华山的最高峰——十王峰，但是因为天台峰是佛教徒朝拜地藏菩萨的地方，所以往往将天台峰称为九华山的主峰。坐落在天台峰顶的地藏寺古名天台寺，是全国重点寺院。它是九华山最高的建筑，建筑面积1,540平方米，来九华山的佛教信徒大多到地藏寺朝拜，所以地藏寺也被称为"中天世界"。在天台的最高处看日出观云海，无比瑰丽壮观，"天台晓日"是"九华十景"之一。那儿也是游客来九华山的必游之处，那么大家就跟着我爬到峰顶，看看这座佛教名寺吧。

……

好了，尽管都气喘吁吁，但是我们已经到了地藏寺脚下。大家回头看看，左边有龙头峰，右边有龙珠峰，对面是十王峰。龙珠峰上面有一颗巨大滚圆的岩石，叫做"龙珠石"，据说九华山中有一条青龙，这颗"龙珠石"就是它玩耍的宝物。地藏寺坐北朝南，木石结构，前面的岩石壁上有"非人间"等巨字石刻。寺门在渡仙桥下，我们由桥底登上石阶十几步，就能进入寺内，这座拱桥的横梁上写着"中天世界"四个大字。

地藏寺历史悠久，相传1000年以前就有，但直到明朝时，古寺仍然十分简陋，仅有几间茅屋;清朝末年时重建,才有今天的规模。寺院依山势而建,根据峰顶岩石的不同高度建了三层,最高处与后面峰顶的岩石相接。整个建筑借高耸的悬崖峭壁来隐蔽,既防风防寒,又十分坚固。那么现在大家随我一起走进寺门吧。

第四课

听力文本一

各位游客朋友:

大家好,欢迎你们到青城山来,我们现在所在的地方就是青城山的正门,今天我将和大家一起从这里登上青城山顶。

青城山又称丈人山,位于四川省都江堰市西南15公里,离成都70公里左右。青城山有三十六座山峰,姿态飞舞多变,各个山峰呈环状排列在一起,并且每一座山峰都有茂密的植被覆盖,郁郁葱葱的,像是绿色的城墙一样,所以就叫它"青城山"。青城山山体轮廓柔和,处处幽深清静,青城山的特点就在于幽静,因而有"青城天下幽"的美誉。

青城山分为青城前山和青城后山,前山主要以人文景观为主,后山主要以自然景观为主。我们所在的就是青城前山,这里展示的主要是道教文化。大家知道,青城山是中国道教的发祥地之一,汉朝时张道陵在这里定居,创建了道教。但这个时候佛教势力也慢慢发展起来并且建立了寺院。唐朝时,为了建筑用地问题,佛教和道教的争执十分激烈,后来还是道教战胜了佛教,使青城山成为道教仙山。山中的道观里,至今还保留着一些道教攻击佛教的石雕,大家过会儿就可以看到。

青城山的三十六座山峰中,前山的三座山峰和后山的五座山峰景色尤为秀丽,是青城山最漂亮的地方。

刚才有朋友问我,青城山最有名的是什么?青城有三大奇观:云海、神灯、日出,其中,云海就源于我们旁边的这个山涧中。白云从这里升起,与青城山清幽的山林浑然一体,谁也说不清是林在云中还是云在林中,所以有人说,青城山的颜色用一个成语就可以概括,对,那就是"一清(青)二白"。嗯,我好像听到有人说,今天要是不下小雨就好了,这句话可就错了,青城山,山上山下气候大不相同,有时山下阴雨连绵,山上却是个大晴天呢!我们今天绝对不是运气不好,而是青城山习惯用雨水欢迎游人,让我们加快脚步,去山上看看今天有没有太阳吧!

听力文本二

女士们、先生们:

现在我们来到了仙岩、水岩一带。作为中国道教发祥地之一,龙虎山的道教文化是源远流长的。这里的崖墓更是中国的一绝,中央电视台曾在《神州风采》中称之为"华夏一绝"、"天然的考古博物馆"。所谓"崖墓"也叫"悬棺",是中国古代一些少数民族的安葬方式,也就是将棺木放入悬崖里的天然洞穴中安葬,这被认为是世界文化史上的一大奇观。

龙虎山分布着100多座崖墓,这些崖墓距今已经2500多年了。我们现在所在的仙岩、水岩一带就是崖墓最集中的地方之一。从这里眺望，大家可以看到水边的悬崖峭壁上布满了各式各样的岩洞，这些崖墓就被巧妙地安置在向外倾斜的岩洞中，岩洞距离地面或水面20~50米，有的甚至高达300米，洞口可以看到被人封起来的痕迹，但也有棺木露在外面的。这些岩洞大小不一，里面陈放着棺木。崖墓的安葬方式有单洞单葬、单洞群葬和多洞群葬，最多的洞内有10具棺木，安放着一个大家族几代人的悬棺。棺木有扁圆形、圆筒形、长方形等几种。这种悬棺葬反映的是一种灵魂升天的宗教观念，悬棺越高就能越早升天，所以有"争挂高崖以趋吉"的说法。

现在已经清理的18座崖墓中，发现了39具棺木，16具完整的人骨架，各种陶器、青瓷、乐器、木器、竹器等随葬物品200多件，有的还是非常少见的珍品。考古工作者认为，这些墓葬都是战国时期的墓葬。

那么，在2000多年前科学技术不发达的时代，这些离水面几十米甚至高达几百米的悬棺是如何安放进去的呢？有关龙虎山崖墓的千古之谜，引起了许多学者的兴趣，但至今仍无定论。

听力文本三

各位朋友：

你们好！现在我们已经到达齐云山风景区山脚下。在这里先向大家介绍一下齐云山风景区的概况。

齐云山由白岳、齐云、青狮、白象等九大峰峦组成。最高峰廊崖像是插入云中一样，与云齐平，故名齐云山。齐云山景区面积110平方公里，以山奇、水秀、石怪、洞幽著称，有奇峰36座，怪岩44处，幽洞18个，加上河、湖、泉、潭、瀑布等共同构成了一幅山清水秀、峭拔明丽的自然画面。齐云山与黄山、九华山并称为皖南三大名山。

齐云山名列道家七十二福地，有"江南小武当"之称。这不仅是因为南宋时期山上就建立了真武祠，供奉着真武大帝，更主要是因为早在明代，武当山道教就已经深入齐云山了。齐云山因为一千多年道教的兴盛，文化遗迹极为丰富，除了有108处宫、殿、院、坛、阁等外，还有500多处石刻。齐云山是安徽省集丹霞地貌、石刻、道教文化、山水风景于一体的国家级风景名胜区。

齐云山有月华街、楼上楼、云岩湖、南山、横江五大游览区，稍后的游览中我会详细地给大家介绍。出来旅游，想必大家都希望带点纪念品回去，那我给大家介绍一下这里的土特产。齐云山风景区出产徽墨和歙砚，徽墨和歙砚的生产历史悠久，闻名中外；这里砖刻、石刻、木刻、竹刻等四刻也各有特色。其他土特产还有茶叶、香菇、灵芝、猕猴桃等。大家可以买一点带回去送给亲朋好友。

第五课

听力文本一

各位朋友：

丹霞山，位于湖南、江西、广东三省交界处的广东省仁化县境内，北距县城8公里，南距韶关市50公里,它与西樵山、鼎湖山、罗浮山一起被称为广东四大名山,居广东四大名山之首,被誉为"岭南第一奇山"。1988年被国务院列为国家重点风景名胜区;1994年又被批准为国家地质地貌自然保护区;2001年成为国家AAAA级旅游区。

朋友们,我们的车子已经到达了目的地,请大家随我一起来欣赏丹霞山的美景吧!

"丹霞"是一个很美的名字,意思是"红色的云霞"。不知道有没有朋友能猜出来这里为什么叫"丹霞山"呢?大家观察一下我们的周围,就能找到答案。对了,我们可以发现周围的山峰都是红色的,红色的石头,红色的山崖,好像红色的云霞洒落在大地上,丹霞山的名字就是这样来的。

关于丹霞山的范围,有广义和狭义之分。狭义上的丹霞山只包括长老峰、海螺峰和宝珠峰,宝珠峰最高,海拔409米。广义上的丹霞山包括了这里215平方公里的丹霞山区,也就是现在的丹霞山风景名胜区。景区内有大小石峰、石墙、石柱、石桥380多座,最高峰海拔618米。大多数山峰海拔都在300~500米之间。整个风景区山石林立,呈现出各种各样奇特的形状。

其实,很多年以前,这里并不是山,而是一片湖泊,雨水不断冲刷地面,把各种砂土带进湖底,砂土中含有铁的沉积物慢慢堆积起来。后来这一带受到了地质运动的影响,地壳上升,湖水退去,形成高耸的山峰,原来湖底的沉积物也受到了氧化作用,逐渐变成了红色。在以后的许多年中,这些山峰由于受到了风雨的吹打、流水的冲刷也慢慢形成各种形状。丹霞山以独特的红色砂砾岩构成的丹霞地貌而名扬四海,被誉为"中国的红石公园"。

听力文本二

朋友们:

我们从成都出发,过泸定县,游泸定桥,再从泸定县到这里,一路颠簸,想必大家已经很疲惫了,但我想等大家进入海螺沟,欣赏到里面的美景后,就一定会认为这些辛苦都是值得的。

海螺沟冰川森林公园面积197平方公里,是著名的国家级风景名胜区。在四川,自古就有"峨眉天下秀,青城天下幽,剑门天下险,夔门天下雄"的说法,而如今,海螺沟则被誉为"天下奇"。

我们说海螺沟是"天下奇",那么大家肯定想问,海螺沟究竟"奇"在什么地方呢?那么我来告诉大家,海螺沟奇就奇在它的四大景观上。

首先请大家抬头看前方,远处那座高山就是贡嘎雪山,周围还有大大小小的山峰,这些山上的积雪一年四季都不会化,每当太阳一出来,积雪在阳光的照耀下,放射出一道道金光,这就是海螺沟的第一奇:"日照金山"。

其次,地球上的冰川,几乎全部处于遥远的南极地区。其余极少部分,也大都处于高寒、高海拔地区,而海螺沟冰川最下端的海拔高度只有2,850米,低于贡嘎山雪线1,850米,是中国相同纬度上的冰川中海拔最低的。海螺沟从高到低由粒雪盆、大冰瀑布和冰川舌所组成,全长13公里。冰川舌长5公里,全部伸进原始森林中,形成很难见到的冰川与森林共生的景色。沟内还有一条宽1,000多米的大冰瀑布,落差1,080米,比著名的黄果树瀑布还大出10余倍,由无数极其巨大的冰块组成,仿佛从天空中落下来的一道银河,堪称自然界一大奇观。这就是海螺沟的第二奇:冰川倾泻。

三是在这冰川世界里,有几十处温泉点,游人可在冰川上洗温泉澡。这里的水温在40摄氏度至80摄氏度之间,其中更有一股水温高达90摄氏度的沸泉,可以在里面沏茶和煮鸡蛋了。大家可以想一想,一边泡着温泉,一边欣赏着雪景,运气好的话,下起雪来,雪花从天上飘落下来,那感觉用语言也难以形容。这就是第三奇:雪谷温泉。等我们达到温泉点以后,大家可以在温泉水中尽情地泡一泡,相信大家的疲乏肯定很快就没有了。

第四奇就是这里的原始森林了,海螺沟的原始森林面积达70平方公里,有植物4,800多种。走在公路上,我们还可以看到一些珍稀的动物在林子里玩耍呢。

听力文本三

女士们,先生们:

欢迎大家来到五大连池。很高兴我能陪伴大家去参观神奇的火山风光,也希望大家能对我的服务感到满意。

五大连池是国务院1983年公布的第一批全国重点风景名胜区,是国家级自然保护区,2004年,入选为世界地质公园。

五大连池是火山爆发形成的。火山爆发时,大量岩浆从地壳深处流出,堵塞了当时的河道,在山峰之中形成了五个天然湖泊,即头池、二池、三池、四池、五池,它们通过白河连接起来,形状就像五个串起来的珠子,所以人们称之为五大连池。五大连池长20多公里,湖面达40余平方公里。五个池子点缀在周围14座火山之间,组成一幅美丽、奇特的山水画。

除了这五个天然湖泊以外,在五大连池世界地质公园内,还耸立着14座新老期火山,喷发年代跨越200多万年,是有名的环太平洋火山群之一。这里拥有世界上保存最完整、分布最集中、种类最齐全、形状最典型的火山地貌,被科学家称为"天然火山博物馆"和"打开的火山教科书",其中老黑山和火烧山年龄最小,但面积很大,景色特别美,是五大连池中最有吸引力的景区。

老黑山非常高大,是14座火山中最高的一座。山的东、北两面有小路可到达山顶。山顶有一个很大的火山口,直径350米,深达140米。从火山口往下看,让人望而生畏。

火烧山比老黑山小。当年喷发的岩浆把整个大山劈为两半,山势显得非常奇特、狰狞。

五大连池不仅火山景观奇特,而且还拥有丰富的矿泉水资源,是个罕见的天然矿泉疗养地。药泉山下就有四眼泉流,都是低温型矿泉,它是世界"三大冷矿泉"之一。泉水中含有40多种人体必需的微量元素,具有防病、治病、健身的功能。

第六课

听力文本一

各位朋友：

大家好，欢迎大家来到黄龙旅游。今天天气很好，大家可以欣赏到更美的景色。

黄龙，位于松潘县境内，在雪宝顶的山下，是第一批国家重点风景名胜区，1992年同九寨沟一起被列入世界自然遗产名录。黄龙风景区的主要景点就是我们今天要参观的黄龙沟了。黄龙沟长约7公里，宽1～2公里，海拔在3,145米～3,575米之间。

黄龙沟是怎么形成的呢？大家请看，山上的水不断地顺着山坡慢慢流下来，这些水中含有很多碳酸钙，碳酸钙类的物质慢慢沉淀下来，形成了乳白色、黄色为主的钙化滩。另一方面，由于黄龙沟的上段和下段的坡度很小，泉水在下流的过程中受到了阻挡，因此又形成了3,000多个大大小小的梯田状彩色的水池。黄龙景观就是以这些钙化滩和大小彩池最为著名。

我们简单地了解了黄龙的景观以后，马上就要进入风景区了，请大家跟上我的脚步。

朋友们，请大家在这里停一下，我们面前这一片宽阔的钙化坡面，就是著名的"金沙铺地"。它长约1,500米，宽约100米。一些专家认为，在国内外同类的景观中，这里是面积最大、色彩最丰富的一处。这一段坡面非常平缓、开阔，表面的钙化层主要是金黄色的，其中也夹杂着一些乳白色、灰色、暗绿色的部分，远远望去，整个坡面就像一片金色的沙地，在阳光的照耀下，闪闪发光。其实，欣赏这个景点的最好位置应该在"金沙铺地"顶端，请大家跟我往上走。站在这里，请大家往下看，大家可以看到，两边低、中间高，中间的部分很像一条背脊，表面好像还有很多鳞片。大家想到了什么？像不像一条黄色的龙俯卧在坡面上？"黄龙"的名字就是这样来的。

好，我们继续往上走，大家虽然很累了，可一定要坚持下去，因为最美的景色还在后面呢！

听力文本二

朋友们：

我们已经来到了石林景区。石林是我们云南非常有名的景点，每年它都吸引了来自四面八方的游客，被人们誉为"天下第一奇观"。石林景区主要由大石林、小石林和外石林组成。我们今天要参观的是大石林。

进入大石林景区，首先出现在我们眼前的是"石林第一景"——"出水观音"。大家看前方那一片湖，湖里面有几个石峰，其中的一个像不像一尊观音菩萨坐在水面上？大家看这个石峰非常逼真，就连观音菩萨的神态我们也能看得出来。

朋友们，现在我们看到，前面有一根巨大的石柱，上面写着两个红色的大字——石林。这里就是石林的代表性景观——"石林胜景"。

现在请大家放慢脚步，轻点走！请看我们的头上，这块重达两吨的石块搭在两根石柱上，看上去摇摇欲坠，好像随时都会掉下来，打在人的头上，因此这一处景点就被称为"千钧一发"。这块石头是1883年地震时从上面掉下来的,120多年来,这块石头就一直"悬"在那里。另外,这块落石又被我们当地人称为"量心石",它能知道人心的好坏:如果你良心好,你经过时它不会掉下来;如果你良心坏,它在你经过时就会掉下来。朋友们都安全地通过了"量心石",看来我们都是心地善良的人。

现在请大家看我们的前方,那里有一片平静的湖水,湖中间有一个石峰笔直地立在水中,就好像一把宝剑插在水中间一样,因此,这个石峰被称为"剑峰",而这个湖也由此得名"剑峰池"。

听力文本三

朋友们:

现在我们看到的山叫做光明山,芦笛岩就在光明山的山腰上。由于山上长着一种芦苇,用它可以做成笛子,吹出非常好听的声音,所以人们就把这个洞叫做"芦笛岩"。大家都知道,桂林山水有四大特点:山清、水秀、洞奇、石美,我们马上将要参观的芦笛岩就正好体现了桂林洞奇、石美的特点。

朋友们,我们现在已经来到芦笛岩洞内了,出现在我们眼前的是一个神奇的世界。请大家看,明明是没有生命的石头,在芦笛岩中好像都活了,充满了生命力。洞里三十多处景观,处处都是大自然的杰作。任何一个走进芦笛岩的人都忍不住会感叹大自然的伟大力量。这大概也正是芦笛岩被称为"大自然的艺术宫殿"的原因。

大家请看,这块石头像不像一座宝塔?塔身上还缠绕着一条龙,看这儿,这是龙头,那是龙尾巴,这条龙栩栩如生,好像马上就要飞走了一样。大家再看这一片石头,像不像一块漂亮的窗帘?再请大家从这个角度看,前面那一整片石头,像不像一道瀑布从空中落下来?芦笛岩的岩石色彩也十分鲜艳,红的像珊瑚,绿的如翡翠,黄的如琥珀。整个岩洞就像是用宝石装扮起来的一样。

那么,芦笛岩是怎么形成的呢? 这说来就话长了。芦笛岩的形成经历了很长的年代。据有关专家考察,这里原来是一个地下湖,后来由于地壳运动,山体上升了,而地下水却下降了,这里因此变成了山洞。地下水中含有很多碳酸钙类物质,碳酸钙类的物质沉淀下来,逐渐堆积,形成了洞里这些形状奇特的钟乳石、石笋、石柱等。

第七课

听力文本一

黄河是中国的母亲河,她像一条从天而降的金色长龙,奔腾在北方苍茫起伏的大地上,用自己甘美的乳汁哺育了中华民族五千年的文明史。那么,饮水思源,黄河的源头究竟在哪里?古往今来,很多人进行过探险和考察。黄河发源于青海省中部的巴颜喀拉山北麓,历史上早有定论。巴颜喀拉山北边的山下有大片的沼泽,称为星宿海,历史上曾被用来表示整个黄河源头地区。

我们把镜头向前推移,眼前这片神秘的区域就是星宿海。一个个亮晶晶的光斑,就是一个个湖泊,大的有几百平方米,小的只有几平方米,如同夜空中闪耀的群星,于是人们把这块沼泽叫做星宿海。它是一个狭长的盆地,东西长 30 多公里,南北宽 10 多公里。盆地中数以百计、形状各异的湖泊,在阳光照耀下,又如同孔雀开屏,十分美丽壮观。这儿的藏族群众也因此把黄河最初的河道——玛曲叫做孔雀河。

星宿海属于黄河源头地区,但它实际上是黄河出山向东流淌后的第一个"加油站",还不是真正的源头。经过勘察,在星宿海以西又发现了三个源头,它们是卡日曲、约古宗列曲和扎曲。扎曲一年之中大部分时间干涸,而卡日曲最长,流域面积也最大,在旱季也不干涸,一般认为是黄河的正源。卡日曲是以五个泉眼开始的,最初的河道只不过是一条宽约 1 米、深不及 1 米的溪流。这条溪流由西南向东北而流,沿途接纳大大小小的众多支流,逐步汇成一条宽约 10 米多、深 1 米多的小河。另一个源头是约古宗列曲,起初仅有一个泉眼,然后逐渐形成一条宽约 10 米,深约半米的溪流。约古宗列曲在星宿海之上与卡日曲会合后,形成黄河源头最初的河道——玛曲。玛曲向东流过 16 公里长的河谷,进入著名的星宿海。

黄河流过星宿海,继续向东流 20 多公里,沿途接纳大小支流,形成一条 6~7 米宽、两米多深的河流,然后进入一条宽阔的平川,并在这里形成了两座巨大的湖泊,这就是黄河源区最大的湖泊——扎陵湖和鄂陵湖。

听力文本二

各位朋友:

欢迎大家乘船游览美丽的漓江。坐船漫游可以说是游览漓江的最佳方式。我们起航的码头,距离桂林市 22 公里。下面我把漓江的情况简要地给大家介绍一下。

漓江属于珠江水系,发源地在桂林北面兴安县境内的猫儿山。上游称大溶江,中段称为漓江,下游统称桂江。

说到兴安县,外省的人可能不熟悉,但是要说灵渠,大家肯定就不会感到陌生了。灵渠是秦始皇时期修建的人工运河,在历史上起过重大的作用。灵渠把漓江的水和湘江的水连接了起来,沟通了岭南与中原的联系,对秦始皇统一中国,以及对西南地区政治、经济、文化都有着深刻的影响。

前面我们说过,漓江属于珠江水系,湘江属于长江水系。漓江和湘江各有一条小支流在兴安县内,两河最近处只有 2 公里左右,因而古人认为湘漓同源。漓江和湘江在兴安县被灵渠分开,相离而去,人们在"相、离"两个字的左边各加上"三点儿水",北去的河叫湘江,南来的就叫漓江。漓江的"漓"就有分离的意思,它的得名,大概就是这个原因吧。我们知道,中国大多数河流的走向是自西向东,但是漓江和湘江却是例外。

漓江全长 437 公里,处处青山环抱,景色奇丽。我们通常所指的漓江是指桂林到阳朔 83 公里长的这一段。这一段是岩溶发育丰富的地带,山青水绿,洞奇石美。漓江碧水如镜,两岸奇峰林立,水中倒影与岸上山峰连成一体,构成高低起伏的优美曲线,宛如一幅长长的山水画卷,人们习惯上称这一段为"百里漓江"、"百里画廊"。

百里漓江依照景色的不同大致可以分为三个景区。第一景区:桂林至黄牛峡。景观多样,可观赏远山近水与民风民情。第二景区:黄牛峡至水落村。两岸石山连绵不绝,奇峰耸立,是漓江风光的精华所在。第三景区,水落村至阳朔。这一带翠竹、茂林、田野、山庄、渔村随处可见,给画卷添上了优美的田园色彩。

我们的游船目前所在的是第一景区。现在请大家往左岸看……

听力文本三

各位游客:

你们好!欢迎你们来到武夷山风景区游览,我是景区的讲解员,姓林,希望各位今天在我的导游和讲解下,玩得开心,游得尽兴。

"武夷山水天下奇,人间仙境在武夷",国家级重点风景名胜——武夷山风景区,位于福建省武夷山市西南。它以丹霞地貌为特点,通常用"三三、六六"来称说武夷山著名景观。"三三"是指迂回曲折的九曲溪。"六六"是指九曲溪两岸的三十六座山峰。武夷山碧水丹山,一曲一个景,曲曲风景不同,另外还有仙洞七十二个,名岩九十九座。

九曲溪发源于武夷山自然保护区,全长62.8公里。因上游流域内原始森林保护完好,生态环境优越,九曲溪水流清澈,无污染,水质达国家一类标准,而且水源充沛,即使枯水季节竹筏也能通行。进入风景区的一段河流盘绕在山中约10公里,直线距离仅5公里。九曲溪漂流是从九曲到一曲,这样顺流而下,更加轻快。

游览九曲溪的工具是竹筏。武夷山以竹筏为游览的交通工具已有1000多年的历史。竹筏无噪音、无污染。由于它浮力大,轻便灵活,筏工只要用一根竹篙就能驾驭。它可以平稳地漂过深潭,也可飞快地滑下浅滩;可以灵巧地避开礁石,又可急速地转弯。九曲溪从西向东,蜿蜒流淌,像秀丽的绸带缠绕着36座山峰。人坐在筏上,抬头可见山景,低头可观水色。由于水绕山行,而且角度适中,无遮无拦,可全方位地观赏丹山、碧水、绿树、蓝天。可以说是"竹筏水中流,人在画中游"。 在武夷山即使是白发老人,仍可尽情饱览山水之美。

我简要介绍一下乘坐竹筏的一些注意事项:

1. 六个人乘坐一张竹筏,大家自由组合;
2. 上竹筏请不要拥挤,注意脚要踩在两根毛竹上,以免滑落水中;
3. 竹筏行进时,请不要随意从坐椅上站起来照相,更不要在竹筏上随意走动。

我们所在的星村镇码头,是游九曲溪的起点。星村镇是武夷岩茶的集散地。武夷山是乌龙茶的故乡,武夷岩茶属乌龙茶中的极品,它风味独具,口感极佳,深受人们的青睐。

第八课

听力文本一

各位朋友:

我们的游船已经离开了奉节县,再向东行驶5公里就要进入瞿塘峡了。瞿塘峡位于三峡之首,西起奉节的白帝城,东到巫山的大溪,长8公里,最宽处也不超过150米,最窄处不到100米,是三峡中距离最短、航道最窄的一个峡。长江三峡的自然风光各有特色,"瞿塘雄,巫峡秀,西陵险",一个"雄"字就概括了瞿塘峡风光的独特之处。

现在,客轮驶进了瞿塘峡的入口。请大家到船头来,抬头看,三峡的西大门——夔门的雄姿就展现在您的面前了。长江南北两岸的山峰像是要合起来的样子,就好似两扇半开的门,所以叫做"夔门"。这里是摄影留念的最佳角度,想拍照的朋友赶快拿出相机来。

夔门又叫"瞿塘关",由江北岸的赤甲山和江南岸的白盐山组成。赤甲山的岩石是淡红色的,据说,古代巴国的赤甲军曾经在山上驻扎过,赤甲山之名可能就是因此而得。当太阳照在赤甲山山顶的时候,尖尖的山嘴,很像一个红艳艳的桃子,因此,又叫它"桃子山"。赤甲山的对岸就是白盐山。那大家猜一猜,这座山又为什么叫白盐山呢?哦,这位朋友说对了。因为这座山的颜色始终是白色的,像是堆积的食盐,因此有了这个名字,当然白盐山上是连一粒盐也没有的。赤甲与白盐两座山隔江相望,相距100多米,一红一白,使雄伟的夔门增添了几分妩媚。

我们驶入峡中,满眼都是山水,两岸的险峰像是斧削刀劈而成的。峡中的主要山峰,有的高达1,500米。过去,瞿塘峡西边,江的中心,有一堆巨大的礁石。在它的周围,江水变得一反常态,常常产生巨大的漩涡,船到这里都会有危险,但是这些危险的礁石1958年已经被炸掉了,所以大家现在不用担心了。

"峡短景多"是瞿塘峡的另一个特点,意思是瞿塘峡虽然较短,但峡小景不少。峡中有十几处著名的景点,我们将随着游程慢慢给大家介绍。

听力文本二

各位团友:

我们已经来到了漂流码头,刚才我们讲过马岭河峡谷迂回曲折,滩多水急,是漂流探险的胜地,1998年首届中国国际皮划艇漂流赛就曾在这里成功举行。现在已经开辟了三段漂流航道,长近50公里。现在请大家先穿上救生衣,然后五个人一组登上橡皮艇。

……

我们的船已经来到了两座高高的石壁前,你们看,直立在面前的这两座悬崖峭壁,就是我们进入峡谷的两扇大门。这就是漂流进入地缝的第一关:"迎客关"。

……

好了,现在,我们的船来到了漂流的第一个险滩"野马滩"。这个滩虽然不算很长,但由于落差大,河水溅起的浪花让人觉得可怕。来,让我们冲过"野马滩"……请大家小心,马上是急转弯。现在我们来到了只有一条船能通过的狭窄地带"猛虎岸",据说古时候老虎经常从这里跳过。大家抬头看,在峡谷上方约80米的地方,有一座"古木桥"。这座桥修建于明代,是石拱桥,桥面宽5米,长约45米,像一道彩虹把峡谷两岸连接起来。桥面是石块铺成的,桥两边是石栏杆,桥面两侧各有一个圆孔,像一双亮晶晶的眼睛,似乎能把峡谷两岸的风光尽收眼底。我们看到这座桥明明是石桥而不是木桥,为什么却被称为古木桥呢?据说,原来这里没有桥,两边的山崖之间只搭起了一块儿木板,行人就从木板上行走。有一次,一个老母亲跟两个儿子过河,走到河的中间,木板突然晃动,母亲不小心滑到水里去了,两个儿子马上跳进水中把母亲扶上了木桥,但他们却被河水冲走了。后来,独木桥不再晃动而是稳稳地搭在两边的山崖之间,像是两个小伙子支撑着木桥。当地人说这是两个儿子显了灵,为了保护自己的母亲一直支撑着木桥。于是,两岸的百姓非常感动,就捐钱修建了这座石桥。听了这个故事,我们船上的母亲们是不是也很感动呢?

听力文本三

各位朋友:

　　大家好,我是青年旅行社的沈丽,大家可以叫我"小沈"。很高兴能为大家服务。坐上了汽车,我们今天的行程就开始了。今天我们要去的地方是虎跳峡。虎跳峡位于云南丽江玉龙雪山与哈巴雪山之间的金沙江上,长约20公里,落差213米,峡口海拔1,800米。虎跳峡平均深2,500到3,000米,最深处达3,900米。在那里有一块巨石横卧在江心,传说中猛虎就是靠着这块巨石跳上对岸,所以被称作虎跳峡。

　　金沙江在这个峡谷中形成了18处险滩,以上虎跳、中虎跳、下虎跳最为著名。我们从虎跳峡镇出发,从哈巴雪山脚下的公路顺江前行约9公里,就可到达上虎跳地界。上虎跳是整个峡谷中最窄的地方,江面的宽度只有30余米。江心的虎跳石高约13米,雄踞在江水的中央,使奔涌而来的水流在最窄的地方遇到了强大的阻力,所以激起了滔天的浪花,发出像虎啸一般的声音,那个称为虎跳石的巨石是传说中老虎过江的一个"桥梁"。上虎跳最重要的景观是"峡口"和"虎跳石"。

　　最为惊险的是中虎跳,那儿的江岸绝壁上有一条人工凿成的栈道,离江面有30多米,走在栈道上,就像蹲伏在大老虎的口中。抬头望,头顶绝壁之上,两岸的座座山峰似乎像要拥抱在一起,犬牙交错地露出一线天;低头看,江水滔滔,响声震天,非常险峻。中虎跳有名的景点是"满天星"和"一线天"。

　　下虎跳地势宽阔,近可看峡,远可观山。下虎跳的著名景观是"高峡出平湖"和"大具"。"大具"是个古老的纳西族集镇,在那里大家可以买到很多有民族特色的小饰品。

　　游虎跳峡有两种选择:一种就像我们这样借助汽车看重点,既省时间又省力;另一种则是徒步穿越,可以走哈巴雪山小路,也可以走碎石公路,身体力行地品味虎跳峡的美。

第九课

听力文本一

朋友们:

　　来杭州之前您一定听过"上有天堂,下有苏杭"的说法吧。人们把杭州比喻成天堂,一个很重要的原因就是因为有了西湖。全国以"西湖"命名的湖泊不下数十处,但最著名的是杭州西湖。我们一般说西湖的时候,也特指杭州西湖。

　　西湖位于杭州城西,三面环山,东临市区,南北长约3.2公里,东西宽约2.8公里,绕湖一周近15公里,面积约5.6平方公里,平均水深1.55米,最深处在2.8米左右,最浅处不足1米。西湖景区的范围很大,我们今天主要以游湖为主线来进行讲解。下面就随我一起从岳庙码头乘船去游览西湖。

西湖处处有胜景,历史上除了有"钱塘十景"、"西湖十八景"说法外,最著名的是南宋时定名的"西湖十景"。

我们的船行驶到这里,西湖最秀丽的风光就展现在大家的面前了。现在各位看到的这条长堤就是白堤。白堤原名"白沙堤",早在一千多年前的唐朝,就以风光秀丽而著称。后改称白堤,是为了纪念对杭州做出杰出贡献的大诗人白居易,不过,它与白居易主持修筑的白堤不在一个方位。白堤每到春天,都是一片桃红柳绿,它与苏东坡主持建造的苏堤,犹如两条锦带漂浮在碧绿的湖水中,交相辉映。

大家再往前看,在白堤的尽头有一座桥,那就是断桥。到了断桥,全长1公里的白堤就由此而"断"。我们现在看到的这座桥虽然是座很普通的石拱桥,但它的名字和《白蛇传》故事联系在一起,因而成了西湖中最出名的一座桥。《白蛇传》的白娘子和许仙这对有情人就是在这里相识并相爱的,后来又是在这里重逢的。

说到这里,细心的朋友可能会问:这座桥并没有断,为什么要叫"断桥"呢?断桥所在的位置是冬天观赏雪景最好的地方。雪后初晴,断桥朝阳的一面冰雪融化,北面却还覆盖着一层白雪,远远望去,桥身似断非断,于是就形成了"西湖十景"之一的"断桥残雪"。

听力文本二

各位来宾:

大家好!在这里,请允许我代表阿坝州各族人民欢迎你们的到来。进入九寨沟,你们就是最尊贵的客人,就是九寨沟童话世界里的公主和王子,希望我们的服务能为你们的九寨沟之行增添一份美好的回忆。

九寨沟风景区位于青藏高原向四川盆地的过渡地带,是川西北岷山山脉中一条纵深40余里的谷地。九寨沟属长江水系嘉陵江源头的一条支沟。九寨沟保护区总面积720平方公里,旅游开放区为140平方公里。

"黄山归来不看山,九寨归来不看水"。九寨沟以水景为主,水是九寨沟的灵魂。九寨沟的湖、泉、瀑、滩连缀为一体,飞动与静谧结合,被誉为"天下第一水"。

九寨沟从海拔1,800米的沟口到海拔3,000米左右的沟顶,阶梯般地分布着100多个湖泊,著名的有长海、镜海、五花海、熊猫海、箭竹海等。湖泊在九寨沟被称做"海子"。在当地的藏族同胞中流传着这样的传说:在遥远的古代,神女沃诺色姆的情人送给她一面宝镜,沃诺不小心把镜子摔成了114块碎片,这114块碎片便变成了114个明镜似的海子。梯形湖泊的水从树丛中层层跌落,形成林中瀑布,湖下有瀑,瀑又泻入湖中,湖和瀑布好似一对孪生姐妹,构成了静中有动、动中有静、动静结合的奇景。

九寨沟的湖水来自雪山融水和森林中的流泉,湖的底部和堤岸是乳白色碳酸钙形成的结晶体,再加上阶梯状湖泊的层层过滤,湖水显得异常的清澈洁净,能见度可达一二十米。湖中长着很多水生植物,不同的植物所含的叶绿素深浅不同,在含碳酸钙的湖水里呈现出不同的颜色。在同一个海子中,有的地方水色碧绿,有的橙红,有的淡紫,有的浅蓝,绚丽夺目;再加上蓝天、白云、雪山、森林一起倒映在湖水中,令人叹为观止。

听力文本三

各位游客：

欢迎你们来到千岛湖观光旅游！

千岛湖面积573平方公里，相当于杭州西湖的108倍，蓄水量相当于杭州西湖的3,000多倍，因此在郭沫若诗中才有"西子三千"的美誉。千岛湖是1959年为建造新安江水电站筑坝蓄水形成的人工湖，最初叫新安江水库，因为有大小岛屿1,078个，故名千岛湖。

千岛湖，是一个美丽的湖，千岛湖的形状呈树枝形，湖岸蜿蜒曲折，长约150公里，最宽处达10多公里，水域辽阔。它不但有太湖的浩淼，还具有西湖的秀丽。湖中那1,078个岛屿，姿态各异，各具特色。千岛湖是一个绿色的世界，山是绿的，水也是绿的，所以人们又爱称它为绿色千岛湖。

千岛湖，是一个纯净的湖。它拥有448平方公里的森林面积，森林覆盖率已达81%，茂密的森林净化了千岛湖的大气环境，生态环境绝佳。千岛湖平均水深34米，能见度可达7米，湖水清澈晶莹。

千岛湖，是一个丰饶的湖。四周群山连绵，林木繁茂，鸟语花香，资源丰富，共有植物1,786种，盛产茶叶、蚕桑、木材、毛竹等，湖内淡水鱼有87种，且四季鲜果、土特产丰富。

千岛湖，是一个欢乐的湖。千岛湖已开发20余处景点，开辟了"春到千岛湖"、"千岛湖之夏"、"千岛湖金秋"、"水上运动娱乐游"、"历史文化专题游"等特色旅游线路，以及"果园采摘"、"巨网捕鱼"、"水上竞技"、"渔民风俗表演"等参与性旅游项目，成为驰名中外的风景旅游胜地。

千岛湖旅游资源丰富，千姿百态的山峦和岛屿把整个湖区分成中心、东南、西北、西南、东北五个各具特色的景区，称为"五大湖区"。由于地理位置等原因，目前千岛湖开放的景点集中在中心和东南两大湖区。好，首先请大家跟我游览中心湖区。

第十课

听力文本一

女士们、先生们：

早上好！今天游览的风景点是黄果树瀑布群。黄果树瀑布是中国第一大瀑布，也是世界上著名的大瀑布之一。景区以黄果树大瀑布为核心，以千姿百态的瀑布群为主体，融亚热带风光和布依族苗族风情、文物古迹为一体，是第一批国家级重点风景名胜区。

黄果树离贵阳市150公里，从贵阳乘车约需一个半小时左右，我们到达黄果树的时间大约在9点。今天首先游览亚洲第一大瀑布——黄果树大瀑布，然后游览水帘洞。午餐后游览天星桥景区的水上石林、天星桥及银链坠潭瀑布等美景，然后还将参观贵州蜡染馆，了解蜡染的制作工艺。

朋友们，黄果树到了。黄果树瀑布宽81米，高68米，请大家注意看，在它的上面还有一个小瀑布,高6米,加起来总高74米。黄果树瀑布的形态因季节不同而有变化:冬天水量小时,轻轻下泻,显得妩媚秀丽;现在是丰水期,最大流量可达1,500多平方米/秒。河水从断崖顶端凌空飞下,倾入崖下的犀牛潭中,水石相激,发出震天巨响,在十里开外就能听到。瀑布激起的水雾,高达数百米,漫天浮游,周围地区经常在晴天时也处于纷飞的细雨之中。

和世界上其他几个大瀑布相比,黄果树瀑布不是最高最深的,也不是最宽阔的,但它是处在喀斯特地区最大的瀑布。这一带是典型的岩溶地区,景区共有地表瀑布18个、地下瀑布14个,形成一个巨大的瀑布群。除黄果树瀑布外,四周还分布一串串珍珠似的瀑布,著名的有陡坡塘瀑布、螺蛳滩瀑布、银链坠潭瀑布等等。世界上瀑布很多,但像黄果树地区如此集中、姿态各异的瀑布群,则为中国所独有。景区内暗河、溶洞、石林、石壁、峡谷比比皆是,呈现出层次丰富的喀斯特山水风光。

黄果树瀑布还有一个绝妙之处就是瀑布后的水帘洞,大型电视连续剧《西游记》中水帘洞的一场戏就是在这里拍的。水帘洞在瀑布半腰位置,全长134米的洞内有6个洞窗,5个洞厅,3个洞泉和1个洞内瀑布。游人在洞窗内观看洞外飞流直下的瀑布,格外惊心动魄。而水帘洞更是观看日落的绝佳位置,遗憾的是我们下午另有安排,不能欣赏日落的美景了。

好,下面就请大家随我一起去水帘洞游览。

听力文本二

游客朋友们:

我们所在的位置是观瀑亭。这里是观看镜泊湖著名八景之一——吊水楼瀑布的最佳位置。在东北地区,有两个著名的大瀑布,一个是长白山天池瀑布,另一个就是在我们面前的吊水楼瀑布。

刚一听这个瀑布的名字,大家是不是觉得有点奇怪?原来,当地人习惯把瀑布称为"吊水",这里的瀑布很大,像高楼,于是就叫吊水楼这个名字了。

吊水楼瀑布也称镜泊湖瀑布,它形成的原因也与镜泊湖密切相关。我们刚才在湖上游览的时候介绍过镜泊湖形成的原因:在大约距今8300~4700年前,火山连续爆发了多次,从10个火山口流出了大量的岩浆,阻塞了奔腾的牡丹江水。冷却后的岩浆堆积在牡丹江河道上,像一座大坝一样把牡丹江高高拦起,上游河段便形成了火山镜泊湖。但是江水不甘心这样被拦腰锁住,终于在熔岩形成的大坝的一些缝隙中找到了出路,于是翻落跌下,这样就形成了吊水楼瀑布奇特的景观。吊水楼瀑布高约20~25米,宽度达42米左右。雨季和汛期的时候,宽度可达两百米。

吊水楼瀑布是中国纬度最高的瀑布,游览吊水楼瀑布的时间以夏季为最好。因为这时在你们江南地区气温高达30度左右,镜泊湖一带却只有17度左右,相差10多度呢!17度与人体感觉最舒适的18至20度的气温十分接近。而且镜泊湖一带全年有三分之一以上的时间是没有风的,夏季更是风力的最低点。镜泊湖风平浪静,不起一点儿波澜。吊水楼瀑布在柔美的镜泊湖的衬托下,更显得壮观无比。各位朋友选择现在这样的时候来到我们这里,可以说是正逢其时。

正因为是纬度最高的瀑布,冬天的吊水楼另有一番景致。冬天尽管镜泊湖湖面已结冰,然而湖水仍在冰层之下流动着,从崖顶挂落。这时的吊水楼瀑布就像是一匹白练,成为独特的冰瀑布。欢迎大家在冬天的时候再次光临镜泊湖。

和吊水楼瀑布相伴的,不仅有柔美的镜泊湖,还有因火山喷发而形成的地下熔岩洞穴和火山口地下森林。这在全国的瀑布景区中,也是颇具特色的。我们接下来要参观的就是地下熔岩洞穴和火山口地下森林。

听力文本三

朋友们:

庐山大约是7000万年前强烈的地壳运动所造就的。庐山地形地貌复杂多样,山峰险峻,断层纵横交错;加上地处亚热带,雨水充沛,因而群峰间散布有许多溪涧和瀑布。在庐山的瀑布中,三叠泉瀑布素称"庐山第一奇观",自古以来就有"未到三叠泉,不算庐山客"之说。有的朋友可能会问,唐朝大诗人李白写过一首著名的《望庐山瀑布》,诗中赞美的是香炉峰瀑布,那么李白为什么从来没有写过三叠泉瀑布呢?在庐山众多的瀑布中,三叠泉瀑布的发现,是比较晚的,直至宋光宗绍熙二年,也就是公元1191年才被一个伐木的人发现的。李白虽然多次上庐山,甚至曾在庐山长时间隐居,而且他读书的地方就在三叠泉跌落的屏风叠上,可惜始终与三叠泉瀑布失之交臂,否则中国文学史上又会多一首传诵千古的佳作。

三叠泉瀑布,是庐山最俊雅的瀑布。瀑布的水从那边的大月山流出,缓慢流淌一段后,经过五老峰背面,然后喷洒到第一级大磐石上,接着又飞泻到第二级大磐石上,稍稍停息之后再一次倾泻到第三级大磐石上,形成三叠,所以称三叠泉瀑布。

三叠泉瀑布可从不同的角度欣赏,可仰视,可俯看。我们现在走下台阶去观赏。

这里名叫石桌子,是观赏三叠泉的最佳地点。请抬头向远处看,天空好像破了一个洞,有没有觉得水好像是从洞口挤出来的?三叠泉的水就从那儿直喷而下。

我们再换一个角度,请大家到石桌子的边缘观望。在这里"三叠"的形状和特点可一览无余。三叠泉的第一级约有30米,水直冲而下,撞在岩石上溅起一束束水花,如烟如雾。第二级更长一些,约有50米,从第一级冲下来的水在这里更显得雄伟壮观。第三级约有80多米,离观望点最近,气势也最为磅礴。这一级的水分两股直泻而下,如同万马奔腾,响声如雷。三叠泉瀑布落差共155米,很是壮观。

三叠泉的全貌我们都观赏过了,我们再向下走50米到三叠泉的脚下。这是一个被瀑布冲成的水潭,约300平方米。潭水很清澈,大家可以喝上一口,品尝一下,是不是很清甜?

第十一课

听力文本一

朋友们:

这就是闻名遐迩的蝴蝶泉。大家抬头看,上边的大理石上刻有"蝴蝶泉"三个大字,这三个字是郭沫若1961年游览蝴蝶泉时题写的。

很多人都看过《五朵金花》,影片中男女主人公对歌谈情的地方就在蝴蝶泉边。《五朵金花》让蝴蝶泉家喻户晓。其实,早在300多年前,蝴蝶泉就出现在徐霞客的游记中了。徐霞客赞美的蝴蝶泉,概括起来有"三绝",就是泉、树、蝶。

首先我们来看"泉"。由于地下水的溶蚀作用,这一带地下有众多的溶洞,受大气降水和地表水补给,形成含水层。含水层中的水,在流动过程中受到阻碍,便从岩缝沙层中渗透出来。大家看,一串串银色的水泡从鹅卵石和白沙中涌出水面,一出地表便汇聚成潭,没有任何污染;而且泉中含大量碳酸钙和镁,无臭、无味,水质甘美。现在泉水被蓄积在这约50平方米的泉池中,四周的护栏是用大理石砌成的。

我们再来说"树"。我们刚才沿途见到很多知名和不知名的树在欢迎我们,而泉后漫山遍野都是松林、茶林、竹林和棕榈林。眼前的蝴蝶泉更是绿树环抱。大家看,那棵横卧在泉上的粗壮的大树,就是"蝴蝶树"。"蝴蝶树"其实就是合欢树。每当农历4月初,苍山脚下,各种鲜花竞相开放。合欢花更是散发出淡淡的清香,吸引了成千上万只蝴蝶来到泉边。除了合欢树,本地还有其他一些特有的芳香树种。

最后我们来说"蝶"。苍山、洱海构成的自然环境适合蝴蝶等昆虫大量繁殖;而蝴蝶泉泉好水美,蝴蝶更是乐意光临。春夏之交,各种蝴蝶在泉边漫天飞舞。蝴蝶成了"会飞的花朵",而盛开的合欢花则像一只只"静止的蝴蝶"。蝴蝶大的像巴掌,小的如蜜蜂,更有数不清的蝴蝶在合欢树上,一只只头尾相连,像一条条绚丽的彩带,一直垂到水面上,盛况空前。

本地人每到这时都来泉边看奇景,后来沿袭下来,就成了4月15日的"蝴蝶会"。每年的蝴蝶会,白族青年男女来到泉边聚会,树林里情歌四起,热闹非凡。蝴蝶泉成了爱情的象征。

朋友们来得不巧,错过了蝴蝶会,不过我们即将参观的蝴蝶馆,展出了丰富的蝴蝶品种,真实地再现了蝴蝶泉边的生态环境,为游客们提供了解蝴蝶泉奇观以及蝴蝶文化的珍贵资料。

听力文本二

朋友们:

我们终于到山顶了。大家在山下时,觉得鸣沙山并不高,只有几十米,没想到爬上来这么不容易吧。细沙看起来温柔,可是温柔中却隐藏着极大的威力。不过诸位的辛苦是很值得的。请往下看:

阳光下的山坡,那一道道连绵起伏的沙峰像不像大海中金色的波浪?沙山环抱的荒漠中有一弯清泉,微波荡漾,碧如翡翠。它像不像一个美丽的少女,温柔地依偎在情人的怀抱中?那就是沙漠第一泉——月牙泉。

鸣沙山东西40多公里,南北20公里,好像两条张开的臂膀围护着山脚下的月牙泉。月牙泉,顾名思义,是说它的形状酷似一弯新月。大家从山顶俯看,更能感觉到月牙泉是名副其实的。

月牙泉,自汉朝起就是"敦煌八景"之一。月牙泉水质甘冽,清澈如镜;南北长近

100米，东西宽约25米，泉水东深西浅，平均水深4.2米，最深处约5米。

鸣沙山和月牙泉是大漠戈壁中的一对孪生姐妹，流沙与泉水之间的距离仅数十米。月牙泉虽经常遇到强风却没有被流沙埋没，地处干旱的沙漠戈壁却始终没有干涸。

自然界的泉水虽然很多，但是和沙山共存的情形却不多见。那么这种情况是怎么形成的呢？在沙山包围之中之所以会出现月牙泉，是因为河水从地下渗流到这里，在良好的隔水层上，形成丰富的含水层，而含水层一旦出现裂缝，水就会由于压力的作用向上涌。鸣沙山脚下恰好有一道这样的裂缝，于是地下水涌出，形成了美丽的月牙泉。

请大家再仔细地观察一下这里的地形。月牙泉南、西、北三面都是山，只有东面是风口。当风从东边吹来时，受到高大的山石的阻挡，气流只能在山中旋转上升，把山下的沙带到山顶，并与山外吹来的风保持平衡，使得山顶的沙不会被风吹到山下，所以月牙泉能经历几千年而没有被沙埋没，形成了沙与泉共存的地貌景观。

大家知道鸣沙山的得名是因为沙会产生鸣响。可是我们上来时却没听到。其实在人沿沙面滑落时沙山才会产生鸣响。等一会儿下山时大家结伴而行，一起推动流沙迅速下滑，一定会听到自然界赐予我们的奇妙的声响。

听力文本三

各位游客：

大家好，欢迎你们来到"地热之乡"——腾冲旅游。腾冲县是中国最为著名的火山密集区之一，也是中国最为著名的地热风景区之一。中国的热泉以云南最多，共有800多处，而云南热泉最多最集中的地方当数腾冲。腾冲以温泉遍布、泉水热力强大且外观奇特著称于世。在腾冲5,800多平方公里的土地上发现40多座火山，60多个地热活动区，温泉和热泉群达80余处，到处都可以看到泉水在呼呼喷涌，热气缭绕，宛如人间仙境。

我们现在所处的位置在腾冲县城西南约20公里处，是腾冲地热最集中的区域——热海。热海约有9平方公里的面积，地热景观类型丰富。目前开发了大滚锅、蛤蟆嘴等十余个景点。

请大家先来看大滚锅。这是热海之中最为壮观的一个盆形的沸水池，它直径6.12米，水深1.5米，表面水温约97度，底部温度高达102度。池内泉水不分昼夜地猛烈翻滚，发出"噗噜、噗噜"的声音，就像水烧开时的锅，这儿的人便称它为"大滚锅"。这是热海中温度最高的沸泉。千百年来，它不停地翻滚沸腾，四季热气蒸腾。

据说以前有一头牛到大滚锅边吃东西，不小心掉入大滚锅内，等到牧童从村里喊人来救它时，已煮成一"锅"牛肉。在热海不需柴草，不需烧火，到处可以蒸饭、煮鸡蛋。

……

我们再来看热海中的另一个著名景点——蛤蟆嘴。蛤蟆嘴泉水温度高达95度。大家观察一下蛤蟆嘴有什么奇特之处？对了，这位朋友说得对，它是间歇式喷泉，每次喷水都要停1到3秒，所喷热泉有3米多远。

热海不仅风光迷人，而且很适合疗养度假。热海的泉水含有多种对人体有益的矿物质和微量元素，能有效地治疗神经系统、消化系统、呼吸道、皮肤等方面的多种疾病。

本地群众利用地热蒸气治疗疾病有悠久的历史。现在热海建有多家疗养院和浴室。景区温泉浴服务,价格在 3~20 元不等。大家晚上可以尽情享受一下。不过,可不能在大滚锅里洗澡哦。好,今天的游程就到这里,谢谢大家的合作。

第十二课

听力文本一

各位团友:

我们知道天和地都是没有边际的,那么为什么这里会被称为"天涯海角"呢?这还得从中国古人对世界和宇宙的看法说起。

过去人们认为:天是圆的而地是方的,在这个世界上有一个地方是天地的边际,那么它到底在哪里?过去的人们认为,它就在我们海南岛一带。在中国古代,尤其是唐朝和宋朝的时候,这一带是罪犯的流放地,因为当时这里离都城非常远,交通又很不方便,人也非常少,再加上这里天气炎热,常年干旱,环境极为恶劣。许多被流放到这里的人往往都不能再活着回到家乡,因此,当时对被流放的人来说,这个地方不仅仅是世界的尽头,而且意味着生命的尽头即将到来。由于这几个方面的原因,人们称这里为"天涯海角"。

朋友们,请大家看正前方,首先映入我们眼帘的是一块巨石,上面刻着四个大字"南天一柱"。刚才我们介绍过,古人认为天是圆的,地是方的,在地的东、西、南、北四个角落分别有四根柱子,这四根柱子支撑着天空,使它不会掉下来。这块巨石就是其中的一根柱子的化身,它支撑着南边的这片天空,使人们可以安居乐业。除此之外,它也代表了海南人民坚强、勇敢的性格,是海南人民的象征。

请大家跟着我继续往前走……

各位朋友,请看,现在我们的面前出现了一对巨石,这一对巨石都有 10 多米高,上面分别刻着"天涯"、"海角"四个字。清朝的时候,有一天,有一个叫程哲的官员经过海边,一块巨石拦在路中,挡住了去路。程哲想起遥远的家乡,心里充满了感慨,便题写了"天涯"两个字。此事距今已有 260 多年的历史了。而"海角"两字,据说是出自清末一个文人之手,但至今一直无法得到证明。

到了"天涯海角",我建议大家打一个电话给你们的爸爸、妈妈、丈夫、妻子或者朋友,告诉他们,你们在"天涯海角"这个世界上最远的地方还在想着他们。

听力文本二

各位朋友:

欢迎大家来到北海的银滩。银滩是我们北海主要的旅游点,1992 年 10 月这里升为国家级旅游度假区。度假区位于北海市东南部海滨,东西绵延约 24 公里。从地图上看,整个地区像一个张开嘴的大白虎,因此以前这里被称为"白虎头"。

我看见很多朋友都已经控制不住自己,脱下鞋子和袜子,用脚在感受沙滩了。怎么样?大家是不是觉得这里的沙滩特别柔软?北海银滩就是以"滩长平、沙细白、水温净、浪柔软、无鲨鱼、空气好"的特点被称为"中国第一滩"的。现在就让我来给大家详细说一说银滩的这六大特点吧。

第一个特点：银滩的滩又长又宽。银滩有100多米宽，长20多公里，面积超过北戴河、青岛、大连、烟台和厦门海滨浴场的总和。海滩宽阔，每天可同时迎接游客10万至15万人次下海游泳。

第二个特点：银滩的沙又细又白。银滩的沙柔软、洁白，请大家看看我们的脚下，在阳光的照射下，洁白的沙滩泛出银光，这正是为什么这里被改称为"银滩"的原因。

第三个特点：银滩的水又温和又干净。银滩的海水因为涨潮慢、退潮快使海水得到天然的循环，海水变得非常的干净、清澈。

第四个特点：银滩的浪又柔又软。银滩地势平缓，由于滩平、浪平，水势由浅入深，游到100多米远的地方，水深仍不会淹没到一个成人的头顶，是非常适合游泳的优良海滨。

第五个特点：这里没有鲨鱼，在这里游泳相当安全。

银滩的最后一个特点就是，空气质量好。这里空气一年四季都特别新鲜、特别干净，是有慢性病或老年病的人最合适的疗养场所，有"南方北戴河"之美称。

好了，说了这么多，我看很多朋友都已经急不可待地想要更"深入"地感受银滩了，好吧，让我们一起来感受一下吧！

听力文本三

朋友们：

欢迎大家来到大连。众所周知，大连是一个美丽的花园城市。在这样美丽、整洁的环境里，更有一处被称为"大连后花园"的旅游胜地，也就是我们今天的目的地——金石滩国家旅游度假区。

金石滩国家旅游度假区，位于大连市东北部的黄海之滨，毗邻大连经济技术开发区，距大连市中心50公里。那里陆地面积62平方公里，海域面积58平方公里，海岸线长达30公里，是国家级重点风景名胜区。

大家都是旅游爱好者，我想你们一定已经见过许多海岸和沙滩了。那么我们今天要去的金石滩又有什么独特之处呢？它又是以什么而闻名于世的呢？就让我来告诉大家答案吧。

金石滩三面环海，在长长的海岸线上，有100多处海蚀景观，形成于3亿年到6亿年前。这里礁石林立，形状奇特，是一处大自然鬼斧神工创造出的神奇世界，因此，被人们称之为"神力雕塑公园"。

……

朋友们，我们现在看到的就是"神力公园"的第一个景观——"玫瑰园"。玫瑰园占地1,000多平方米，由100多块怪石组成。大家请看，海滩上有很多礁石，礁石上的海藻，在海水的冲刷下，纹理显得非常的清楚、有层次，有的是玫瑰色的，有的是淡黄色的，有的是黑色的，从远处看，像不像一朵朵玫瑰盛开在大海中？这也正是"玫瑰园"得名的由来。

请大家随我继续向前游览……

朋友们，现在我们看到的就是闻名世界的"龟裂石"了。大家看，龟裂石的表面很像乌龟背上的壳，上面有很多手掌大的小方格，每个方格里面是红色的，边线则是绿色的。它是岩石中的极品。被称为"天下第一奇石"。这块石头形成于6亿年前，是世界上目前发现的体积最大、断面结构最清楚的沉积岩标本。它不但是中国的一绝，也是世界的一绝。

朋友们，前面就是金石滩奇石馆了，它是中国目前最大的藏石馆，号称"石都"，里面收藏了200多种近千件奇特的石头，其中很多都可以称为中国之最。请大家随我一同进去观赏！

第十三课

听力文本一

各位朋友：

欢迎大家来到我们崇明岛旅游。首先我来为大家介绍一下崇明岛的大致情况。

崇明岛，自古以来就有"东海明珠"的美称。它三面环江，一面临海。东西长76公里，南北宽13~18公里，土地总面积约1,229平方公里，人口72.5万。它的面积仅次于台湾岛和海南岛，是中国的第三大岛，也是世界上最大的冲积岛。

那么，很多朋友肯定很想知道，崇明岛是怎么形成的呢？让我来告诉大家答案吧，它是由长江冲刷而下的大量泥沙不断沉积而形成的。在长江入海口处，由于江面一下子变得很开阔，水流的速度突然降低了，因此大量泥沙沉积下来，形成了河口的沙岛。崇明岛就是在许多沙岛的形成、变化过程中逐渐发育而成的。

作为世界最大的泥沙冲积岛，崇明岛有着自己独特的资源和景观。总的说来，我们崇明岛有三大奇景。

第一是"螃蟹多"。崇明岛因此还有另外一个美称叫"蟹岛"。在崇明岛的泥滩上，到处都是小螃蟹，黑压压地布满了泥滩。但一旦发现有人走过来，这些小螃蟹就会迅速地躲进滩上的小洞穴里。即使你用最快的速度去抓，也只会两手空空。

崇明岛的第二大特色是"芦苇成林"。由于芦苇很适合在滩地上生长，所以在崇明岛北岸及东南岸一带，有长达数公里的芦苇林，一眼望不到边。

崇明岛的第三大特色就是岛的形状始终都处于变化之中，目前崇明岛向北靠的趋势越来越明显。估计不久的将来，崇明岛将成为启东的一部分，不再是岛屿了。

崇明岛四季分明，旅游资源丰富。岛上不仅有历史悠久的名胜古迹，更有华东最大的国家森林公园和亚洲最大的候鸟保护区，岛上的风景，真可谓美不胜收。

崇明岛在上海土地总面积中超过了1/6，岛上具有丰富的生态资源和大片优质土地。前不久，上海市政府将崇明岛定位为"生态岛"，并打算将"崇明岛"发展为上海的"后花园"。我们相信，这些措施将对岛上的生态系统起到很好的保护作用。

听力文本二

朋友们：

欢迎大家来到著名的"海上花园"——鼓浪屿。鼓浪屿位于厦门岛西南,全岛四面环海,呈椭圆形,面积只有1.84平方公里,步行一个多小时就可以围着岛走一圈。

很多朋友问我,鼓浪屿的名字是怎么来的呢?这说来就话长了。鼓浪屿到明朝时才改称为"鼓浪屿"。因为在岛的西南部有一个岩洞,海水拍打岩洞的时候,发出像擂鼓一样的声音,故得名"鼓浪屿"。

大家来到鼓浪屿,想必已经发现了这里和其他地方的不同:那就是没有车辆,别说公共汽车,就连自行车也见不到,任何人到了鼓浪屿都要靠自己的两条腿走路。不过最近几年,为了方便游人参观,岛上现在开通了一种旅游车,人们可以乘坐旅游车环岛观光,这种车使用的是电,所以不会污染环境。

鼓浪屿上风景迷人,到处是绿树、红花。大家注意到了吗?在这些绿树红花中,有许多漂亮的具有异国情调的建筑。这是什么原因呢?这就要追溯到清朝末年的时候。那时,很多国家在岛上设立了领事馆,再加上上个世纪二三十年代,许多华侨富商也回到家乡开办工厂,他们在鼓浪屿上建起许多别墅,短短15年内就建造了约1,000多幢房屋。正是这些各具特色的建筑,使鼓浪屿获得了另外一个美称"万国建筑博物馆"。

除了刚才我们提到的两个美称,鼓浪屿还有一个美称,那就是"钢琴之岛"。鼓浪屿被称为"钢琴之岛"有两个原因:一是鼓浪屿的码头就像一架钢琴,而大海就好像一位热情的"钢琴家",每天都在不停地用海浪演奏出动听的乐曲;二是岛上处处有钢琴声。鼓浪屿人学习弹钢琴是从1913年开始的,先是教会学校的学生,后来逐渐影响到岛上的居民。如今这里钢琴多达几百架,其密度居全国之冠。

现在我们来到了日光岩,这里可以说是岛上最重要的景观。大家看,这里有两块巨大的岩石,一高一低,高的一块直立,低的一块横躺,它也是鼓浪屿的标志。这里还是中国九大观日处之一。清晨,一轮红日跳出海面,顿时红光万道,海水被染成了红色,景色十分美丽。

听力文本三

朋友们：

经过一段时间的海上航行,我们马上就要到达今天的目的地了,大家可以看到前面的那一个长弧形的海湾就是我们今天下船的地方。在下船之前让我们一起来了解一下嵊泗列岛吧!

嵊泗列岛位于浙江省北部海域,与上海市隔海相望,南临普陀山,是中国列岛中唯一的国家级风景名胜区。

嵊泗列岛一年四季气候温和。冬天最冷的月份平均气温为4.9℃;最热的月份平均气温27℃,比内陆要凉爽许多,再加上岛上风速较大,即使在盛夏季节,也让人感到十分凉爽。岛上阳光充足,全年日照长度为2,150小时,7、8、9三个月份,总日照长度可达770小时。

礁石、岩洞,是嵊泗列岛风景资源最重要的组成部分。黄龙岛的元宝石,它位于黄龙岛的东北部,岛上有两块奇特的巨石,一大一小,外形非常像元宝。元宝石"横放"在陡峭的悬崖上,轻轻推动,它就会左右微微晃动。嵊泗列岛上的海蚀洞也非常多。花鸟岛上的穿心洞,从整个山体的缝隙间,可看见对面的景物;泗礁岛上的穿鼻洞、礁岩洞等,在海浪的拍打之下,会发出像擂鼓一样的巨大的声响;大洋岛上的通天洞、通海洞等,上可达山顶,下可至大海。岛上的奇石更是不少,有的像小船,有的像大象,十分奇特。待会儿大家都会看到。

嵊泗列岛不仅有着优美的自然景观,而且人文景观资源也十分丰富。中国古代的文人们,到了这里游览总会题写诗句,所以岛上的山崖上留下了不少石刻……

我们的船靠岸了。下船后,请大家在码头前集合……

第十四课

听力文本一

女士们,先生们,你们好。

欢迎你们来到呼伦贝尔草原观光。不到大海,不知道大海的浩瀚;不到草原,想像不出草原的辽阔。

呼伦贝尔草原是世界最著名的三大草原之一,这里地域辽阔,水草丰美,3,000多条纵横交错的河流,500多个星罗棋布的湖泊,组成了一幅绚丽的画卷。呼伦贝尔是中国生态保持较好、未受污染的大草原之一。

你们看,在蓝天白云之下,草原犹如碧绿的地毯;在这一望无际的绿色地毯上盛开着无数的野花;微风过后,到处可见成群的牛羊和骏马。如果有人想体验一下在草原上骑马奔驰的感觉,一会儿可以骑上蒙古马跑上几圈;不敢骑马的朋友,可以坐上草原传统的"勒勒车"走一走,同样可以找到游牧生活的乐趣。再往远看,草原上星星点点的蒙古包上已经开始升起缕缕炊烟。

平时说到草原,我们会想到牛羊,想到马,也很容易想到蒙古包。蒙古包少说也有4000多年的历史了。牧民用石块垒起圆形房基,把木杆和皮毛绳穿成的墙壁架立在房基上,上面成斜坡状,然后在外面包上毛毡或兽皮,一座圆形尖顶的蒙古包就建好了。蒙古包为什么要建成圆形的呢?这位朋友说的对!草原上常有大风大雪,圆形的蒙古包阻力小;而尖顶下雨时不存水,网状的墙便于搬迁时折叠,很适合游牧生活,这也许就是蒙古包的结构几千年没有改变的原因吧。

这就是刚才我们在车上所看到的蒙古包。瞧,主人已经出来迎接我们了。这可不是事先安排好的。草原上的牧民听到有人来,总是走出蒙古包外热情迎接。客人被请入包内,男坐左,女坐右,主人坐中间。主人会端上奶茶和各种奶制品请大家品尝,还会端上"手扒肉",同时,还会献上"哈达",敬上美酒。草原牧人无论男女老少,人人都能歌善舞。牧民们不仅用美酒,也用传统的民族歌舞和悠扬动听的马头琴欢迎客人。

现在我们就走进蒙古包,当一回蒙古族牧民的客人吧。

听力文本二

朋友们：

竹海到了。相信这广阔而又充满诗情画意的绿色海洋，一定会给大家留下难忘的印象。

蜀南竹海有竹子 15 属 58 种，主要是楠竹，还有珍稀罕见的黑竹、人面竹等品种。楠竹生长速度奇快，竹笋出土后 45 天高度就不再变化，以后变化的只是竹子本身的硬度和韧性。楠竹年年可砍伐，年年又能长出新的竹子。这里的竹子呈天然生长状态，在东汉时期就已形成规模，经过几千年的培育和生长，形成了今天浩瀚壮丽的竹海。

美丽的竹海真是处处有美景。竹海除了一望无际的竹林，还有山、洞、泉、瀑、湖等景观。景区内现有景点 124 个，分布在长 13 公里，宽 6 公里的景区内。现在我们沿小桥公路往上步行 3 公里去观云亭。

……

我们现在再由观云亭继续向前。这里的地势逐渐平缓，竹林更加茂密，大家是不是觉得身心一片清凉？此处就是著名的翡翠长廊了。翡翠长廊是蜀南竹海最具特色的标志性景点。长廊穿行在竹海中，两旁密集的绿竹在空中交叉相拥，遮天蔽日。长廊的路面是由本地的天然红色砂石铺成，红地毯般的公路与绿色的楠竹交相辉映。今天正好天晴，一道道阳光，透过竹子枝叶的缝隙，在地上撒下点点金光，把长廊打扮成了一个色彩绚丽的世界，简直变成了一条美丽的画廊了。大家漫步在长廊中，一定会对"心旷神怡"四个字有更深的体会。

有的朋友提议在长廊多呆一会儿。好，那就再给大家 20 分钟，我们边休息，边观赏。出长廊之后我们将去观海楼，游人也可上去登高望远，体会一下碧波万顷的竹海气势。观海楼下来，差不多就到午饭的时间了。竹海月月产鲜竹笋。今天中午爱吃竹笋的朋友们，一定会大饱口福的。

听力文本三

尊敬的客人，一路辛苦了。

西双版纳有两万平方公里的原始森林，生长着五千多种热带植物和数百种珍禽异兽，是天然的"植物王国"和"动物王国"，人们称她为"北回归线上的一颗绿宝石"。

此次行程中，您将有机会看到珍贵的野生稻、跳舞草、落地生根草等植物；还有机会看到亚洲象、野牛、绿孔雀、蓝孔雀和野鸡等动物。热带雨林中的"绞杀植物"、"独树成林"、"空中花园"等奇观异景也将会让大家大饱眼福。我们现在即将参观的是在距勐腊县城 20 公里的望天树和"空中走廊"。

西双版纳热带雨林，参天大树随处可见。您也许会问，这雨林中到底什么树最高？在西双版纳几千种树木中，最高的树要数望天树。望天树最高达 80 多米，一般都能长到 40~70 米，比其他乔木要高出 20~30 米。在中国以至整个亚洲现存的热带雨林植被中，可算是最高的树种了。望天树适应能力强，寿命长，木质坚硬，承压力强，是极好的用材树木，1977 年建造毛主席纪念堂时，在勐腊伐了三棵运往北京。

望天树是1974年首次发现的。当时,植物科学工作者根据勐腊县林业部门提供的线索,到勐腊进行考察,发现共有100多棵高度在50~80米的大树,在约10万平方米的区域内集中生长,形成了一个小小的群落。专家们从多方面进行研究,鉴定出它是一个新种,并给了它一个形象生动的名字——望天树,意思是"仰头看天才能看到的树"。望天树是国家一级保护植物,是热带雨林的重要标志之一,它的发现证实了中国存在真正意义上的热带雨林。

　　望天树主干光滑笔直,极少分枝长杈,青枝绿叶聚集在顶部,形成一个绿色伞罩,像巨人般高出其他乔木三四十米,自成一层林层,人们把这一林层称为"林上林"。

　　为了观察树木的长势和病虫害的情况,西双版纳自然保护区管理局在望天树上架设了一条空中走廊。空中走廊是用网绳、木板、钢管等材料在高空将数十棵粗大的望天树连接而成的高30~50米、长2.5公里的通道。好,现在我们就到"空中走廊"上,去体验一下那种在高空摇荡的刺激,还可以从高空俯视热带雨林的全貌,感受大自然的神奇美妙。

第十五课

听力文本一

各位朋友:

　　你们好,我是国际旅行社的小王,今天由我来带领大家参观我们吉林市的美景。

　　刚才很多朋友问我,雾凇到底是什么?那么这里我就先给大家简单地介绍一下。雾凇,也叫作树挂,是雾和水汽遇冷凝结的一种气象景观。它主要出现在天气比较寒冷的地区,中国有不少地方都能看到雾凇,其中尤以我们吉林市的雾凇最为有名。

　　每年最冷的季节,我们这里就会出现这种特有的景观——雾凇。请大家看我们车子的前方,公路两边的大树上,经过昨晚一夜的低温,雾、水汽被冻结在树枝上,形成了一条条、一串串、一片片的雾凇。远远望去,那一排松树好像一朵朵白云,一排排浪花。雾凇的降临要经历相当复杂的变化过程。这种厚度达到四五十毫米的雾凇是最罕见的一个品种,要具备足够的低温和充分的水汽这两个苛刻的自然条件才能形成。

　　在吉林市,欣赏雾凇的美可以分为三个阶段:"夜看雾,晨看挂,待到近午赏落花"。

　　"夜看雾",是说在雾凇开始形成的前一个晚上,观看松花江上出现的雾景。大约在夜里10点多钟,松花江上开始有缕缕雾气,慢慢地,雾越来越大,越来越浓,大片的白雾从江面不停地向两岸飘流,江边的路上形成一条雾流,高楼和灯光在雾中都变得朦朦胧胧,路上的行人也仿佛进入了梦中。

　　"晨看挂",是说早上起床后看树挂。前一天看到的江堤上,树木还是光秃秃的,可是一夜之间,眼前的树木已是一片银白色,真像春天的时候,树上开满了白色的梨花。

　　"待到近午赏落花",是说树挂脱落时的情景。一般在上午10点左右,树挂开始一片一片脱落,接着是一串一串地往下落。微风吹来,脱落的雪片在空间飞舞,形成一幅梨花纷飞的春天的图画。

　　吉林市雾凇以其具有"冬天里的春天"般诗意的美,同桂林山水、云南石林、长江三峡一起被誉为中国四大自然奇观。

听力文本二

朋友们：

我们已经到达了今天的目的地——光明顶。大家可以看看我们的脚下，正是大海一般浩瀚的云雾，想必大家一定有心胸开阔的感觉。

众所周知，黄山的云海和奇松、怪石、温泉一起并称为"黄山四绝"。在这四绝当中，最有名的就是云海。云海是黄山的第一奇观，因此黄山自古就有黄海之称。

一般在高山上都可以看见云海，但黄山的云海更具特色，加上奇峰、怪石、古松在云海中忽隐忽现，更增加了美感。黄山一年之中有云雾的天气达 200 多天，水汽蒸发或雨后雾气没有消散，就会形成云海。大家看，黄山的大小山峰都淹没在云层里。天都峰、光明顶也成了浩瀚云海中的小岛。阳光照耀下，云更白、松更绿、石更奇。没有风的时候，云海像一床铺得整整齐齐的棉被，让人想用手感觉一下它的柔软。有时候，风来了，云海波澜起伏，又好像千军万马奔涌而来。

黄山可分为五个区域。莲花峰、天都峰以南为南海，也称前海，文殊台是观前海的最佳处。狮子峰、始信峰以北为北海，又称后海，狮子峰顶和清凉台是观后海和看日出的好地方。白鹅岭东为东海。丹霞峰、飞来峰西边为西海，理想的观赏点是排云亭。光明顶前为天海，位于前、后、东、西四海中间，海拔 1,800 米，地势平坦，云雾从脚底升起，云和天空都是白茫茫的一片，仿佛连接在了一起，故有"天海"之称。若是登上黄山三大主峰：莲花峰、天都峰、光明顶，那么全部五海便可以一览无余。

一般来说，每年的 11 月到第二年的 5 月是观赏黄山云海的最佳季节，尤其是雨雪天之后或者日出及日落之前，云海一定会出现而且非常壮观。

听力文本三

朋友们：

我们现在已经到达了金顶，大家可能急不可待地想四处看看，但请大家先别急，先让我给大家介绍一下金顶的"四大奇观"。

金顶的"四大奇观"就是日出、云海、佛光和圣灯。很少有人能有幸一次把四种奇观全部看到，所以大家听一听我的介绍是很有必要的。

日出呢，大家都不陌生了，但峨眉山的日出却有它独特的魅力。在峨眉山金顶，每当朝阳升上天空，大大小小的山峰立刻涂上了一层金色。那时，满天的彩霞、鲜红的太阳、西边洁白的雪山、金黄色的山顶，构成一幅极其壮美的图画。

站在金顶，白云从山下慢慢上升，很快汇聚成浩瀚的云的海洋，一直延展到天际，大大小小的山峰在云朵中忽隐忽现。有时，脚下是云，天空中是云，人站在两层云之间，真有一种在云中漂浮的感觉。

最奇妙的还是"佛光"了。每当雨雪过后，天刚刚开始晴朗起来的时候，太阳照射在舍身岩下的云层之上，你会看到一个红色在外，紫色在内的彩色光环。你的身影映入光环之中，人动，影子也跟着动。

第四个奇观就是圣灯。在没有月光的夜晚，漆黑的舍身岩下，有时能看见一点微弱的亮光，慢慢发展到很多点亮光，一会儿亮，一会儿灭，一会儿像天空中的星星，一会儿又像万家灯火。这就是被称为"圣灯"的奇妙景观了。"圣灯"现象极为奇特。其成因，有人说是磷火，有人说是萤火虫，但根据科学考察，"圣灯"的成因和树枝上的一种特殊物质有关。当空气很湿润的时候，这种物质得到了充分的水分，和空气中的氧元素摩擦而发出光亮。由于"圣灯"亮度不高，所以白天很难看见。
　　好了，朋友们，我的讲解结束了，现在大家可以自由活动，我们45分钟以后再在这儿集合。

说话参考文本

第一课

说话文本一

各位团友：

我们马上就要到达雁荡山风景区了，利用这段时间我向大家简单地介绍一下儿雁荡山。

雁荡山是国家级风景名胜区，是全国十大名山之一。一般来说雁荡山有北雁荡山、中雁荡山、南雁荡山之分。我们今天要游览的北雁荡山因为规模最大、景点最多，所以也就最为出名，人们通常说的雁荡山，简称雁荡或雁山，一般也都指北雁荡山。

雁荡山这个名字是非常富有诗意的，那么它是因何而得名的呢？因为主峰雁湖岗顶上有一个湖，湖中有芦苇荡，大雁每年秋天飞向南方的时候，经常来这里栖息，所以名为雁荡山。它的特点是奇特险峻、瑰丽多姿，有"东南第一山"的赞誉。北雁荡山景区占地450平方公里，以奇峰、瀑布著称，分为灵峰、三折瀑、灵岩、大龙湫、雁湖、显胜门、仙桥、羊角洞等八大景区，共有景点500多处，其中以东南部的灵峰、灵岩、大龙湫最为有名，并称为"雁荡三绝"。

灵峰景区为雁荡山的东大门，也是我们今天游览的第一大站。灵峰景区总面积约46平方公里。它以奇峰、怪石、古洞而著称。那里有两个古洞——观音洞和北斗洞，是游人必到的地方。灵峰景区每座山峰、每块石头都高低不同，真是千姿百态，美不胜收。更为奇妙的是，一到了黄昏时刻，灵峰更是变幻多姿，妙不可言，所以有"日景耐看、夜景销魂"的说法。我们白天先去看灵峰日景，晚上吃过饭后再带大家领略一下儿迷人的夜景。

好了，我们已经到达了灵峰景区，请大家下车吧。

说话文本二

各位朋友：

　　我们已经来到了麦积山脚下。我先向大家简单地介绍一下儿。麦积山属于麦积山风景名胜区，这个景区共包括麦积山、仙人崖、石门、曲溪和街亭五大景区，总面积215平方公里，地跨黄河、长江两大流域，森林覆盖率76%左右，动植物资源极为丰富，地质地貌形态多样，文物古迹繁多，自然景观和人文景观交相辉映，是国务院1982年首批公布的44个国家级重点风景名胜区之一，2000年又被国家旅游局评定为4A级景区。由于麦积山石窟闻名中外，所以全景区就以"麦积山"命名。

　　大家可以看到，麦积山不太高，海拔仅为142米，但山的形状奇特，大家能看出来它像什么吗？哦，像"麦垛子"，这位朋友答对了。大家看，它平地而起，四壁陡峭，中部较大，底部略小，整座山呈圆锥形，远远看去好像堆起来的麦垛，所以被称为"麦积山"。麦积山因为既有北方山峰的雄浑，又有江南山水的秀丽，被称为"陇东小江南"。这里风景秀丽，山上密布着松树、柏树，等会儿我们上山的路上也会看到很多奇花异草。刚才我听到有人抱怨，下着小雨真不方便。这大家就不知道了，刚刚下过雨以后，山上云雾弥漫，远景近物交织在一起，若隐若现，构成了一幅非常美丽的图画，这就是被称为天水八景之首的"麦积烟雨"。很多人专程跑来就是为了要看烟雨中的麦积山呢。大家真是很幸运。好了，我们马上就上山领略它的美吧。

第二课

说话文本一

各位朋友：

　　刚刚在车上我介绍过，衡山被认为是五岳中最美的一座，所以会有"南岳独秀"的说法。进山半天大家也真切地感受到了吧。现在我们就来到了苍松翠柏掩映下的南岳庙了。南岳庙是全山最雄伟的建筑，它是一组集民间祠庙、佛教寺院、道教宫观及皇宫风格建筑于一体的建筑群，占地面积98,500平方米，是江南规模最大的宫殿式古建筑群。有心的朋友可以发现它的风格和北京故宫相似，因此有"江南小故宫"之美称。它与泰山岱庙、嵩山中岳庙并称于世，是五岳庙中最大也是布局最完整的古建筑群之一。

　　我们现在来到了南岳庙的主体建筑——正殿，正殿又称大殿或圣帝殿，殿长35.3米，宽53.68米，高31.11米，占地面积1,877平方米。因为正殿屹立在十六级石阶之上，所以它不仅是整个大庙的最高建筑物，而且还高出南岳古镇所有建筑物。这就显示了正殿在衡山中至高无上的地位。正殿内外一共有72根石柱，象征着南岳72峰，大家稍后可以数一数到底是不是72根。

　　南岳庙内雕塑的最大特色就是龙多。我们可以发现从梁柱到门框可以见到各种各样的雕龙，整座南岳庙的龙多达800余条，表现的是自古以来"八百蛟龙护南岳"的传说，是南岳庙建筑工艺中最富有特色的艺术品。

　　好了，让我们进入正殿看看吧。

说话文本二

各位朋友：

明天早上我们要游览的是北岳恒山，我先向大家简单介绍一下恒山。恒山又名常山、大茂山，与东岳泰山、西岳华山、南岳衡山、中岳嵩山并称五岳，恒山风景区1982年被列为全国第一批44个国家重点风景名胜区之一，被誉为"塞北第一名山"。

全景区包括4个等级的保护区和1个自然保护区。一二级保护区面积为62.10平方公里，以天峰岭和翠屏峰为中心，包括天峰岭景区、翠屏峰景区、千佛岭景区、温泉景区和浑源城景点群；龙山一带为自然保护区。

恒山有"两绝"，其一是恒山的主峰天峰岭与翠屏山之间的一条峡谷——金龙峡。峡谷幽深，峭壁侧立，最窄处不到10米，形成了一道天险，自古以来就是兵家必争的南北要道，保留了古代关隘、城堡、烽火台等众多古代战场遗迹。

其二就是被称为"恒山第一奇观"的悬空寺，它坐落在恒山主峰翠屏峰的半崖峭壁间。刚刚建成时，最高处离地面90米，现只剩58米。悬空寺为木质建筑，虽然面积仅有152.5平方米，但却有大小房屋40间。千年以来，悬空寺经历了风吹雨打日晒，却没有受到太多损害。因为它建在崖壁凹回去的部分，两边突出的山崖缓解了风势，东边天峰岭遮挡了太阳，年平均日照时间仅有2小时。悬空寺在中国古代建筑史上占有重要地位。这"两绝"都是我们明天游览的重点项目。

第三课

说话文本一

各位团友：

我们现在坐上了开往普陀山的快艇了。刚刚我介绍过普陀山是著名的海岛风景旅游胜地。它以悠久的佛教文化和独特的海山风光闻名于世，与五台山、峨眉山、九华山并称为中国佛教四大名山。普陀山有"海天佛国"的美称，是国务院首批公布的国家级风景名胜区。

普陀山风光秀美，峰峦苍翠，洞岩奇异，古寺遍地。山上气候湿润，冬暖夏凉。春季雾气弥漫，变幻莫测，秋季天高气爽，最适宜观赏东海日出。现在正是一年中最热的时候，大家从上海来，想必那里现在已经三十七八度了吧，但是普陀山最高气温不超过29度，是旅游避暑的胜地。

普陀山作为佛教胜地，最繁盛的时期有寺院82座，僧侣4,000多人，游客在岛上漫步，经常可以遇到僧人。美丽的自然风景和浓郁的佛国气氛，使普陀山蒙上一层神秘的色彩，而这种色彩，也正是对游人最有吸引力的地方。每年的农历二月十九、六月十九、九月十九是观音香会，很多人都会到普陀山来，那时也是普陀山的旅游旺季。

我们今天游览路线是普济寺、法雨寺、千步沙。晚上住在山上。上岸以后，向北走不远就是普济寺。普济寺是普陀山供奉观音菩萨的主寺，始建于北宋。普济寺规模宏大，是普陀山最大的寺院，建筑面积为11,400平方米。法雨寺位于岛的中部，是普陀山的最高处。寺内建筑依照山势而建，共有六重殿堂。千步沙是一段海滩，在岛的东南岸，千步沙长约 70 多米,因长度近千步而得名。那里沙色如金,纯净细软,海面宽阔,水中没有乱石暗礁,是非常好的天然浴场。大家可以尽情地享受金沙细浪、碧海蓝天。

说话文本二

各位朋友:

　　今天我们要游览的地方就是云南四大风景名山之一的鸡足山。我先给大家介绍一下儿鸡足山的情况。鸡足山坐落在云南省宾川县境内,它左靠金沙江,右临大理洱海,与苍山遥遥相对。鸡足山以佛教文化和森林公园为特色,是国家重点风景名胜区,与峨眉、五台、九华、普陀齐名,所以也有人把它们并称为佛教五大名山。

　　鸡足山东西长 7 公里,南北宽 6 公里。主峰天柱峰又名金顶,海拔为 3,240 米。鸡足山本身就是一座森林公园,山上岩峰秀丽,泉水清澈,松柏苍翠,鸟语花香,山中比较有名的景点有"天柱佛光"、"华首晴雷"、"洱海回岚"、"苍山积雪"、"万壑松涛"、"飞瀑穿云"、"悬岩夕照"、"塔院秋月"等八景。这些就构成了鸡足山雄、秀、幽、奇的自然景观。

　　……

　　好了,尽管气喘吁吁,大家都爬上来了。我们现在所在的位置就是位于天柱峰峰顶的金顶寺,它是鸡足山海拔最高的寺庙。刚刚我们讲过,鸡足山作为佛教圣地,开始于宋代,兴盛于明朝,可以说是源远流长。鸡足山的寺庙最多时达 100 多座,山上有僧侣 5,000 多名。鸡足山现存祝圣寺、金顶寺、铜瓦寺、九莲寺及大庙二庙等。祝圣寺处于全山中心,规模宏伟,是鸡足山最大的寺庙。待会儿下山的时候,我们再去参观祝圣寺。细心的朋友可能会发现金顶寺的建筑与其他寺庙的风格不太一样,因为这里的古建筑兼有中国、印度、缅甸寺院的构造特色,所以有异域风情。

　　现在大家站在这里向南看,鸡足山的云海也很漂亮吧。请再向西看,那就是云南的风景名胜苍山和洱海。再请向北仔细看,隐隐约约看到的就是玉龙雪山。如果是清晨时分站在这里的话,向东可以看到美丽的日出。这些就构成了鸡足山的"金顶四观"。

第四课

说话文本一

各位团友:

　　现在我们将回到宾馆用晚餐,利用这段时间我介绍一下儿明天的行程。明天我们将要游览的是道教名山——青岛崂山。

　　崂山位于青岛市向东约 40 公里处。崂山古称牢山、劳山,方圆 300 多平方公里。崂山的海岸线长达 87 公里,沿海有大小岛屿 18 个。崂山主峰为巨峰,海拔 1,133 米,是中国 18,000 公里海岸线上最高的山峰。崂山以海山相连、雄奇秀美著称于世。

　　崂山有景色优美的太清宫,殿宇雄伟的华严寺,地势高峻的明道观,也有可以俯视大海的白云洞,林木葱郁的南龙水瀑布,自然景观与人文景观交相辉映。山与海结合,岬角、岩礁、滩湾交错分布,形成了很多奇峰怪石,有"天然雕塑公园"的美誉。漫步在崂山的青石板小路上，一边是碧海连天，雄奇壮阔；另一边是青松怪石，深岩幽谷，游客们会感到心胸开阔，神清气爽。

崂山风景区由巨峰、流清、上清、太清、棋盘石、仰口、北九水、华楼、登瀛9个风景游览区和5个风景恢复区及景区外缘陆海景点三部分组成，有景点220多处。但由于时间关系，我们只能选择其中的一部分游览，好了，我们已经到达宾馆了，大家可以下车用餐了。

说话文本二

各位团友：

我们已经来到了位于江西省东北部上饶市境内的三清山。三清山是国家重点风景名胜区，整个景区方圆220平方公里，其中主峰玉京峰海拔1,817米，为三清山最高峰。

三清山以自然山岳风光称绝，被誉为"黄山姐妹山"，有人说她集中了众多名山大川的精华，又展现了别具一格的风采。三清山有奇峰48座，怪石52处，与苍松、飞瀑、云雾共同组成300多处，其中云海、日出、晚霞、月夜更为三清山的特色景观。三清山又是一座具有1600余年历史的道教名山，古代文化遗产得到完好的保存，道教建筑遍布全山，因此，三清山有"露天道教博物馆"之称。

刚刚我们讲过三清山由于植被较好，年降水量多达2,000多毫米，因此，水源比较充沛，处处有流泉飞瀑，并且有很多"彩瀑"。现在我们看到就是二桥墩红色瀑布，走近了大家可以发现，其实红色瀑布并不是说瀑布本身是红色的，而是由于这个30多米高的峭壁是红色的，瀑布从峭壁上流下，岩壁将瀑布也映成了红色，非常的漂亮。其实更漂亮的还在后面，我们稍后还可以看到川桥石门双色瀑布及鸳鸯潭瀑布等。

第五课

说话文本一

各位团友：

我们前方看见的这座热浪滚滚的山峰就是火焰山了，今天这里的温度高达40多度，大家都热得汗流浃背。不过，高温也让火焰山更加名不虚传了。

火焰山在古书上被称为"赤石山"，维吾尔语称之为"克孜勒塔格"，意思是红色的山。火焰山东起鄯善县兰干流沙河，西至吐鲁番桃儿沟，自西向东横亘在吐鲁番盆地的中部，长约100公里，最宽处达10公里，最高峰海拔831.7米。

在漫长的地壳运动过程中，地壳的横向运动在地面上留下了无数条褶皱带，这些褶皱带又经过风雨的冲刷和侵蚀，形成了火焰山高低起伏的山势和纵横的沟壑。火焰山的山体属于红砂岩，在阳光的照耀下，尤其是在炎热的夏日，红色的岩石闪闪发光，炽热的气流滚滚上升，从远处看，整座山就像一团烈火在燃烧。这也正是"火焰山"名字的由来。

火焰山是全国最热的地方，这里沙窝里就可烤熟鸡蛋。虽然它的表面几乎寸草不生,但山中许多沟谷,如桃儿沟、木头沟、吐峪沟、连木沁沟、苏伯沟,却绿树成荫,风景秀丽,盛产各种瓜果,因此这里是吐鲁番盆地中最富裕的地区。

"山不在高,有仙则名",火焰山就是这样一座山。火焰山有其独特的自然面貌,而真正令它远近闻名的则是明朝作家吴承恩的著名小说《西游记》。书中讲述了唐僧去西天取经时,由于火焰山温度太高、太热,无法通过,孙悟空三次借芭蕉扇,终于扇灭了大火。《西游记》使火焰山更披上一层神奇色彩,成了一座天下奇山,也成了人们向往的游览胜地。

说话文本二

朋友们:

现在我们已经到达了沙坡头风景区了,先让我给大家简单介绍一下我们风景区的特点吧。

沙坡头旅游区位于中国四大沙漠之一腾格里沙漠的东南边缘,距离中卫县城西20多公里。这里集大漠、黄河、高山、绿洲为一体,既有江南景色的秀美,又有西北风光之雄壮,是名扬四海的旅游胜地,也是国家AAAA级自然保护区。

听到这里,大家也许都产生了疑问,这样一个风景独特、景观多样的地方是怎么形成的呢?那么,就让我来给大家答案吧。

古老的黄河不停地向前流动,经过黑山峡时,它一个急转弯流入了中卫县境内。这一个急转弯,使黄河从一个脾气暴躁、粗野的小伙子变成了文静、秀美的少女,在这里,它慢慢地流过,滋润着两岸的土地;这一个急转弯,也造就了这个神奇的自然景观——沙坡头。

请大家朝远处看,黄河,在这里划了一个巨大的"S"。由于这里紧靠腾格里大沙漠,因此河北岸的高坡被腾格里沙漠吹来的黄沙厚厚地覆盖了,形成了这个黄沙满地的大沙坡。大家看,这里就是沙坡头著名的鸣沙山坡,每年都有多达20余万游客慕名而来。

那么大家又要问了,这里到底有什么值得我们来游玩的地方呢?那我要告诉大家,到这里旅游有三大特色。

到了沙坡头,最重要的旅游项目就是滑沙。游客乘坐特殊的滑板,从高达百米的大沙坡的坡顶开始下滑,由于特殊的地理环境和地质结构,滑行时,滑板和沙砾摩擦,发出巨大的声音,如钟鼓一样,因此被人们称为"金沙鸣钟"。

请大家再看,沙山北面是广阔的腾格里沙漠,而沙山南面则是一片郁郁葱葱的绿洲。游人既可以在这里观赏大沙漠的景色,又可以骑骆驼在沙漠上漫游,领略一下沙漠旅行的味道。这就是沙坡头的第二大特色。

沙坡头的第三大特色就是乘坐一种特殊的过河工具——羊皮筏,坐羊皮筏从黄河的这头渡向那一头,非常刺激、有趣。过一会儿,我们就来试试吧。

第六课

说话文本一

各位团友：

现在我们已经置身于茂兰国家级自然保护区内了，让我给大家简单介绍一下我们茂兰自然保护区的情况吧。

茂兰自然保护区位于贵州省荔波县境内，面积2万公顷，是一片茂密集中、原生性较强的喀斯特森林。这一罕见的喀斯特森林生态系统在全世界的同纬度地区，是绝无仅有的，因此它引起了科学界极大的关注。1987年经贵州省人民政府批准，这里建立起自然保护区。1988年晋升为国家级，主要保护对象为喀斯特森林及珍稀动植物。1996年加入联合国教科文组织"人与生物圈"保护区网。

茂兰国家级自然保护区地处云贵高原南部边缘，属中亚热带季风湿润气候。整个保护区里面有千姿百态的山峰，有缓缓流淌的小河，原生森林茂密，喀斯特地貌形成的山、水、林、洞、瀑、石融为一体，呈现出喀斯特森林生态环境的完美统一。境内的喀斯特森林保存完好，气势壮观，是世界上同纬度地带所特有的珍贵森林资源，森林覆盖率达90%以上。

请大家跟我往这边走，大家可以仔细看一看，在这里，参天的大树、密集的灌木丛和各种各样的蕨类植物，紧密地缠绕在一起，就好像什么力量也不能把它们分开。其实，这里树木的实际年龄都不是非常大。这是因为喀斯特地区土层浅薄，生长环境严酷，有些树木为了汲取水分和养料，其根部可以伸展到几十公尺以外的岩石缝中，有些干脆就长在岩壁上。一旦受到风雨、大雪的侵蚀，生长发育就自然受到影响。不过只要有种子落在土壤或石缝中，它们就会发芽、生长。生命力之强，令人感叹。也许正是因为这种坚强的生命力，才会有这样茂密、繁盛的树林吧！

说话文本二

朋友们：

织金洞因为位于我们织金县而得名，它原来的名字叫打鸡洞，曾经还被称为为吉塔天宫和织金天宫，它是大自然的杰作。它的特点是"大、奇、全"，是一个多层次、多类型的岩溶洞穴。

织金洞的长度为12.1公里，洞内最宽跨度175米，跨度之大可以称得上是世界冠军；相对高差150米，一般高宽均在60~100米之间，洞内总面积70万平方米。跨度这么大而不塌陷，体现了大自然的神奇力量。

织金洞内根据不同景观和特点，分为迎宾厅、讲经堂、雪香宫、万寿宫、广寒宫、灵霄殿、望山湖、水晶宫等11个景区，47个厅堂，150多个景点。最大的洞厅面积竟达3万多平方米。

织金洞里各种堆积物、结晶体达120多种形态，真是千姿百态，这也是目前所知的世界纪录。请大家看这种长在钟乳石上的石头。这种石头非常罕见，被视为溶岩中的珍品。它呈细条状，通体透明，最奇特的是它能自动回避障碍物的阻拦，自由地向空间卷曲发展。

请大家跟我继续往前走,现在我们看到的是"银雨树"。"银雨树"也是一种十分罕见的透明结晶体。它高17米,冲天而立,美丽无比。

织金洞独特、壮丽的景观使它获得了不少的荣誉。1988年8月入选国务院公布的第二批国家重点风景名胜区;1991年12月国家旅游局评选为中国旅游胜地四十佳之一;1997年被国家旅游局评为"35个王牌景点"之一。

第七课

说话文本一

各位尊敬的客人:

我们现在到达的地方就是长江的发源地——唐古拉山的主峰各拉丹东。各拉丹东雪山位于那曲安多县境内,距离那曲镇140公里。各拉丹冬是藏语,意思是"高高尖尖的山峰"。各拉丹东雪山高6,621米,是由21座山峰组成、形状似塔的雪山群。巨大的山体上包裹着一层厚厚的冰川,是取之不尽的固体水库。冰川融水形成了长江正源——沱沱河最初的水源。长江还有南源当曲,北源楚玛尔河,它们也同样发源于青藏高原。在沱沱河上,建有长江第一桥——沱沱河大桥。站在沱沱河大桥上可以欣赏长江源头的风光。

在各拉丹东雪山东面的山脚下,有一个面积约八百平方公里的冰塔群,被人们称为"白雪圣灯"。这些冰塔林,如同水晶雕刻而成,在阳光的照射下冰塔闪动着五颜六色的光柱,纵横交错,整个冰林变成了彩虹世界。

长江源头的自然景观十分奇特,十分壮观。不仅有雪山冰川,还有连片的沼泽地、地热泉、高山湖泊以及沙丘。冬季,这里是冰雪的世界,山上山下,洁白晶莹;夏秋季节,冰消雪融,雪线下的天然草原上盛开着各种花朵,有的金黄,有的雪白,真是千姿百态,艳丽多彩。为了抵抗暴风雪,这些花草长得都比较矮小。因为日照长、紫外线特别强,花草色泽鲜艳。草原上不仅放牧着成群的牛羊,而且有雪豹、白唇鹿、野牦牛、野驴、马熊、藏羚羊、雪鸡等珍禽异兽。长江源头被列为国家级自然保护区。

说话文本二

朋友们:

小船已经拉起风帆,开始起航了。我们一起继续游览。

富春江,全长110公里,是中国除了长江三峡、桂林漓江之外的第三大山水风光带的重要组成部分,"山青、水清、史悠、境幽"构成其独特的山水人文环境,是国务院1982年公布的第一批44个重点风景名胜区之一。

富春江的上游新安江发源于安徽省,其中一段在1959年修建新安江水电站时,蓄水而成了一个大水库,也就是现在的千岛湖;下游是钱塘江,经杭州湾流入东海。整个这条江以桐庐至梅城这一段风光最为秀丽,历史上从古至今文人都被这段江面的美景所倾倒,尤其以唐宋诗人为最多,如李白、陆游、李清照等,所以我们这条旅游线以前也被人们称为浙西"唐诗之路"旅游线。

……

各位游客,我们的船依然在前行,有朋友问,这里为什么称"七里扬帆"呢?这是因为过去富春江上游七里泷一带滩多水急,船只经过这里,都要在此等候东风的来临,每当东风一起,千帆竞发,梢公的号子响彻云天。七十里的路程,借助东风仿佛只走了七里一样,所以有"有风七里,无风七十里"之说。1968年,由于建造了水电站,"七里扬帆"景观也随之消失了。不过近年来旅游部门经过精心筹划,使消失了三十年的"七里扬帆"胜景又重现昔日的风采。

第八课

说话文本一

各位团友:

凡是游过小三峡的人没有不称赞小三峡风光奇美的,甚至有人认为小三峡比大三峡美,所以有"不是三峡胜似三峡"的说法。我们现在乘船将要游览的地方就是这个小三峡。

小三峡南起巫山县,北至大昌古城,全长约60公里,由龙门峡、铁棺峡和滴翠峡组成,它是大宁河风景的精华所在。

我们现在进入了龙门峡。龙门峡长约3公里。龙门峡的峡口就像是瞿塘峡中的"夔门",峡口两岸的峭壁高耸入云,两边高峰相对,形状像是一扇扇铁门,雄奇壮观,所以这里有"小夔门"之称。大家看,岩壁上两条排列整齐的方孔是古代栈道的遗迹。这条栈道长400公里,一直延伸到陕西和湖北。这条栈道在古代的政治、经济、文化交流上起到了重要的作用。

……

这一段峡谷是铁棺峡。它长约10公里,这里两岸怪石林立,形成了一组组天然雕塑,个个妙趣横生。这些天然的雕塑都有形象的名字,比如"猴子捞月"、"马归山"、"龙进虎出"、"回龙洞"、"观音坐莲台"、"白蛇出洞",大家仔细找一找,看看它们都在哪里?

……

现在请看河东岸。那里离水面四五米高的绝壁石缝中有一具黑色的悬棺,俗称"铁棺材",铁棺峡一名就由此而来。根据考证,这个"铁棺"是古时候巴人的悬棺,它也并不是用铁铸成的,只是因为颜色像铁而被称为"铁棺材"。

我们继续往前,就是小三峡中最长、最迷人的滴翠峡。滴翠峡峡谷中遍布钟乳石,石石滴水,处处苍翠,故名滴翠峡。

说话文本二

各位朋友:

汹涌的怒江穿过海拔4,000多米的高黎贡山和碧罗雪山撞击出一条山高、谷深、险峻的大峡谷——怒江大峡谷。怒江大峡谷位于云南西北部横断山区怒江、澜沧江、金沙江三江并流地带,又被称为"东方大峡谷"。我们现在马上就要到达今天要游览的地方——怒江大峡谷了。

怒江大峡谷长约 300 多公里,平均深度 2,000 米,最深处在贡山丙中洛一带,达 3,500 米。峡谷中险滩遍布,两岸山势险峻,层峦叠峰,比较著名的景观有:双纳洼地嶂峡、利沙底石月亮、月亮山、马吉悬崖、丙中洛石门关、腊乌崖瀑布、子楞母女峰等。

我先向大家介绍两处大峡谷最有特色的景点。在怒江刚刚流入云南境内的地方,有一段在群山环抱中形成了"U"形的弯曲江面,这就是有名的"怒江第一湾"。怒江第一湾江面宽阔、江水平静,远远望去就像镶嵌在山脚下的一条翡翠玉带,十分迷人,它是怒江大峡谷的精品景点,所以本地人有"到了大峡谷,不到第一湾,白来怒江玩"的说法。当地政府为了不让游客错过观赏这一美景的机会,特地在"U"字形江边的一块大石头上刻下了"怒江第一湾"五个大字。

"石月亮"也是一个奇特的景点。"石月亮"并不是真正的月亮,而是在怒江边海拔 3,500 米以上的险峻山峰上自然形成的一个"圆洞",远远望去,在晴空中非常像一个月亮,加上四周景色的映衬,使人感到一种美的享受,可以说世上罕见。

由于受印度洋西南季风气候的影响,形成了"一山分四季,十里不同天"的气候特点。每到春天,山顶白雪覆盖,峡谷中却百花盛开,相映成趣,景色如画。由于夏季炎热多雨,到怒江峡谷旅游最好是 10 月至次年 4 月,尤其现在,山花刚刚盛开,是峡谷最好的季节。稍后看到的景色一定会让大家赞不绝口的。

第九课

说话文本一

游客朋友们:

哈纳斯自然景观保护区,总面积 5,588 平方公里,位于新疆北部阿勒泰地区布尔津县境内,距离阿勒泰市约 200 公里,距乌鲁木齐 1,400 多公里。西北与俄罗斯、哈萨克斯坦交界,东北与蒙古接壤。区内地形地貌复杂多变,是中国唯一的欧洲——西伯利亚动植物分布区。哈纳斯不仅自然资源和生物物种丰富,而且旅游环境和人文资源也别具异彩。

哈纳斯是蒙语"美丽富饶而神秘"的意思,是集冰川、湖泊、森林、草原、牧场、河流、民族风情、珍稀动植物于一体的综合景区。在这里壮观的冰川映衬着宁静的湖水,茫茫的草原包容着幽深的原始森林,湖光山色,美不胜收。其主要景观有哈纳斯湖、月亮湾、卧龙湾、友谊峰、白桦林、变色湖奇观、神秘的湖怪、千里枯木长堤、云海佛光、图瓦人村落等。

哈纳斯湖位于阿尔泰深山密林带的中部,属高山淡水湖泊,水源主要来自冰川。湖面海拔 1,374 米,南北长 24 公里,东西宽 1.6~2.9 公里,形状像弯月;湖最深处 188.5 米,除长白山天池外,它是我国内陆最深的湖泊。

哈纳斯湖的美是罕见的,特别是它的色彩的变幻。哈纳斯湖会随着季节和天气的不同时时变换着自己的颜色:或湛蓝、或碧绿、或暗绿、或灰白……有时各种颜色兼备,浓淡相宜,成了有名的变色湖。

朋友们,我们已经到达布尔津境内了,我们很快就能看到哈纳斯她那美丽的容颜了。

说话文本二

各位团友:

今天我将带您到一个充满自然气息和独特民族风情的地方,那里是人类最后一块母系社会的家园,那就是泸沽湖。

泸沽湖位于云南省宁蒗县与四川省盐源县交界的地方,面积约50多平方公里。在泸沽湖畔居住着一个古老的民族——摩梭人。严格来讲,摩梭人不是一个独立的民族,它属于纳西族的支系,可是偏僻的生活环境使他们在经济生活和文化生活都逐渐形成某些不同于纳西族的特点,因而,人们便习惯地称他们为摩梭人,并把它作为一个单独的民族来看待。在经济生活上,他们早出晚归,男女共同劳动;在文化生活上,他们除了自己本民族的原始宗教信仰之外,还不断接受外来文化的洗礼,接受喇嘛教就是一个明显的例子。除此之外,更让人注意的是他们的婚姻——走婚制,我想今天各位泸沽湖之旅的目的也是想揭开"女儿国"神秘的面纱吧?

走婚即"男不娶、女不嫁"的"婚姻"。也就是婚后仍各自居住母亲家,晚上男方去女方家,早上便回到自己母亲家,所生子女一律由女方抚养。但这绝不是随随便便的"婚姻",首先要以双方的感情为基础,不受金钱及各种社会关系的限制,而且征得女方家老祖母的同意,才可走婚。

讲到这里,大家是不是迫不及待地想看看那个神秘的地方呢?那就请您向前看!在您的前方那片蓝色的湖泊就是泸沽湖,生活在这里的2万余摩梭人就是靠这里的水繁衍生息的。在大家的前方有一座山,山的形态像一位躺在湖中的温柔女子,这座山叫川格姆女神山,当地人视为神山。

大家再往那边看,在泸沽湖畔有一个村子,那里便是摩梭人的家——落水村。如果您想真正了解这里的风俗,就请随我一起走进落水村吧。

第十课

说话文本一

朋友们:

诺日朗瀑布到了。大家已经知道,九寨沟是岷山山脉中的沟谷,由树正群海沟、则查洼沟、日则沟三条主沟组成,而这三条沟呈"Y"字形分布,诺日朗瀑布位于九寨沟中部,正好在这三条主沟的交界处。

水景是九寨沟的精华,彩湖、瀑布和滩流为九寨沟赢得了"中国水景之冠"的美誉,有"九寨归来不看水"之说。九寨沟瀑布众多,和中国其他名瀑相比,有自己的独特之处。九寨沟,树在水边长,水在树中流。流水从长满树木的悬崖或河滩上悄悄流出,往往被分成无数股细小的水流,或轻盈缓慢,或直泻而下,加上四周群山环抱,满目青翠,景色神奇秀丽。

诺日朗瀑布落差20米,宽达320米,是九寨沟众多瀑布中最宽阔的一个,也是中国最宽的瀑布。藏语中诺日朗意指男神,也有高大的意思,因此诺日朗的意思就是雄伟壮观。

请大家随我到瀑布对面的观景台,站在台上,瀑布全景尽收眼底。流水从灌木丛中悄然滑出,经断层的顶部流下,如银河飞泻,声震山谷。三百米宽的飞流在云雾的衬托下,化成了一幕壮阔的画面。断层下花草繁茂,绿色的植被柔若海绵,把飞瀑的气势连同轰鸣的水声吸收了许多,整个景观显得既奔放又收敛,既壮阔又柔美!

快看,彩虹出现了!大家的运气真好。诺日朗的彩虹并不是每位游客都能见到的。

说话文本二

各位朋友:

这里是广西西南山区,距离南宁145公里,再往前50米就是中越两国的界碑。德天瀑布就发育于中越两国的界河归春河的上游,中越两国人民可以隔河相望。

德天瀑布宽100米,落差70米,与越南的板约瀑布紧紧相连,瀑布总宽208米。德天瀑布分三叠,气势雄壮。黄果树瀑布落差比它大,却没有它那么宽阔;诺日朗瀑布虽阔大,却没有它这样雄浑浩荡,没有这样丰富多变的层次;雁荡山的大龙湫瀑布如果是一条长龙在山中游动,那么,它就是20条巨龙飞出山林……

瀑布四季景色不同。春天来临,木棉花盛开,归春河两岸一片红霞;金秋季节,河谷山地上,梯田片片金黄。朋友们可以想象一下,那是怎样的景致!

德天瀑布有一个显著的特点,就是它位于开阔的归春河谷内。游人可以从不同的角度去欣赏它。既可以称乘竹排在河面上去仰视,还可以在两侧的山坡上俯视,也可以像我们这样在河岸上平视它。

大家注意到没有,在瀑布下面的水潭中,有两块礁石在激流中相对而立?它们的样子像不像两只小天鹅在水中追逐游戏!相传在很久以前,天上有两个美丽的仙女,因羡慕人间的欢乐,一起下凡到德天瀑布洗蚕丝。她们被瀑布的美景深深吸引,再也不愿回到天上去了,于是就化成了两只美丽的天鹅,永远留在了这个美丽的地方。

在归春河的对岸有一个小岛,那是越南的领土。游客可以乘竹排到岛上去做短暂停留,但是不能再往里面去了。在这个小岛上,可以近距离地欣赏越南的板约瀑布。

第十一课

说话文本一

各位朋友:

我们今天要参观的地方是骊山风景区,距西安30公里。骊山的地理优势、秀美的风光以及天然温泉,使历代在西安建都的帝王都在这一带兴建宫室,特别是唐玄宗时修建了豪华的宫殿,并将温泉池置于宫内,称"华清宫"。从公元714~755年,唐玄宗36次来华清宫"避寒"。而唐玄宗与杨贵妃的爱情故事使得华清池更加闻名于世。

华清宫后来遭到破坏,现在的建筑大多为清代和1949年以后所建,并改称为华清池。华清池到了,请各位带好贵重物品,关好门窗,随我下车参观游览。

这里叫九龙汤,九龙汤湖面5,300平方米。请各位注意看面前这尊女子雕像,她就是杨玉环。看她低头含笑的样子好像刚刚洗完温泉出来。大家如想同这位唐代美女合影,可不要错过机会……

请回头再看这个大殿,此殿名叫"飞霞殿",曾是唐玄宗和杨玉环居住过的地方。现在给大家10分钟拍照时间,拍完照我们去参观汤殿遗址。

唐代华清宫汤殿遗址在华清池的中区,1982年经考古专家发掘清理,在4,200平方米的面积内发现了5个汤池遗址,并确认它们是历史上记载的星辰汤、莲花汤、海棠汤、太子汤和尚食汤。在这些遗址上建成的仿汤殿群于1990年正式对外开放。星辰汤是太宗李世民沐浴之地。莲花汤是唐玄宗沐浴的地方。那个像海棠花的海棠汤,是唐玄宗专为杨玉环修建的。尚食汤则是随从们洗浴的汤池。

请各位抬头看那边的小亭,那是飞霞阁。传说当年杨玉环每次洗浴后,都要登上亭子,一边观看风景,一边晾发,所以又叫"晾发台"。

好,我们再继续走,这里就是温泉的源头。华清池现有四处矿泉,一处是西周时开发的,另外三处都是1949年以后挖的。骊山温泉水温达43度,并含有多种矿物质,适合洗浴疗养,现设有公共浴池。大家可以在参观完后去洗浴。

说话文本二

各位游客:

锡惠公园距离无锡市区2.5公里,包括锡山和惠山。惠山古迹众多,更以泉水著名,名扬天下的"二泉"就在惠山脚下。

惠山一带,林木茂盛,泉水丰富,其中"二泉"更是出名。"天下第二泉"得名于唐朝,至今已有1200多年历史。唐代茶圣陆羽遍尝天下名泉名茶,在中国第一部茶学专著《茶经》中排列名泉20处,惠山泉列第二。此后"天下第二泉"的美名享誉四海。

唐代时无锡地方官把"二泉"水送住长安。宋代苏东坡喝了"二泉"水后,称赞"色味两奇绝"。到宋徽宗时"二泉"水被列为贡品,每个月要供应朝廷100坛二泉水。清代康熙、乾隆多次南巡至无锡,每次必到"二泉"赏泉品茶。

"二泉"泉水随山势自西向东,分上、中、下三池。上池为八角形,深1.94米,水质最好。外地的游客一到无锡,往往就要打听"二泉映月"在哪里。它的源头就在这里。你们看青石围栏磨得十分光滑,特别是脚踩的位置,石栏深陷成几个缺口,这是近千年以来人们取泉水煮茶的纪录。"二泉"中池紧靠上池,正方形。池上的"二泉亭",初建于南宋初期,现在各位看到的亭子是清同治初年,也就是1862年重建的。亭中的石碑上所刻"天下第二泉",出自元代大书法家赵孟頫之手。好,请朋友们往下走。泉水流到这里,形成下池。在二泉的水池中,要数这下池的面积最大,约50平方米。它开凿于北宋年间。900多年来,每逢秋季农历月半的晚上9时至11时,一轮明月就会倒映在清池中,成为天然的二泉映月美景。

1939年,民间音乐家瞎子阿炳,作二胡曲,取名《二泉映月》,更使"二泉"驰名中外,是国际公认的世界十大名曲之一。在惠山东麓有阿炳墓,公园内还有这位杰出的音乐家的铜像。

各位游客,二泉的茶文化、造园艺术、诗词、书法、音乐等,都具有极高的价值。康熙、乾隆六下江南,次次到二泉,二泉给您的印象,大概会像这两位皇帝一样深刻吧。

第十二课

说话文本一

朋友们:

欢迎大家来到昌黎。昌黎位于秦皇岛市,东临渤海,自古就是北方闻名遐迩的旅游胜地。时至今日,昌黎又以其新的旅游景点吸引了来自四面八方的游客,这就是我们今天的目的地——"黄金海岸"。

刚才很多朋友问我,与北戴河海滨相比,黄金海岸有什么不同?现在我想看到眼前的景色,大家都已经找到答案了。两者之间不同的是,这里不像北戴河海滨那样有着秀美的峰峦和礁石,却有着只有在大西北才能领略到的沙漠风光。由于几千年的海潮和季风作用,多年来在海岸形成了一道道高达30~40米的巨大沙山,这些沙山连绵起伏,形成了中国独有、举世罕见的海洋大漠风光。碧海、黄沙、绿林相互映衬,景色迷人。

昌黎沿海的海岸线长达52.1公里,占河北省海岸线总长度的10.7%,其中26.8公里属优质沙底海岸,可开辟近百个浴场,可同时容纳30万人下海,相当于北戴河海滨浴场的3.6倍。不仅如此,这里的海岸风光独特,海水、沙滩、森林、阳光、空气五要素齐备,非常适宜避暑消夏。

那么,黄金海岸又是什么时候开发出来的呢?黄金海岸的开发,是在20世纪80年代初期,中国科学院地理研究所的旅游地理专家在进行华北地区沿海旅游资源调查时,发现了这片沉睡了千年的旅游处女地。当时,他们一再惊呼这里是中国的"黄金海岸",可以与澳大利亚的黄金海岸媲美,是东方的夏威夷。我们真得感谢专家们的独具慧眼。如果不是他们,我们今天也许无法享受到这样优美的海岸和沙滩。

说话文本二

朋友们:

我们已经来到了湛江红树林自然保护区。该保护区面积约1.9万公顷,是中国面积最大的红树林带,1997年被定为国家级自然保护区,2002年1月,被列入国际重要湿地名录,成为中国21个国际重要湿地之一。

刚才来的路上,很多朋友问我,红树林里的树叶是不是都是红色的啊?其实不是,这是很多人的一种误解。红树林并非是一种红色的树木,实际上它一年四季都是绿的。按照植物学的分类,红树林大多属红树科,由于外皮里面的韧皮部分富含丹宁,可提炼红色染料;刮开树皮之后,树干呈现红色,红树林因此而得名。

红树林是热带和亚热带沿海地区特有的植物群落,在中国南部海岸河川出口处的浅滩上,常常可以看到或大或小的一片深绿色、枝叶稠密的灌木林,它们的根纵横交错地生在污泥中，形成一片几乎没有插足余地的植物群落。潮水涨时，树冠好像浮在水面，很像绿色的岛屿，这就是红树林。

红树林在形态上较为突出的特征是具有发达的支持根、板根和呼吸根。红树林的支持根稳固地扎根在水中；板根则使其树干基部扩大，可以能抵挡风浪的冲击；呼吸根外表常具有粗大的气孔，利于气体交换。

红树林的生长，可以防护海岸免受海水和风暴侵蚀，是很好的"海岸卫士"；同时，它也是"陆地建造者"。红树林不断生长繁殖，促使海岸扩展，形成新的陆地，因而也是调节海湾河口生态平衡的重要因素。为此，不仅应当大力加以保护，而且应当在适宜生长红树林的地方，大力营造红树林。红树林也是动物最好的栖息场所。如今，保护区内拥有数量和种类众多的水禽及其他湿地动物，据初步统计，仅鸟类就有82种，其中留鸟38种、候鸟44种。

第十三课

说话文本一

各位团友：

欢迎大家来到海南岛度假，今天由我带领大家参观海南岛，希望此行能成为您的愉快之旅。

从平面上看，海南岛就像一个梨，横卧在碧波万顷的南海之上。海南岛与雷州半岛隔海相望，中间的琼州海峡宽约20公里，是海南岛和大陆间的海上"走廊"，又是北部湾和南海之间的海运通道。

海南岛的东北——西南向长约300余公里，西北——东南向长约180公里，面积32,200平方公里，是中国仅次于台湾岛的第二大岛。

海南岛的地形，以南渡江中游为界，南北景色完全不同，南渡江中游以北地区，和雷州半岛相似，具有同样宽广的台地和壮丽的火山风光。在南渡江中游以南地区，五指山高高耸立，周围丘陵、台地和平原围绕着山地，气势十分雄伟。

海南岛是一个"四时常花，长夏无冬"的地方，气候条件特殊。年平均气温在24℃左右，居全国之冠。最热的月份平均温度28.4℃，但由于海风吹拂，并没有十分闷热的感觉；1月份是最冷的月份，平均气温为17.2℃，更是温暖如春。海南岛雨量充足，年雨量在1,600多毫米左右，其中以8、9月份降雨量最为充足。

海南岛之所以称为宝岛，除了丰富的地下宝藏外，地面上还生长着几乎所有的热带作物，出产橡胶、咖啡、可可、椰子、槟榔、胡椒等。附近海域上鱼类群聚，可以捕捉到热带海洋中的各种鱼和虾等，渔业资源十分丰富。

说话文本二

各位朋友：

我们的船正航行在碧波万顷的南海海面上，凉爽的海风迎面吹来，真是令人心旷神怡。我们也马上就要到达目的地——永兴岛了。

也许有的朋友会说，名山名岛我已经几乎都看遍了，这些个小岛有什么稀奇？可今天我要告诉大家，这几个小岛还真有稀奇之处，因为它们都是珊瑚岛。

那么大家会问，珊瑚岛是怎么形成的呢？其实，珊瑚岛是由珊瑚虫的遗骸堆积起来的。珊瑚虫是一种非常小的动物，它们随着海水漂浮，遇到礁石、沙堆等就固定下来，它们生长、繁殖、死亡，一代代珊瑚虫的遗骸不断堆积下来，慢慢就形成了珊瑚礁和珊瑚岛。

南海中的珊瑚岛数量很多，但面积都很小。中国的南海诸岛岛礁有200多座，总面积有12平方公里。它们在南海中星罗棋布，位置自北向南可以分为四个岛群，分别称为东沙群岛、西沙群岛、中沙群岛和南沙群岛，这些岛群习惯上又称为南海诸岛。

我们今天的目的地永兴岛是南海中最大的珊瑚岛。它东西长1,950米，南北宽1,350米，面积1.85平方公里。岛上地势平坦，平均海拔高约5米。如今西沙、南沙、中沙的办事处就设在该岛上。岛上还修建起了政府大楼、银行、邮政、商店。

这里属于热带海洋性季风气候，炎热湿润，但不会热得让人受不了。每年的11月到次年的4月底是去西沙旅游的最佳季节，因为这段时间没有台风，海上风浪很小。

各位朋友，我们的船已经航行到了永兴岛周围的浅海处。大家可以看看我们的船下，海水清澈见底，可以看见鱼儿在游动。这些鱼色彩艳丽，外形奇特。此外，这里还盛产各种藻类和贝类。珊瑚、海鱼、藻类和贝类共同组成了一个绚丽的海底世界。

朋友们，我们的船靠岸了，让我们一起去领略这迷人的海岛风光吧！

第十四课

说话文本一

各位朋友：

扎龙位于黑龙江省西部齐齐哈尔市东南35公里处，是中国最大的鹤类等水禽为主题的湿地生态类型自然保护区。在这一片广阔的沼泽湿地，地势低洼，小型浅水湖泊星罗棋布，还分布有广阔的草甸、草原。该区苇草茂密，鱼虾众多，雨水丰富，是水禽理想的栖息地，特别适于丹顶鹤和其他水禽生存。1979年，这里建立起了面积达21万公顷的自然保护区，1987年晋升为国家级自然保护区，1992年被列入"世界重要湿地名录"。

扎龙拥有鸟类296种，其中国家重点保护鸟类有35种，最为著名的是鹤类。全世界鹤类有15种，中国有9种，而本区就有丹顶鹤、白鹤等6种，因此扎龙被称为"鹤乡"。全世界珍贵的丹顶鹤仅1000多只，而扎龙就有700多只。每年春天丹顶鹤从南方飞来，深秋又结队南下，5月～7月为观鹤黄金季节。

我们现在在扎龙自然保护区中的"扎龙湖观鸟旅游区"。这个观鸟旅游区长8公里，宽9公里。我们首先看有关扎龙自然保护区和鹤的录像电影，登望鹤楼远眺鹤类等水禽赖以生存的湿地景观，然后参观鹤类驯养繁殖场；观赏芦苇沼泽景观，可以观赏到鹭类、鹨类、鹤、鹳等禽类；我们还准备带大家到扎龙苗圃及其相邻的草甸草原，观察林栖鸟类和草原鸟类。

说话文本二

朋友们：

看过甲天下的桂林山水，再来感受一下"世界梯田之冠"——龙脊梯田。龙脊梯田在桂林龙胜县东南部和平乡境内，景区面积共66平方公里。虽然南国山区处处有梯田，可是像龙脊这样规模宏大、这样集中的梯田，实在是罕见。龙脊梯田最高海拔1,850米，最低海拔300米，梯田一般分布在海拔300米~1,100米之间，坡度大多在26~35度之间，最大坡度达50度。高山、深谷、落差大，让龙脊梯田周边形成远有高山云雾，近有河谷急流的绝佳景观。龙脊梯田最精华的景区约20平方公里。

请随我登上二号观景台，在这里梯田景观可一览无余。请看从河谷到山顶，凡有泥土的地方，都开辟了梯田。银带般的梯田从山脚一级一级盘绕着登上山顶，把一座座山峰环绕成一只只巨大的螺蛳，围成一座座宝塔。在这浩瀚的梯田世界里，最大的一块田不超过一亩，大多数是碎田块，只能种一两行庄稼。梯田如同一面大镜子被分割成碎块，然后有层次地镶嵌成多种图案。请往东边看，那边有座山峰，它的周围，满山遍野都是梯田，而山顶上共有七块大小、形状不一的水田，在阳光和月光的照射下闪闪发光。那就是龙脊梯田著名景点——"七星伴月"。

由于气候关系，这里一年只种一次水稻；6月播种，10月收割。因此"龙脊"四季的景色也不同，但是大自然的神奇和人的伟力给我们的震撼却是相同的。

龙脊梯田景区内居住着壮、瑶两族，以壮族为主。龙脊梯田始建于元朝，完工于清初，距现在已有650多年的历史。龙脊的祖先们当初开山造田的时候没有想到，他们用血汗和生命开出来的梯田，竟变成了如此妩媚、如此潇洒、如此壮观的曲线世界。在漫长的岁月中，人们在认识自然和建设家园中所表现的智慧和力量，在这里被充分地体现出来。

第十五课

说话文本一

各位团友：

大家好，非常欢迎大家从北方来到我们云南旅游。我看见大家身上还穿着厚厚的棉衣，大家一定以为自己还身在北国呢。我建议大家可以把车窗打开一点，感受一下，是不是有春风吻上你的脸？现在虽然是初春二月，但昆明已经是春天的感觉了，这里是名副其实的"春城"。

昆明市地处云贵高原中部，滇池盆地北部，纬度低，海拔高。由于三面环山，一面临水——滇池，这里形成了"夏无酷暑，冬无严寒"四季如春的宜人气候，年平均气温为14.5度，最热月平均气温19.7度。最冷月平均气温7.5度。

由于这里冬天气候温暖，每年的12月到来年的3月，一群群躲避北方寒冷的红嘴鸥，万里迢迢地从远方飞来，栖息在这里，为昆明增添了一道美丽的风景。由于气候温暖，这里一年四季都有鲜花盛开，大街上、院子里到处都可以见到鲜花和绿地。"春城无处不飞花"正是它最好的写照。这里的花卉，以其品种多样、品种独特而著称于世，有近三千种花卉品种，其中山茶花、杜鹃、玉兰、报春、百合、兰花、龙胆花、绿绒蒿是八大名花。山茶花位居云南八大名花之首,为昆明市花。1999年这里还举办了世界园艺博览会,更使昆明名扬四海。

正是因为昆明气候温暖,常年鲜花盛开,草木四季常青,所以有"春城"美誉,还被人们誉为东方的"日内瓦"。

好了,朋友们,我们的目的地——世博园到了,请大家下车感受一下春城的早春气息吧!

说话文本二

各位团友:

亚布力滑雪中心位于哈尔滨市东南方向193公里处。这个滑雪中心始建于1979年,1994年经过省政府的批准,这里建成了省级旅游度假区。后来被评为国家AAAA级生态休闲度假区。第五届和第七届全国冬季运动会就是在这里举行的。1996年在这里举行的第三届亚洲冬季运动会更让亚布力这个名字名闻遐迩,它被誉为中国唯一的"雪上亚运村"。

目前来说,亚布力滑雪中心是中国最大的综合性雪上训练中心和滑雪旅游胜地,占地面积255公顷,也是远东最大的滑雪场。这里最高处海拔1,374.8米,最低气温是-44℃,平均气温为-10℃。每年的11月中旬至次年3月下旬是这里的最佳滑雪期。冬季滑雪期长达120天。

整个亚布力滑雪中心初、中、高级雪道多达20条,可以让初、中、高级滑雪者在不同的滑道上滑行,互不干扰。近年新建造的灯光雪场,是中国唯一的国内大型室外24小时全天候服务的灯光雪场,也是为初级者兴建的初级滑雪场。与之相对,为高级滑雪者建造的高级雪道,总落差1,000.8米,总长度达40千米,是亚洲第一的雪道。

除此以外,滑雪中心还拥有一条长度和弯道数均为世界第一的滑道。滑道全长2,680米,落差570米,弯道数48个,平均坡度10度。游客乘滑车由山顶沿滑道而下,那种感受安全而又刺激。

大家一会儿就可以在滑雪场上一展身手了。

总词汇表

A

皑皑	áiái	(9)
安家落户	ān jiā luò hù	(7)
安居乐业	ān jū lè yè	(12)
安葬	ānzàng	(4)

B

巴掌	bāzhang	(11)
拔地而起	bá dì ér qǐ	(1)
坝	bà	(10)
白唇鹿	báichúnlù	(14)
白茫茫	báimángmáng	(15)
板块	bǎnkuài	(7)
半腰	bànyāo	(10)
宝石	bǎoshí	(6)
宝塔	bǎotǎ	(6)
碑	bēi	(2)
碑碣	bēijié	(2)
碑刻	bēikè	(2)
碑帖	bēitiè	(3)
北回归线	běihuíguīxiàn	(14)
背脊	bèijǐ	(6)
奔涌	bēnyǒng	(8)
逼真	bīzhēn	(6)
比比皆是	bǐbǐ jiē shì	(10)
笔直如箭	bǐzhí rú jiàn	(1)
碧	bì	(4)
壁画	bìhuà	(2)
碧绿	bìlǜ	(9)
避暑	bì shǔ	(3)
碧玉	bìyù	(9)
边陲	biānchuí	(9)
匾额	biǎn'é	(2)
变幻莫测	biànhuàn mò cè	(1)
变幻万千	biànhuàn wànqiān	(9)
变迁	biànqiān	(14)
标本	biāoběn	(12)
别墅	biéshù	(13)
濒危	bīnwēi	(7)
冰雹	bīngbáo	(9)
冰川舌	bīngchuānshé	(5)
冰瀑布	bīngpùbù	(5)
病虫害	bìngchónghài	(14)
冰晶	bīngjīng	(10)

252

冰凌	bīnglíng	(10)
冰原	bīngyuán	(15)
冰镇	bīngzhèn	(1)
并驾齐驱	bìng jià qí qū	(12)
波澜	bōlán	(10)
波澜壮阔	bōlán zhuàngkuò	(12)
不愧	búkuì	(15)
不下	búxià	(9)
补给	bǔjǐ	(11)
哺育	bǔyù	(7)
不等	bùděng	(5)

C

彩虹	cǎihóng	(8)
参天	cāntiān	(3)
参与	cānyù	(9)
残	cán	(2)
蚕	cán	(9)
残丘	cánqiū	(5)
灿烂	cànlàn	(3)
苍茫	cāngmáng	(7)
槽	cáo	(10)
草甸	cǎodiàn	(1)
刹	chà	(2)
柴草	cháicǎo	(11)
缠绕	chánrào	(6)
颤抖	chàndǒu	(10)
朝拜	cháobài	(3)
潮汐	cháoxī	(12)
沉淀	chéndiàn	(6)
沉积物	chénjīwù	(5)
沉积岩	chénjīyán	(12)
陈列馆	chénlièguǎn	(1)
衬托	chèntuō	(10)
呈	chéng	(4)
城堡	chéngbǎo	(5)
橙红	chénghóng	(7)
丞相	chéngxiàng	(2)

驰名中外	chímíng zhōngwài	(2)
赤	chì	(4)
充沛	chōngpèi	(4)
冲刷	chōngshuā	(5)
绸	chóu	(7)
传诵千古	chuánsòng qiāngǔ	(10)
串	chuàn	(5)
炊烟	chuīyān	(14)
垂直	chuízhí	(14)
纯粹	chúncuì	(8)
醇美	chúnměi	(11)
祠	cí	(4)
次于	cìyú	(13)
赐予	cìyǔ	(11)
丛生	cóngshēng	(13)

D

搭	dā	(6)
大饱口福	dà bǎo kǒufú	(14)
大雁	dàyàn	(2)
大雨倾盆	dàyǔ qīngpén	(3)
丹	dān	(4)
丹霞	dānxiá	(4)
淡泊	dànbó	(1)
当之无愧	dāng zhī wúkuì	(12)
荡漾	dàngyàng	(11)
稻	dào	(14)
道观	dàoguàn	(4)
登高望远	dēng gāo wàng yuǎn	(14)
得以	déyǐ	(8)
堤	dī	(9)
笛子	dízi	(6)
地貌	dìmào	(3)
地平线	dìpíngxiàn	(15)
地壳	dìqiào	(5)
地热	dìrè	(11)
地质	dìzhì	(3)
地质运动	dìzhì yùndòng	(5)

253

颠簸	diānbǒ	(5)	翡翠	fěicuì	(6)
点缀	diǎnzhuì	(5)	沸水	fèishuǐ	(11)
殿	diàn	(2)	沸腾	fèiténg	(10)
雕刻	diāokè	(2)	分布	fēnbù	(4)
雕塑	diāosù	(5)	封	fēng	(11)
跌落	diēluò	(9)	峰丛	fēngcóng	(6)
鼎沸	dǐngfèi	(11)	峰林	fēnglín	(1)
定论	dìnglùn	(4)	峰峦	fēngluán	(4)
定位	dìngwèi	(13)	丰美	fēngměi	(14)
洞穴	dòngxué	(4)	丰饶	fēngráo	(9)
冻结	dòngjié	(15)	封禅	fēngshàn	(2)
洞天福地	dòngtiān fúdì	(4)	风蚀	fēngshí	(5)
陡峭	dǒuqiào	(5)	丰水期	fēngshuǐqī	(10)
陡然	dǒurán	(15)	缝隙	fèngxì	(3)
独树一帜	dú shù yí zhì	(6)	佛像	fóxiàng	(3)
堵	dǔ	(12)	浮石	fúshí	(9)
堵塞	dǔsè	(5)	浮游	fúyóu	(10)
端	duān	(14)	俯卧	fǔwò	(6)
断层	duàncéng	(10)	覆盖	fùgài	(4)
对歌	duì gē	(11)	覆盖率	fùgàilǜ	(2)
堆积	duījī	(13)	蝮蛇	fùshé	(13)
吨	dūn	(3)			
蹲伏	dūnfú	(8)			

E

鹅卵石	éluǎnshí	(11)
恶劣	èliè	(12)

F

发祥地	fāxiángdì	(3)
发源地	fāyuándì	(2)
筏	fá	(7)
繁衍	fányǎn	(14)
泛	fàn	(12)
方格	fānggé	(12)
房基	fángjī	(14)
方圆	fāngyuán	(4)
飞溅	fēijiàn	(3)

G

钙化	gàihuà	(6)
干涸	gānhé	(7)
甘美	gānměi	(7)
甘心	gānxīn	(10)
感慨	gǎnkǎi	(12)
感叹	gǎntàn	(6)
钢筋	gāngjīn	(3)
高耸	gāosǒng	(2)
篙	gāo	(7)
戈壁	gēbì	(11)
隔水层	géshuǐcéng	(14)
各有千秋	gè yǒu qiānqiū	(4)
宫	gōng	(2)
宫殿	gōngdiàn	(6)
珙桐	gǒngtóng	(14)

供奉	gòngfèng	(4)
沟槽	gōucáo	(5)
股	gǔ	(5)
谷地	gǔdì	(9)
故	gù	(4)
顾名思义	gù míng sī yì	(11)
拐弯	guǎi wān	(8)
观	guān	(3)
棺木	guānmù	(4)
观	guàn	(2)
贯通	guàntōng	(8)
光斑	guāngbān	(7)
光圈	guāngquān	(3)
光秃秃	guāngtūtū	(13)
广义	guǎngyì	(5)
瑰宝	guībǎo	(1)
瑰丽	guīlì	(3)
规律	guīlǜ	(12)
规模	guīmó	(3)
规则	guīzé	(13)
滚圆	gǔnyuán	(3)
过滤	guòlǜ	(9)
古琴	gǔqín	(1)

H

哈达	hǎdá	(14)
海拔	hǎibá	(1)
海滨	hǎibīn	(12)
海蚀	hǎishí	(12)
海蚀洞	hǎishídòng	(13)
海市蜃楼	hǎi shì shèn lóu	(15)
海藻	hǎizǎo	(12)
含水层	hánshuǐcéng	(11)
汉化	hànhuà	(3)
航道	hángdào	(8)
毫不逊色	háo bú xùnsè	(1)
浩瀚	hàohàn	(14)
浩淼	hàomiǎo	(9)

河床	héchuáng	(1)
合欢树	héhuānshù	(11)
黑压压	hēiyāyā	(13)
横	héng	(3)
横梁	héngliáng	(3)
候鸟	hòuniǎo	(13)
宏大	hóngdà	(1)
红豆杉	hóngdòushān	(14)
红艳艳	hóngyànyàn	(8)
呼呼	hūhū	(11)
忽明忽暗	hū míng hū àn	(1)
忽隐忽现	hū yǐn hū xiàn	(15)
湖泊	húpō	(5)
弧形	húxíng	(13)
琥珀	hǔpò	(6)
花瓣	huābàn	(2)
花蕊	huāruǐ	(2)
华侨	huáqiáo	(13)
画廊	huàláng	(7)
化身	huàshēn	(12)
环	huán	(4)
晃动	huàngdòng	(13)
火山	huǒshān	(5)
汇聚	huìjù	(15)
浑然一体	húnrán yìtǐ	(3)

J

激	jī	(10)
吉	jí	(4)
急不可待	jí bù kě dài	(12)
极地	jídì	(15)
极品	jípǐn	(7)
集散地	jísàndì	(7)
挤压	jǐyā	(7)
继而	jì'ér	(10)
季风气候	jìfēng qìhòu	(2)
祭祀	jìsì	(2)
家喻户晓	jiā yù hù xiǎo	(2)

实用综合旅游汉语 自然景观篇

夹杂	jiāzá	(6)
佳作	jiāzuò	(10)
甲	jiǎ	(1)
尖尖	jiānjiān	(8)
简洁	jiǎnjié	(2)
碱性	jiǎnxìng	(6)
涧	jiàn	(4)
溅	jiàn	(11)
间歇	jiànxiē	(11)
交错	jiāocuò	(8)
交汇	jiāohuì	(1)
交会	jiāohuì	(7)
礁石	jiāoshí	(7)
交相辉映	jiāoxiāng huīyìng	(9)
绞杀	jiǎoshā	(14)
教会	jiàohuì	(13)
脚窝	jiǎowō	(2)
接壤	jiērǎng	(9)
结伴	jié bàn	(11)
结晶	jiéjīng	(9)
孑遗	jiéyí	(14)
界	jiè	(9)
金丝猴	jīnsīhóu	(14)
锦带	jǐndài	(9)
尽收眼底	jìn shōu yǎndǐ	(8)
尽头	jìntóu	(9)
尽兴	jìnxìng	(7)
精华	jīnghuá	(3)
精髓	jīngsuǐ	(15)
惊天动地	jīng tiān dòng dì	(8)
惊心动魄	jīng xīn dòng pò	(10)
晶莹	jīngyíng	(9)
晶莹剔透	jīngyíng tītòu	(15)
景致	jǐngzhì	(10)
静谧	jìngmì	(9)
竞相	jìngxiāng	(11)
迥异	jiǒngyì	(7)
举世闻名	jǔshì wénmíng	(2)
聚居	jùjū	(7)
捐	juān	(8)
圈养	juànyǎng	(14)
绝	jué	(1)
绝	jué	(9)
绝壁	juébì	(2)
绝无仅有	jué wú jǐn yǒu	(7)
龟裂	jūnliè	(12)
骏马	jùnmǎ	(14)
俊秀	jùnxiù	(1)
俊雅	jùnyǎ	(10)

K

开阔	kāikuò	(15)
开屏	kāi píng	(7)
开外	kāiwài	(10)
堪	kān	(3)
勘察	kānchá	(7)
考古	kǎogǔ	(4)
苛刻	kēkè	(15)
壳	ké	(12)
坑	kēng	(6)
孔	kǒng	(3)
孔雀	kǒngquè	(7)
孔隙	kǒngxì	(11)
枯水	kūshuǐ	(7)
枯水期	kūshuǐqī	(10)
酷似	kùsì	(11)
矿泉水	kuàngquánshuǐ	(5)

L

喇叭	lǎba	(12)
蜡染	làrǎn	(10)
缆车	lǎnchē	(1)
栏杆	lángān	(1)
拦截	lánjié	(9)
拦腰	lányāo	(10)
雷鸣	léimíng	(10)

擂	léi	(13)
垒	lěi	(14)
冷却	lěngquè	(10)
冷杉	lěngshān	(1)
粒雪盆	lìxuépén	(5)
莲花	liánhuā	(2)
连绵	liánmián	(3)
连绵不绝	liánmián bù jué	(7)
练	liàn	(10)
梁	liáng	(3)
良心	liángxīn	(6)
辽阔	liáokuò	(14)
列岛	lièdǎo	(13)
裂	liè	(5)
磷火	línhuǒ	(15)
林立	línlì	(1)
临	lín	(9)
临摹	línmó	(3)
鳞片	línpiàn	(6)
灵魂	línghún	(4)
凌空	língkōng	(10)
灵芝	língzhī	(4)
领事馆	lǐngshìguǎn	(13)
令人叫绝	lìng rén jiào jué	(3)
令人神往	lìng rén shénwǎng	(8)
流畅	liúchàng	(2)
流放	liúfàng	(12)
柳	liǔ	(9)
隆升	lóngshēng	(7)
垄槽	lǒngcáo	(5)
漏斗	lòudǒu	(6)
芦苇	lúwěi	(6)
麓	lù	(2)
孪生	luánshēng	(9)
略	lüè	(3)
轮	lún	(13)
轮廓	lúnkuò	(4)
落差	luòchā	(1)
罗汉	luóhàn	(2)
缕	lǚ	(14)

M

码头	mátou	(13)
马麝	mǎshè	(14)
马头琴	mǎtóuqín	(14)
漫山遍野	màn shān biàn yě	(11)
漫游	mànyóu	(7)
毛茸	máoróng	(15)
茅屋	máowū	(3)
毛毡	máozhān	(14)
茂密	màomì	(2)
摩擦	mócā	(15)
镁	měi	(11)
美不胜收	měi bú shèng shōu	(13)
魅力	mèilì	(15)
朦朦胧胧	méngménglónglóng	(15)
蒙古包	měnggǔbāo	(14)
迷宫	mígōng	(6)
猕猴	míhóu	(14)
猕猴桃	míhóutáo	(4)
弥漫	mímàn	(4)
迷醉	mízuì	(7)
密度	mìdù	(13)
绵延	miányán	(1)
庙	miào	(2)
名副其实	míng fù qí shí	(11)
名扬四海	míng yáng sìhǎi	(5)
明丽	mínglì	(4)
魔法	mófǎ	(15)
蘑菇	mógu	(5)
牧童	mùtóng	(11)
沐浴	mùyù	(11)
木桩	mùzhuāng	(3)

实用综合旅游汉语 自然景观篇

N

楠木	nánmù	(3)
内陆	nèilù	(13)
能见度	néngjiàndù	(9)
凝结	níngjié	(15)

P

排山倒海	pái shān dǎo hǎi	(12)
攀	pān	(1)
盘踞	pánjù	(13)
盘绕	pánrào	(7)
螃蟹	pángxiè	(13)
盆地	péndì	(7)
喷发	pēnfā	(5)
喷涌	pēnyǒng	(11)
疲惫	píbèi	(5)
疲乏	pífá	(5)
皮划艇	píhuátǐng	(8)
毗邻	pílín	(12)
媲美	pìměi	(2)
漂浮	piāofú	(15)
漂流	piāoliú	(8)
缥缈	piāomiǎo	(3)
频繁	pínfán	(15)
平川	píngchuān	(7)
平衡	pínghéng	(11)
平缓	pínghuǎn	(6)
平整	píngzhěng	(10)
颇	pō	(10)
坡度	pōdù	(6)
噗噜	pūlū	(11)
瀑布	pùbù	(1)

Q

漆黑	qīhēi	(15)
栖息	qīxī	(14)
奇花异草	qí huā yì cǎo	(14)
齐名	qímíng	(4)
起伏	qǐfú	(1)
起航	qǐháng	(7)
绮丽	qǐlì	(14)
迄	qì	(8)
砌	qì	(11)
气喘吁吁	qìchuǎn xūxū	(3)
铅	qiān	(2)
千钧一发	qiān jūn yí fà	(6)
千军万马	qiān jūn wàn mǎ	(15)
千姿百态	qiān zī bǎi tài	(6)
乔木	qiáomù	(14)
峭拔	qiàobá	(4)
峭壁	qiàobì	(1)
切割	qiēgē	(7)
侵蚀	qīnshí	(4)
青	qīng	(4)
青瓷	qīngcí	(4)
青睐	qīnglài	(7)
青铜	qīngtóng	(3)
清冽	qīngliè	(11)
倾斜	qīngxié	(1)
擎	qíng	(4)
秋高气爽	qiū gāo qì shuǎng	(10)
曲	qū	(7)
曲线	qūxiàn	(7)
曲折	qūzhé	(8)
趋	qū	(4)
趋势	qūshì	(13)
全反射	quánfǎnshè	(15)
泉	quán	(4)
泉眼	quányǎn	(7)
犬牙	quǎnyá	(8)
缺口	quēkǒu	(9)

R

| 热带雨林 | rèdài yǔlín | (8) |
| 人次 | réncì | (12) |

人迹罕至	rénjì hǎn zhì	(5)
韧性	rènxìng	(14)
溶洞	róngdòng	(1)
融化	rónghuà	(9)
容纳	róngnà	(6)
熔岩	róngyán	(10)
日照	rìzhào	(13)
乳汁	rǔzhī	(7)

S

桑	sāng	(9)
扫兴	sǎo xìng	(1)
砂砾岩	shālìyán	(5)
砂石	shāshí	(14)
鲨鱼	shāyú	(12)
珊瑚	shānhú	(6)
山脊	shānjǐ	(6)
山涧	shānjiàn	(4)
山脚	shānjiǎo	(1)
山势	shānshì	(3)
山崖	shānyá	(2)
山腰	shānyāo	(1)
扇	shàn	(8)
摄氏度	shèshìdù	(5)
身体力行	shēn tǐ lì xíng	(8)
深不可测	shēn bù kě cè	(6)
神态	shéntài	(6)
深潭	shēntán	(7)
蜃	shèn	(15)
蜃景	shènjǐng	(15)
声势浩大	shēngshì hàodà	(12)
生态平衡	shēngtài pínghéng	(13)
生态系统	shēngtài xìtǒng	(13)
升天	shēng tiān	(4)
省会	shěnghuì	(11)
盛开	shèngkāi	(12)
盛况空前	shèngkuàng kōngqián	(11)
盛名	shèngmíng	(2)

诗意	shīyì	(15)
失之交臂	shī zhī jiāo bì	(10)
石壁	shíbì	(8)
石雕	shídiāo	(4)
石灰石	shíhuīshí	(1)
石灰岩	shíhuīyán	(6)
石刻	shíkè	(2)
石笋	shísǔn	(6)
时隐时现	shí yǐn shí xiàn	(1)
石英	shíyīng	(4)
石英砂	shíyīngshā	(1)
势	shì	(11)
世外桃源	shì wài Táoyuán	(8)
适中	shìzhōng	(7)
手扒肉	shǒupáròu	(14)
梳齿	shūchǐ	(14)
疏松	shūsōng	(15)
数以百计	shù yǐ bǎi jì	(7)
衰落	shuāiluò	(3)
硕大	shuòdà	(1)
水泥	shuǐní	(3)
水系	shuǐxì	(7)
水质	shuǐzhì	(11)
瞬间	shùnjiān	(12)
四起	sìqǐ	(11)
饲养	sìyǎng	(14)
素	sù	(1)
酸性	suānxìng	(6)
俗称	súchēng	(4)

T

塌陷	tāxiàn	(6)
台地	táidì	(1)
潭	tán	(4)
滩	tān	(6)
叹为观止	tàn wéi guān zhǐ	(9)
碳酸钙	tànsuāngài	(6)
滔滔	tāotāo	(7)

滔天	tāotiān	(8)
腾云驾雾	téng yún jià wù	(1)
藤萝	téngluó	(3)
梯田	tītián	(6)
挺拔	tǐngbá	(1)
题写	tíxiě	(6)
天国	tiānguó	(1)
统称	tǒngchēng	(10)
投胎	tóu tāi	(1)
涂	tú	(15)
土丘	tǔqiū	(5)
土特产	tǔtèchǎn	(4)
脱落	tuōluò	(15)
椭圆	tuǒyuán	(9)

W

洼地	wādì	(5)
弯	wān	(11)
蜿蜒	wānyán	(7)
宛如	wǎnrú	(6)
万马奔腾	wàn mǎ bēnténg	(10)
万顷	wànqǐng	(14)
枉	wǎng	(1)
望天树	wàngtiānshù	(14)
望而生畏	wàng ér shēng wèi	(5)
纬度	wěidù	(1)
巍峨	wēi'é	(2)
微量元素	wēiliàng yuánsù	(5)
位于	wèiyú	(1)
温带	wēndài	(2)
纹理	wénlǐ	(12)
闻名遐迩	wénmíng xiá'ěr	(11)
闻名于世	wénmíng yú shì	(1)
乌龟	wūguī	(12)
五彩缤纷	wǔcǎi bīnfēn	(3)
妩媚	wǔmèi	(8)
无臭	wú xiù	(11)
雾凇	wùsōng	(2)

X

溪涧	xījiàn	(10)
狭义	xiáyì	(5)
下切	xiàqiē	(10)
仙	xiān	(1)
仙境	xiānjìng	(2)
险峻	xiǎnjùn	(1)
陷坑	xiànkēng	(2)
显灵	xiǎnlíng	(8)
险滩	xiǎntān	(8)
鲜为人知	xiǎn wéi rén zhī	(13)
乡	xiāng	(6)
相间	xiāngjiàn	(1)
镶嵌	xiāngqiàn	(6)
享誉	xiǎngyù	(14)
橡皮艇	xiàngpítǐng	(8)
削	xiāo	(2)
消融	xiāoróng	(10)
消散	xiāosàn	(15)
晓	xiǎo	(3)
啸	xiào	(8)
心旷神怡	xīn kuàng shén yí	(14)
欣喜若狂	xīnxǐ ruò kuáng	(15)
信徒	xìntú	(3)
星罗棋布	xīng luó qí bù	(13)
兴盛	xīngshèng	(3)
汹涌	xiōngyǒng	(1)
汹涌澎湃	xiōngyǒng péngpài	(12)
雄踞	xióngjù	(8)
雄奇	xióngqí	(1)
雄姿	xióngzī	(2)
修炼	xiūliàn	(4)
休眠	xiūmián	(9)
秀	xiù	(1)
秀拔	xiùbá	(10)
绣花	xiù huā	(1)
秀丽	xiùlì	(1)
虚无缥缈	xūwú piāomiǎo	(15)

词语	拼音	页码
栩栩如生	xǔxǔ rú shēng	(5)
畜牧区	xùmùqū	(14)
蓄水量	xùshuǐliàng	(9)
悬	xuán	(6)
悬崖	xuányá	(1)
悬棺	xuánguān	(4)
绚丽夺目	xuànlì duómù	(9)
漩涡	xuánwō	(8)
靴	xuē	(1)
雪线	xuěxiàn	(5)
雪豹	xuěbào	(14)
循环	xúnhuán	(12)
汛期	xùnqī	(10)
殉情	xùnqíng	(1)

Y

词语	拼音	页码
崖墓	yámù	(4)
岩层	yáncéng	(11)
岩洞	yándòng	(13)
岩浆	yánjiāng	(5)
严禁	yánjìn	(13)
淹没	yānmò	(12)
沿袭	yánxí	(11)
延展	yánzhǎn	(15)
眼	yǎn	(5)
演化	yǎnhuà	(7)
眼帘	yǎnlián	(12)
演奏	yǎnzòu	(13)
羊肠小道	yángcháng xiǎodào	(2)
氧化	yǎnghuà	(2)
仰慕已久	yǎngmù yǐ jiǔ	(1)
氧元素	yǎngyuánsù	(15)
摇摇欲坠	yáoyáo yù zhuì	(6)
叶绿素	yèlǜsù	(9)
依偎	yīwēi	(11)
以假乱真	yǐ jiǎ luàn zhēn	(3)
一反常态	yì fǎn chángtài	(8)
一览无余	yì lǎn wú yú	(1)
异国	yìguó	(13)
银河	yínhé	(5)
隐居	yǐnjū	(10)
引人注目	yǐn rén zhùmù	(2)
饮水思源	yǐn shuǐ sī yuán	(7)
萤火虫	yínghuǒchóng	(15)
映	yìng	(3)
硬度	yìngdù	(14)
映衬	yìngchèn	(1)
幽	yōu	(1)
悠扬	yōuyáng	(14)
游牧	yóumù	(14)
尤为	yóuwéi	(4)
迂回	yūhuí	(7)
宇宙	yǔzhòu	(12)
玉石	yùshí	(1)
誉为	yùwéi	(1)
郁郁葱葱	yùyùcōngcōng	(3)
源远流长	yuān yuǎn liú cháng	(4)
元宝	yuánbǎo	(13)
源于	yuányú	(4)
约束	yuēshù	(12)
云豹	yúnbào	(14)
云流	yúnliú	(1)
云母	yúnmǔ	(4)
云杉	yúnshān	(1)
云雾缭绕	yúnwù liáorào	(1)
运河	yùnhé	(7)

Z

词语	拼音	页码
在位	zàiwèi	(2)
凿	záo	(8)
造就	zàojiù	(10)
寨	zhài	(9)
栈道	zhàndào	(2)
湛蓝	zhànlán	(7)
沼泽	zhǎozé	(7)
钟乳石	zhōngrǔshí	(6)

实用综合旅游汉语 自然景观篇

遮天蔽日	zhē tiān bì rì	(14)
折射	zhéshè	(15)
珍品	zhēnpǐn	(2)
珍禽异兽	zhēnqín yìshòu	(8)
珍稀	zhēnxī	(1)
震	zhèn	(10)
狰狞	zhēngníng	(5)
蒸腾	zhēngténg	(11)
正逢其时	zhèng féng qí shí	(10)
正源	zhèngyuán	(7)
支撑	zhīchēng	(8)
植被	zhíbèi	(2)
直径	zhíjìng	(11)
周	zhōu	(9)
昼夜	zhòuyè	(11)
砖	zhuān	(3)
壮观	zhuàngguān	(1)
珠子	zhūzi	(5)
竹笋	zhúsǔn	(14)
主峰	zhǔfēng	(1)
著称	zhùchēng	(1)
贮存	zhùcún	(11)
驻扎	zhùzhā	(8)
篆	zhuàn	(2)
追溯	zhuīsù	(13)
姿态	zītài	(4)
自古以来	zìgǔ yǐlái	(2)
自治州	zìzhìzhōu	(5)
棕榈	zōnglú	(11)
总和	zǒnghé	(12)
纵谷	zònggǔ	(7)
纵横交错	zònghéng jiāocuò	(5)
纵深	zòngshēn	(9)
走势	zǒushì	(10)
阻力	zǔlì	(8)
尊	zūn	(6)
尊奉	zūnfèng	(4)
坐北朝南	zuò běi cháo nán	(3)
坐落	zuòluò	(1)

A

阿坝州	Ābà Zhōu	(9)

B

巴国	Bāguó	(8)
巴颜喀拉山	Bāyánkālā Shān	(7)
白居易	Bái Jūyì	(9)
白娘子	Bái Niángzǐ	(9)
白堤	Bái Dī	(9)
白鹅岭	Bái'é Lǐng	(15)
《白蛇传》	《Báishé Zhuàn》	(9)
白水河	Báishuǐ Hé	(1)
白盐山	Báiyán Shān	(8)
白云峡	Báiyún Xiá	(3)
白族	Báizú	(11)
宝珠峰	Bǎozhū Fēng	(5)
贝尔湖	Bèi'ěr Hú	(14)
秘鲁	Bìlǔ	(8)
渤海	Bó Hǎi	(7)
布依族	Bùyīzú	(10)

C

曹抡选	Cáo Lūnxuǎn	(3)
长岛	Chán Dǎo	(15)
朝鲜	Cháoxiǎn	(9)
长白山	Chángbái Shān	(9)

长海	Cháng Hǎi	(9)
长江	Cháng Jiāng	(1)
成都市	Chéngdū Shì	(3)
成吉思汗	Chéngjísīhán	(14)
程哲	Chéng Zhé	(12)
赤甲山	Chìjiǎ Shān	(8)
穿鼻洞	Chuānbí Dòng	(13)
穿心洞	Chuānxīn Dòng	(13)

D

大西北	Dàxīběi	(11)
大滚锅	Dàgǔnguō	(11)
大理	Dàlǐ	(11)
大连	Dàlián	(12)
大明湖	Dàmíng Hú	(11)
大溶江	Dàróng Jiāng	(7)
大溪	Dàxī	(8)
大洋岛	Dàyáng Dǎo	(13)
大月山	Dàyuè Shān	(10)
岱庙	Dài Miào	(2)
岱山	Dài Shān	(2)
岱宗	Dàizōng	(2)
丹江口	Dānjiāngkǒu	(4)
丹霞峰	Dānxiá Fēng	(15)
迪庆	Díqìng	(7)
地藏王	Dìzàng Wáng	(3)
点苍山	Diǎncāng Shān	(11)
鼎湖山	Dǐnghú Shān	(5)
东北	Dōngběi	(9)
东汉	Dōng Hàn	(14)
东亚	Dōng Yà	(7)
陡坡塘	Dǒupōtáng	(10)
都江堰	Dūjiāngyàn	(4)
敦煌	Dūnhuáng	(11)
渡仙桥	Dùxiān Qiáo	(3)

E

| 鄂陵湖 | Èlíng Hú | (7) |

| 洱海 | Ěr Hǎi | (11) |

F

飞来峰	Fēilái Fēng	(15)
翡翠长廊	Fěicuì Chángláng	(14)
奉节	Fèngjié	(8)
佛光	fóguāng	(2)

G

甘孜	Gānzī	(5)
贡嘎山	Gònggǎ Shān	(5)
观海楼	Guānhǎi Lóu	(14)
关岭	Guānlǐng	(10)
观云亭	Guānyún Tíng	(14)
观瀑亭	Guānpù Tíng	(10)
观音菩萨	Guānyīn Púsà	(6)
光明顶	Guāngmíng Dǐng	(15)
光明山	Guāngmíng Shān	(6)
桂林	Guìlín	(8)
桂江	Guì Jiāng	(7)
鼓浪屿	Gǔlàng Yǔ	(13)
牯岭	Gǔlǐng	(1)
郭沫若	Guō Mòruò	(11)
国清寺	Guóqīng Sì	(3)

H

哈巴雪山	Hābā Xuěshān	(8)
蛤蟆嘴	Hámazuǐ	(11)
海螺峰	Hǎiluó Fēng	(5)
海螺沟	Hǎiluó Gōu	(5)
海宁	hǎiníng	(12)
海州湾	Hǎizhōu Wān	(15)
汉	Hàn	(2)
杭州湾	Hángzhōu Wān	(12)
黑虎泉	Hēihǔ Quán	(11)
黑水河	Hēishuǐ Hé	(1)
黑竹	hēizhú	(14)
横断山脉	Héngduàn Shānmài	(7)

恒河	Héng Hé	(12)		镜泊湖	Jìngpō Hú	(10)
《红楼梦》	《Hónglóumèng》	(1)		九江	Jiǔjiāng	(1)
厚载门	Hòuzǎi Mén	(2)		九曲溪	Jiǔqū Xī	(7)
呼伦湖	Hūlún Hú	(14)		九寨	Jiǔzhài	(8)
花鸟岛	Huāniǎo Dǎo	(13)				
华北	Huáběi	(2)		**K**		
华东	Huádōng	(13)		卡日曲	Kǎrìqū	(7)
华顶峰	Huádǐng Fēng	(3)		开先	Kāixiān	(10)
华阴市	Huáyīn Shì	(2)		科尔卡峡谷	Kē'ěrkǎ Xiágǔ	(8)
黄果	Huángguǒ	(8)		科罗拉多大峡谷		
黄海	huáng Hǎi	(12)			Kēluólāduō Dàxiágǔ	(8)
黄河	Huáng Hé	(2)		克拉玛依	Kèlāmǎyī	(5)
黄龙	Huánglóng	(8)		崆峒山	Kōngtóng Shān	(5)
黄龙岛	Huánglóng Dǎo	(13)		匡庐	Kuānglú	(1)
黄龙潭	Huánglóngtán	(10)		匡山	Kuāng Shān	(1)
黄牛峡	Huángniú Xiá	(7)		夔门	Kuímén	(5)
黄山	Huáng Shān	(1)				
黄狮寨	Huángshīzhài	(1)		**L**		
黄石寨	Huángshízhài	(1)		澜沧江	Láncāng Jiāng	(7)
呼伦贝尔	Hūlún Bèi'ěr	(14)		廊崖	Lángyá	(4)
徽墨	huīmò	(4)		老黑山	Lǎohēi Shān	(5)
火烧山	Huǒshāo Shān	(5)		勒勒车	lèlèchē	(14)
				李白	Lǐ Bái	(9)
J				李斯	Lǐ Sī	(2)
嘉陵江	Jiālíng Jiāng	(9)		丽江	Lìjiāng	(1)
贾宝玉	Jiǎ Bǎoyù	(1)		傈僳族	Lìsùzú	(7)
礁岩洞	Jiāoyán Dòng	(13)		莲花峰	Liánhuā Fēng	(2)
吉林	Jílín	(15)		辽东半岛	Liáodōng Bàndǎo	(13)
剑峰	Jiànfēng	(6)		灵渠	Líng Qú	(7)
剑峰池	Jiànfēng Chí	(6)		岭南	Lǐng Nán	(5)
剑门	Jiànmén	(5)		灵岩寺	Língyán Sì	(3)
箭竹海	Jiànzhú Hǎi	(9)		六奇阁	Liùqí Gé	(1)
江南	Jiāngnán	(11)		龙头峰	Lóngtóu Fēng	(3)
金鸡岭	Jīnjī Lǐng	(5)		龙珠峰	Lóngzhū Fēng	(3)
金沙江	Jīnshā Jiāng	(7)		庐山	Lú Shān	(1)
金沙铺地	Jīnshāpūdì	(6)		芦笛岩	Lúdí Yán	(6)
晋	Jìn	(10)		泸定县	Lúdìng Xiàn	(5)
镜海	Jìng Hǎi	(9)		路南	Lùnán	(6)

罗布泊	Luóbù Pō	(5)
罗浮山	Luófú Shān	(5)
螺蛳滩	Luóshītān	(10)
落地生根草	luòdìshēnggēncǎo	(14)
落雁峰	Luòyàn Fēng	(2)
旅顺港	Lǚshùn Gǎng	(13)

M

猫儿山	Māo'ér Shān	(7)
玛曲	Mǎqū	(7)
满文	Mǎnwén	(2)
猛虎岸	Měnghǔ'àn	(8)
勐腊	Měnglà	(14)
苗族	Miáozú	(10)
鸣沙山	Míngshā Shān	(11)
莫高窟	Mògāo Kū	(11)
墨脱	Mòtuō	(8)
牡丹江	Mǔdān Jiāng	(10)

N

纳西族	Nàxīzú	(1)
南宋	Nán Sòng	(9)
南亚	Nán Yà	(7)
楠竹	nánzhú	(14)
宁安县	Níng'ān Xiàn	(10)
怒江	Nù Jiāng	(7)
女娲	Nǚwā	(1)

O

欧亚	Ōu Yà	(7)

P

排云亭	Páiyún Tíng	(1)
屏风叠	Píngfēngdié	(10)
鄱阳湖	Póyáng Hú	(1)

Q

栖霞寺	Qīxiá Sì	(3)
奇台	Qítái	(5)
千佛殿	Qiānfó Diàn	(2)
乾隆	Qiánlóng	(2)
钱塘	Qiántáng	(9)
钱塘江	Qiántáng Jiāng	(9)
启东	Qǐdōng	(13)
秦	Qín	(2)
秦	Qín	(10)
秦二世	Qín Èrshì	(2)
秦始皇	Qín Shǐhuáng	(2)
清朝	Qīng Cháo	(13)
青埂峰	Qīnggěng Fēng	(1)
清凉台	Qīngliáng Tái	(15)
青阳县	Qīngyáng Xiàn	(3)
清音阁	Qīngyīn Gé	(3)
青藏高原	Qīngzàng Gāoyuán	(9)
邛崃山	Qiónglái Shān	(14)
穷庐广厦	Qiónglúguǎngshà	(6)
瞿塘峡	Qútáng Xiá	(8)

R

人面竹	rénmiànzhú	(14)
仁化	Rénhuà	(5)
日光岩	Rìguāng Yán	(13)
日莲宗	Rìlián Zōng	(3)

S

三叠泉	Sāndiéquán	(10)
三河马	sānhémǎ	(14)
三河牛	sānhéniú	(14)
三亚市	Sānyà Shì	(12)
陕	Shǎn	(10)
扇子陡	Shànzidǒu	(1)
韶关	Sháoguān	(5)
少林寺	Shàolín Sì	(2)
少室山	Shàosì Shān	(2)
绍熙	Shàoxī	(10)
舍身崖	Shěshēn Yá	(2)

舍身岩	Shěshēn Yán	(15)
歙砚	shèyàn	(4)
神农架	Shénnóngjià	(4)
嵊泗	Shèngsì	(13)
狮子峰	Shīzi Fēng	(15)
石鼓	Shígǔ	(8)
石门涧	Shíménjiàn	(10)
十王峰	Shíwáng Fēng	(3)
始信峰	Shǐxìn Fēng	(15)
释迦牟尼	Shìjiāmóuní	(3)
蜀南	Shǔnán	(14)
水落村	Shuǐluò Cūn	(7)
水岩	Shuǐ Yán	(4)
四川盆地	Sìchuān Péndì	(9)
泗礁岛	Sìjiāo Dǎo	(13)
宋光宗	Sòng Guāngzōng	(10)
松花江	Sōnghuā Jiāng	(9)
宋徽宗	Sòng Huīzōng	(2)
松潘县	Sōngpān Xiàn	(6)
苏杭	Sū Háng	(9)
苏堤	Sū Dī	(9)
苏轼	Sū Shì	(1)
索溪峪	Suǒxīyù	(1)
隋朝	Suí Cháo	(3)

T

台怀镇	Táihuái Zhèn	(3)
泰安市	Tài'ān Shì	(2)
太和山	Tàihé Shān	(4)
太平洋	Tàipíng Yáng	(5)
唐朝	Táng Cháo	(9)
腾冲	Téngchōng	(11)
天都峰	Tiāndū Fēng	(15)
天台县	Tiāntāi Xiàn	(3)
天台宗	Tiāntāi Zōng	(3)
天星桥	Tiānxīngqiáo	(10)
天柱峰	Tiānzhù Fēng	(2)
天子山	Tiānzǐ Shān	(1)

天府	tiānfǔ	(14)
跳舞草	tiàowǔcǎo	(14)
《题西林壁》	《Tí Xīlín Bì》	(1)
通海洞	Tōnghǎi Dòng	(13)
通天洞	Tōngtiān Dòng	(13)
图们江	Túmén Jiāng	(9)

W

皖南	Wǎnnán	(4)
王羲之	Wáng Xīzhī	(3)
望岳阁	Wàngyuè Gé	(2)
汶川县	Wènchuān Xiàn	(14)
文殊台	Wénshū Tái	(15)
沃诺色姆	Wònuòsèmǔ	(9)
乌龙潭	Wūlóngtán	(10)
巫峡	Wū Xiá	(8)
无梁殿	Wúliáng Diàn	(3)
无量洞	Wúliàng Dòng	(2)
《五朵金花》	《Wǔ Duǒ Jīnhuā》	(11)
五花海	Wǔhuā Hǎi	(9)
五龙潭	Wǔlóng Tán	(11)
武陵源	Wǔlíngyuán	(1)
武夷山	Wǔyí Shān	(7)
武夷岩茶	Wǔyí Yánchá	(7)

X

西安	Xī'ān	(2)
西林寺	Xīlín Sì	(1)
西陵峡	Xīlíng Xiá	(8)
犀牛潭	Xīniú Tán	(10)
西双版纳	Xīshuāng Bǎnnà	(14)
西樵山	Xīqiáo Shān	(5)
《西游记》	《Xīyóu Jì》	(10)
仙室山	Xiānshì Shān	(4)
仙岩	Xiānyán	(4)
显通寺	Xiǎntōng Sì	(3)
湘江	Xiāng Jiāng	(7)
香炉峰	Xiānglú Fēng	(10)

新安江	Xīn'ān Jiāng	(9)	迎客关	Yíngkè Guān	(8)
新华社	Xīnhuáshè	(8)	玉女峰	Yùnǚ Fēng	(2)
兴安	Xīng'ān	(7)	玉泉	Yù Quán	(11)
星村镇	Xīngcūn Zhèn	(7)	玉泉寺	Yùquán Sì	(3)
兴文县	Xīngwén Xiàn	(6)	约古宗列曲	Yuēgǔzōnglièqū	(7)
星宿海	Xīngxiù Hǎi	(7)	岳庙	Yuè Miào	(9)
兴义市	Xīngyì Shì	(8)	月牙泉	Yuèyá Quán	(14)
熊猫海	Xióngmāo Hǎi	(9)	云杉坪	Yúnshānpíng	(1)
徐霞客	Xú Xiákè	(11)	云台峰	Yúntái Fēng	(2)
许仙	Xǔ Xiān	(9)			

Y

Z

			藏族	Zàngzú	(5)
鸭绿江	Yālù Jiāng	(9)	扎陵湖	Zhālíng Hú	(7)
雅鲁藏布江	Yǎlǔzàngbù Jiāng	(8)	扎曲	Zhāqū	(7)
亚马逊河	Yàmǎxùn Hé	(12)	朝阳峰	Zhāoyáng Fēng	(2)
盐官	Yánguān	(12)	战国时期	Zhànguó Shíqī	(4)
羊八井	Yángbājǐng	(11)	张道陵	Zhāng Dàolíng	(4)
杨家界	Yángjiājiè	(1)	张家界	Zhāngjiājiè	(1)
阳朔	Yángshuò	(7)	长老峰	Zhǎnglǎo Fēng	(5)
瑶池	Yáochí	(6)	丈人山	Zhàngrén Shān	(4)
野马滩	Yěmǎtān	(8)	真武大帝	Zhēnwǔ Dàdì	(4)
宜宾	Yíbīn	(14)	珍珠泉	Zhēnzhū Quán	(11)
宜昌	Yíchāng	(8)	镇宁	Zhènníng	(10)
银链坠潭	Yínliànzhuìtán	(10)	郑成功	Zhèng Chénggōng	(13)
印度	Yìndù	(7)	中原	Zhōngyuán	(7)
印度洋	Yìndù Yáng	(7)	壮族	Zhuàngzú	(7)

参考答案（客观题）

第一课

阅读部分

一、读后填空：
  1.由远及近 2.绕过 3.以、为 4.拔地而起 5.坐落 6.命名 7.一览无余
  8.毫不逊色

听力部分

听力（一）

一、听后判断正误：
  1.(×) 2.(√) 3.(×) 4.(√) 5.(×) 6.(×)

二、听后选择词语填空：
  1.于 2.素 3.仰慕 4.倾斜 5.眺望

听力（二）

一、听后判断正误：
  1.(×) 2.(√) 3.(×) 4.(√) 5.(×)

二、听后选择词语填空：
  1.特有 2.攀 3.频繁 4.仰望、俯视 5.面目

听力（三）

一、听后判断正误：
  1.(√) 2.(√) 3.(×) 4.(×) 5.(×)

二、听后选择正确答案：
  1.B 2.C 3.A 4.A 5.C

第二课

阅读部分

一、读后判断正误：
  1.(√) 2.(×) 3.(√) 4.(×) 5.(×) 6.(√)

听力部分

听力（一）

一、听后选择正确答案：
  1. A 2. C 3. C 4. A 5. C 6. B

二、听后填空：
  1. 随处 2. 称为 3. 近、约、达 4. 形成 5. 雄姿 6. 之所以

听力（二）

一、听后判断正误：
  1.(×) 2.(×) 3.(√) 4.(×) 5.(×)

二、听后选择正确答案：
  1. B 2. C 3. B 4. A 5. B 6. B

听力（三）

一、听后把相关的内容用线连起来：

东峰 — 朝阳峰 — 适合欣赏日出
西峰 — 莲花峰 — 有形状像莲花的巨石
南峰 — 落雁峰 — 大雁要在此歇息
北峰 — 云台峰 — 三面都是绝壁
中峰 — 玉女峰 — 可以看到华山佛光

二、听后判断正误：
  1.(√) 2.(×) 3.(×) 4.(√) 5.(×) 6.(×)

三、听后填空：
  1. 得名 2. 盛名 3. 开凿 4. 削 5. 家喻户晓 6. 极为

第三课

阅读部分

一、读后填空：
  1. 之称 2. 塔、殿、楼、寺 3. 集中 4. 悠久 5. 令人叫绝

二、读后选择正确答案：
  1. B 2. C 3. B 4. A 5. A

听力部分

听力（一）

一、听后判断正误：
1.(√) 2.(×) 3.(×) 4.(×) 5.(√)

二、听后填空：
1.砍 2.爬 3.精华 4.展现 5.稍

听力（二）

一、听后判断正误：
1.(×) 2.(√) 3.(√) 4.(×) 5.(×)

二、听后选择正确答案：
1.A 2.C 3.B 4.C 5.B

听力（三）

一、听后判断正误：
1.(×) 2.(√) 3.(×) 4.(√) 5.(×)

二、听后填空：
1.略 2.古名 3.必游之处 4.坐、朝 5.由 6.依 7.相接 8.借、来

第四课

阅读部分

一、读后判断正误：
1.(×) 2.(×) 3.(×) 4.(√) 5.(√)

听力部分

听力（一）

一、听后判断正误：
1.(×) 2.(√) 3.(√) 4.(×) 5.(√) 6.(×) 7.(×)

二、听后选择词语填空：
1.从 2.在于 3.创建 4.尤为 5.源于

听力（二）

一、听后选择正确答案：
1.C 2.B 3.A 4.B 5.A 6.B

听力（三）

一、听后填空：
1.脚下 2.概况 3.故名 4.以、著称 5.并称 6.名列 7.兴盛 8.集、于

第五课

阅读部分

一、读后判断正误：
1.(×) 2.(×) 3.(√) 4.(×) 5.(√)

听力部分

听力（一）

一、听后判断正误：
1.(×) 2.(×) 3.(√) 4.(√)

二、听后选择正确答案：
1. C 2. B 3. C 4. B 5. B

听力（二）

一、听后填空：
1. 秀、险、奇 2. 照耀、道道 3. 共生 4. 至、股

二、听后选择正确答案：
1. A 2. A 3. B 4. B 5. C

听力（三）

一、听后判断正误：
1.(√) 2.(×) 3.(√) 4.(√) 5.(×)

二、听后选择词语填空：
1. 入选 2. 堵塞 3. 点缀 4. 劈

第六课

阅读部分

二、读后判断正误：
1.(×) 2.(√) 3.(√) 4.(×) 5.(×)

听力部分

听力（一）

一、听后判断正误：
1.(×) 2.(×) 3.(×) 4.(√) 5.(×)

二、听后选择正确答案：
1. A 2. B 3. B 4. A

听力(二)

一、听后判断正误：
1.(×) 2.(×) 3.(√) 4.(×)

二、听后选择正确答案：
1. C 2. B 3. C 4. C

三、听后选择词语填空：
1. 吸引 2. 随时 3. 悬 4. 笔直

听力(三)

一、听后判断正误：
1.(×) 2.(√) 3.(×) 4.(×) 5.(×)

二、听后填空：
1. 神奇 2. 明明、充满 3. 杰作 4. 感叹 5. 栩栩如生 6. 鲜艳

三、听后选择正确答案：
1. C 2. C 3. A 4. B

第七课

阅读部分

一、读后判断正误：
1.(√) 2.(√) 3.(×) 4.(×) 5.(√) 6.(√)

听力部分

听力(一)

一、听后选择正确答案：
1.(B) 2.(C) 3.(C) 4.(B)

二、听后填空：
1. 长龙 2. 五千年的文明史 3. 古往今来 4. 神秘 5. 接纳、河流 6. 源区

听力(二)

一、听后填空：
1. 最佳 2. 水系、中段 3. 最近处、同源 4. 例外 5. 林立、连成一体 6. 习惯上
7. 精华所在

听力(三)

一、听后判断正误：
1.(×) 2.(×) 3.(√) 4.(√) 5.(×)

第八课

阅读部分

一、读后判断正误：
1.(×) 2.(√) 3.(√) 4.(×) 5.(√) 6.(×) 7.(√) 8.(√)

听力部分

听力（一）

一、听后判断正误：
1.(√) 2.(×) 3.(×) 4.(×) 5.(×) 6.(√) 7.(√) 8.(×)

听力（二）

一、听后选择词语填空：
1. 胜地 2. 开辟 3. 铺 4. 眼底 5. 搭 6. 滑

二、听后选择正确答案：
1. C 2. A 3. A 4. B 5. C

听力（三）

一、听后判断正误：
1.(×) 2.(×) 3.(×) 4.(√) 5.(√) 6.(×)

二、听后把下面的各个景点与它所在的景区连接起来：

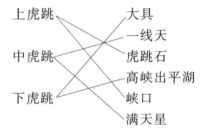

第九课

听力部分

听力（一）

一、听后判断正误：
1.(×) 2.(×) 3.(√) 4.(×) 5.(√)

二、听后填空：
1. 不下 2. 环山 3. 不足 4. 犹如 5. 尽头 6. 最出名

听力（二）

一、听后填空：
1. 之行 2. 主、灵魂、誉 3. 阶梯般 4. 来自 5. 深浅不同

听力(三)

一、听后选择正确答案：

1.(A)　2.(A)　3.(A)　4.(C)　5.(A)　6.(C)　7.(C)

第十课

阅读部分

一、读后判断正误：

1.(√)　2.(×)　3.(×)　4.(√)　5.(×)　6.(√)

听力部分

听力(一)

一、听后判断正误：

1.(√)　2.(√)　3.(×)　4.(×)　5.(√)　6.(×)

二、听后选择正确答案：

1. C　2. A　3. A　4. B　5. C

听力(二)

一、听后填空：

1. 8　2. 东北地区　3. 火山爆发　4. 20~25、200　5. 北　6. 夏季　7. 柔美、壮观

8. 另、一番

听力(三)

一、听后选择正确答案：

1. A　2. C　3. B　4. C　5. B　6. B　7. A

二、听后选择词语填空：

1. 造就　2. 充沛　3. 观望　4. 清甜

第十一课

听力部分

听力(一)

一、听后判断正误：

1.(×)　2.(√)　3.(√)　4.(×)　5.(√)　6.(√)　7.(×)　8.(√)

听力(二)

一、听后填空：

1. 金色的波浪　2. 形状　3. 不多见　4. 埋没、干涸　5. 南、西、北、东　6. 滑落

二、听后选择正确答案：

1. B　2. C　3. B　4. A

听力(三)

一、听后选择正确答案：

1．C   2．A   3．C   4．B   5．C

第十二课

阅读部分

一、读后判断正误

1．(√)   2．(×)   3．(×)   4．(×)   5．(×)

听力部分

听力(一)

一、听后判断正误：

1．(×)   2．(√)   3．(√)   4．(×)   5．(×)   6．(√)   7．(×)

听力(二)

一、听后判断正误：

1．(×)   2．(×)   3．(×)   4．(×)   5．(×)

二、听后选择正确答案

1．A   2．B   3．C   4．B

听力(三)

一、听后判断正误：

1．(√)   2．(×)   3．(×)   4．(√)   5．(×)

二、听后选择正确答案：

1．C   2．B   3．C   4．A   5．C

第十三课

阅读部分

一、读后选择正确答案：

1．B   2．A   3．A   4．B   5．B

二、读后选择词语填空：

1．距   2．分布   3．至于   4．严禁   5．可靠

听力部分

听力(一)

一、听后判断正误：

1．(√)   2．(×)   3．(×)   4．(×)   5．(√)   6．(√)

二、听后选择正确答案：
　　1. A　2. B　3. C　4. C　5. C

听力(二)

一、听后判断正误：
　　1.(×)　2.(×)　3.(×)　4.(×)　5.(×)

二、听后选择正确答案：
　　1. C　2. A　3. B　4. A

听力(三)

一、听后判断正误：
　　1.(√)　2.(×)　3.(×)　4.(√)　5.(√)

二、听后填空：
　　1. 北部　2. 4.9、27　3. 充足　4. 组成　5. 东北部、奇特　6. 人文景观

第十四课

阅读部分

一、读后判断正误：
　　1.(×)　2.(×)　3.(√)　4.(×)　5.(√)　6.(√)　7.(×)

听力部分

听力(一)

一、听后判断正误：
　　1.(√)　2.(×)　3.(√)　4.(×)

二、听后选择词语填空：
　　1. 观光　2. 地域　3. 未　4. 微风　5. 乐趣　6. 端

听力(二)

一、听后判断正误：
　　1.(×)　2.(×)　3.(√)　4.(√)　5.(√)

二、听后选择正确答案：
　　1. B　2. A　3. C　4. C　5. A

听力(三)

一、听后判断正误：
　　1.(×)　2.(×)　3.(×)　4.(√)　5.(√)　6.(√)

二、听后填空：
　　1. 原始森林　2. 一颗绿宝石　3. 大饱眼福　4. 光滑笔直、顶部
　　5. 体验、从高空俯视

第十五课

阅读部分

一、读后判断正误：
  1.(√) 2.(×) 3.(√) 4.(×) 5.(√)

听力部分

听力(一)

一、听后判断正误：
  1.(×) 2.(×) 3.(√) 4.(×) 5.(√)

二、听后填空：
  1. 特有 2. 冻结、条条、串串、片片 3. 相当 4. 慢慢地、浓 5. 大片、朦朦胧胧

听力(二)

一、听后判断正误：
  1.(×) 2.(√) 3.(√) 4.(√)

二、听后填空：
  1. 浩瀚、开阔 2. 奇峰、怪石、古松、忽隐忽现 3. 白、绿、奇 4. 床、整整齐齐

三、听后选择正确答案：
  1. A 2. C 3. C 4. A 5. C

听力(三)

一、听后判断正误：
  1.(×) 2.(√) 3.(×) 4.(×) 5.(√)

二、听后填空：
  1. 魅力 2. 涂 3. 上升、汇聚、延展 4. 漂浮 5. 照射、在外、在内、映入 6. 漆黑

三、听后选择正确答案：
  1. B 2. B 3. C 4. C

参考文献

白　奇　1984　《九华胜境》，安徽人民出版社。
柏辛艺　1986　《中国的名泉名瀑》，上海文化出版社。
保继刚、楚义芳、彭　华　1993　《旅游地理学》，高等教育出版社。
曹玲泉　1991　《中国旅游奇景》，海翻译出版公司。
常剑峤、陈鸿彬　1987　《祖国的奇山异水》，河南大学出版社。
陈水云　2001　《中国山水文化》，武汉大学出版社。
陈志学　1994　《导游员业务知识与技能》，中国旅游出版社。
程　东、薛　东　1993　《峨眉山》，北京燕山出版社。
戴淞年、徐伦虎、曹玲泉　1993　《中国旅游地理》，中国旅游出版社。
丁登山　1988　《自然地理学基础》，高等教育出版社。
丁建民、徐廷弼　1995　《中国的森林》，商务印书馆。
董哲仁　2001　《中国江河1000问》，黄河水利出版社。
方如康　1995　《中国的地形》，商务印书馆。
顾承甫　1991　《十大名山》，上海古籍出版社。
关　越　2005　《中国国家地理精华》，大象出版社。
国家旅游局　1998　《中国优秀导游词精选（文物古迹篇）》，中国旅游出版社。
国家旅游局　1997　《走遍中国——中国优秀导游词精选》，中国旅游出版社。
韩荔华　2000　《导游语言概论》，旅游教育出版社。
韩荔华　2002　《实用导游语言技巧》，旅游教育出版社。
何学林　2002　《中国世界文化和自然遗产》，江苏人民出版社。
何裕德　1999　《中国佛教名山》，广东省地图出版社。
何裕德　2002　《中国世界遗产名胜旅游》，湖南地图出版社。
洪锡祺　1991　《中国旅游之最》，中国旅游出版社。
黄锡荃、苏法崇、梅安新　1982　《我国的河流》，商务印书馆。
黄仰松、吴必虎　1993　《中国名泉》，文汇出版社。

纪世昌　　2001　《中国旅游指南》，湖南地图出版社。
金元欢　　1993　《中国名瀑》，文汇出版社。
景才瑞　　1984　《黄山》，科学出版社。
李方正、王芬　2002　《西南山水名胜》，北京科学技术出版社。
李　锦、王建民　2002　《沧海观潮》，湖南人民出版社。
李　睿　2002　《中南山水名胜》，北京科学技术出版社。
李文华、赵献英　1995　《中国的自然保护区》，商务印书馆。
李笑红　2003　《旅游地理》，中国铁道出版社。
林之光、张家诚　1985　《中国的气候》，陕西人民出版社。
刘　纯　1992　《导游与旅游必读》，上海科学技术出版社。
刘华训　1990　《中国名湖志典》，中国旅游出版社。
刘记晃　2001　《丝绸之路之旅》，湖南地图出版社。
刘振礼等　1988　《中国旅游地理》，南开大学出版社。
柳正恒　2002　《中国世界自然与文化遗产旅游》，湖南地图出版社。
卢劲杉、董树宝　2000　《世界名山》，长春出版社。
鲁　峰　2001　《中国旅游地理》，南海出版公司。
罗兹柏、张述林　2000　《中国旅游地理》，南开大学出版社。
毛福禄、樊志勇　1999　《导游概论》，南开大学出版社。
牛焕光、马学慧　1995　《中国的沼泽》，商务印书馆。
任春香　2002　《穿越新疆》，四川人民出版社。
任美锷　2002　《黄河——我们的母亲河》，清华大学出版社。
沙　润　2004　《旅游景观审美》，南京师范大学出版社。
陕西省旅行游览事业管理局　1981　《西安旅游手册》，陕西人民美术出版社。
商友敬　2001　《中国游览文化》，上海古籍出版社。
沈以澄等　1993　《中国名湖》，文汇出版社。
苏文才、孙文昌　1998　《旅游资源学》，高等教育出版社。
孙　石　2001　《甘肃、宁夏》，广东旅游出版社。
孙湘平　1995　《中国的海洋》，商务印书馆。
王洪道　1995　《中国的湖泊》，商务印书馆。
王利溥　2001　《旅游气象学》，云南大学出版社。
王明波　1996　《导游心理学》，中国旅游出版社。
王　顺、沈传风　2003　《佛教胜地游》，学林出版社。
吴国清　2003　《世界旅游地理》，上海人民出版社。
吴　正　1995　《中国的沙漠》，商务印书馆。
席守诚　1992　《中国地理环境与自然资源》，中国科学技术出版社。
夏发年、刘秉升　2001　《黄山》，广东旅游出版社。
杨桂华等　1994　《旅游资源学》，云南大学出版社。

杨逸畴、李明森　2002　《天河地峡亲历记——雅鲁藏布江科学探险》，四川教育出版社。
张俊民、蔡凤歧、何同康　1995　《中国的土壤》，商务印书馆。
张明华　1995　《中国的草原》，商务印书馆。
张　勇　1994　《三峡导游》，中国三峡出版社。
赵松乔　1988　《现代自然地理》，科学出版社。
郑石平　1994　《道教名山大观》，上海文化出版社。
郑晓霞、胡黎君　2003　《道教仙境游》，学林出版社。
《中国自然地理》编写组编写　1984　《中国自然地理》，高等教育出版社。
中央电视台　1985　《话说长江》，中国青年出版社。
中央电视台　1989　《黄河》，中国青年出版社。
周进步　1998　《现代中国理由地理学》，青岛出版社。
周进步、庞规荃、秦关民　2001　《现代中国旅游地理》，青岛出版社。